Think Note

―真紅の音―

Ryosuke Yamada

Think Note
―真紅の音―

目次

プロローグ

ページを開いてくれたみなさん、こんにちは。山田涼介です。
この『Ｔｈｉｎｋ Ｎｏｔｅ』は、
雑誌『ＭＹＯＪＯ』で２０１３年から連載してきた
『真紅の音 －Ｔｈｉｎｋ Ｎｏｔｅ－』をまとめた１冊です。

単行本化のきっかけは、２０２３年に30才の誕生日とソロデビュー10周年を迎えたこと。
そして、『真紅の音 －Ｔｈｉｎｋ Ｎｏｔｅ－』の連載を始めて10年が過ぎたこと。
こんなにいろいろなタイミングが重なることって、なかなかないんじゃないか。
そう考えて、いつかずっと出したいと思っていた、
ソロ写真集と同時に発売させてもらうことになりました。

この本には10年間つづってきた想いと
新たに撮り下ろした写真やロングインタビューを収録しています。

今までの、そして今の山田涼介を知ることができる１冊、ぜひ楽しんでもらえたらうれしいです。

Vol.
001
努力

あのリハーサルから…たどり着いた現在。

「Hey! Say! JUMPやNYCのページとは別に、山田涼介の連載を始めたい」。去年の秋、MYOJOのスタッフさんからそう言われたときは、正直〝俺じゃ力不足なんじゃないか〟って思った。MYOJOの連載といえば、木村拓哉さんや堂本剛くん…そうそうたる先輩のイメージが強かったから。でも、せっかくチャンスをもらえたからには真剣に取り組みたいし、今まで語ってこられなかったような〝アイドル・山田涼介〟以外の部分も話していきたいと思ってる。それを読んだファンの人たちがどう感じるかっていう不安はあるけど、等身大の俺も受け止めてもらえたらうれしいな。

事務所に入ったのは、11才。そのころの俺は、努力家っていう言葉がピッタリだった。同期の橋本(良亮《りょうすけ》)や深澤(辰哉)がどんどんマイクを持って前列で歌えるようになっていく中、俺の定位置はバックダンサーのいちばん端っこ。ダンスも歌も、ほかの人よりレベルが下だったから、とにかく上をめざしてがむしゃらだったね。当時は仕事っていっても『ザ少年倶楽部』くらいしかなかったんだけど、そのリハーサル中のことで今でも覚えてるのが、休憩時間にみんながジュースを買いに行く光景。ダンスを練習してた部屋から自動販売機まではけっこう遠くて、往復するのに2分くらいかかるんだ。俺は、その時間すら惜しくて、家から水筒を持参してた。15分の休憩が始まると、水筒のジュースを飲んで、すぐ自主練。そうすれば、みんなに15分ぶん近づけるんだって信じて。家に帰ってからも、毎日3時間は踊ってたね。それをずっとつづけてたら…まぁうまくなっていくわけだ(笑)。俺は誰にもその成長に気づいてもらえてないと思っていたけど、滝沢（秀明）くんはずっと見てくれていたんだよね。それで、『Ｏｎｅ！』っていう舞台に、（中島）裕翔《ゆうと》くんの代役という形で声をかけてもらった。初めての、ひとりでピン（スポット）を浴びながら踊るシーン。チャンスだと思って、できるかぎりの力を出した。その後、バックダンサーの中で立ち位置が少しずつ真ん中に移動して、Jr.コンサートでメインで歌わせてもらえるようになって…連続ドラマ『探偵学園Ｑ』への出演。ドラマが終わったとき、少しは世の中に認められたかもって感じた。その瞬間かな、〝努力は報われるんだ〟って初めて思ったのは。

今、努力していることのひとつがサックス。これは、自分の武器にしたいと思ってる。3年前に母親のお兄さんからもらったんだけど、そのときは全然興味がなくて部屋にほったらかしにしていたの。でも、去年ＪＵＭＰのアルバムを出すとき、バンド曲を収録するから管楽器を演奏できるやつはいないかっていう話になってさ。そうしたら、スタッフさんが勝手に「山田ができます」って言っちゃって、やらざるをえない状況に…。今はまだ決まったメロディーしか演奏できないけど、いつか聞いてる人の心を癒《い》やせるような心地いいバラードを吹けるようになるのが目標なんだ。

でも、じつはここ1年くらい、仕事に対して充実感がある一方で、少しなあなあになってる自分がいたのも事実。そんな俺に初心を思い出させてくれたのは、俺の仕事を見て喜んでくれる家族の姿やファンの存在。自分で言うのもなんだけど、俺は努力してきたからこそ今の場所にいられる人間だと思う。あの休憩時間に毎日15分多く積み重ねてきた努力。そうやってがんばることで誰かに幸せを与えられるなら、俺は求めてくれる人がいるかぎり期待に応えつづけたい。

Vol.
002
美意識

丸顔？　背が低い？　それでも俺は美しくなれる。

自分自身に対する美意識は、高いほうだと思う。というか、人に見られることがすべてといっても過言じゃない今の仕事をしていく上では、美意識が高くなきゃダメなんじゃないかな。俺は、信じつづければ必ずその通りになるっていう考えの人だから、自分のことはカッコいいと思い込むようにしてる。ナルシストって言われることも多いけど、信念を貫いてるかぎりは、どう判断されても気にならない。ただ、どうしてもたまにナイーブになっちゃう時期があって、そういうときは不安が顔に出るんだよね。それでも撮影で笑顔を求められれば、自分に嘘《うそ》をついてカメラの前に立つこともある。でも、この連載ではそんなふうに飾らなくていいような気がしてるんだ。楽しいときは笑えばいいし、ヘコんでるときは悲しい顔をすればいい。自然体から生み出される美が、いちばんキレイなんだから。

そのことに気づけてからは、見た目にあまり気をつかわなくなった。しいていえば、髪型の研究をしてるくらいかな。映画とかバラエティー番組のＤＶＤで、いろんな髪型をチェックしてる。自分と似た骨格の人を見つけると、こういう髪型が似合うのかなって参考にしてみたり。俺、ずっと自分のまんじゅうみたいに丸い顔がイヤで、輪郭《りんかく》を隠すためにモミアゲを伸ばしてたの。でも、だんだんうっとうしくなってきちゃって、去年、ドラマ『金田一少年の事件簿』の撮影が終わったときにバッサリ切っちゃった。そしたら意外と好評で、逆にそっちのほうが顔がスッキリ見えるかもっていう発見があったんだ。

多くの人がそうであるように、俺もコンプレックスだらけの人間。丸顔も、背がちっちゃいのも、昔でいえばダンスが下手だったことも。だけど、自分のがんばり次第でなんとかなる悩みは100%の力を注いで解消する。俺ね、コンプレックスは最大のよきライバルだと思ってるんだ。努力しないと一生消えないけど、そいつがあるからこそ成長できる。今の俺にとってのそれは、歌声。歌は、鏡で確認できるダンスと違って、目に見えないから難しい。よく、しゃべってる声と録音した声は違って聞こえるっていうじゃん。俺は、いまだにその違いにとまどうし、もうちょっといい声に生まれたかったなーって落ち込むこともある。ソロでCDを出させてもらったときも、レコーディング中はけっこううまく歌えてる気でいたの。それが、いざ録ったばっかりの声を聞いてみたら〝あれ?〟みたいな。でも、それは努力で改善できること。家でボイスレコーダーに歌声を録音して、それを聞いてダメなところを修正してまた歌って、そしたら今度は別の変なところを見つけて…っていう練習を繰り返した。同じように自分への不満や悩みを持った人はいっぱいいると思うけど、ただ嘆いていてもしょうがない。まず自分に何ができるかを考えてみてほしいな。

冬の雲ひとつない真っ青な空や、ライトアップされた東京タワー。美しい景色は毎日のように目にしているけど、いちばん感動したのはハワイの海で見た夕日。当時、ちょうど仕事のことで迷いがあったんだよね。そんなときでっかい夕日を目の当《ま》たりにしたら、俺の悩みなんてちっちゃいなって思えた。〝ウジウジしてないでもっとバカになろう!〟って、一歩前に踏み出せた。あの夕日、ケータイで撮っておけばよかったなぁ…。ハワイに行くと、基本ずっとTシャツと海パンっていういつでも海に入れる格好でいるから、ケータイはホテルに置きっぱなしだったんだ。いつかまた、パワーをもらいに行かなきゃ。

Vol.
003
友情

迷ったソロデビュー。勇気をくれた、友だちの言葉。

俺には、小学校時代からの幼なじみがいる。子どものころ、血の気が多くてしょっちゅうケンカしてた俺にとって、初めて負けた相手がそいつだったんだ。自分より強い人を目《ま》の当たりにした瞬間は、〝もう二度と口きかねえ!〟って思った。地元のサッカークラブのチームメイトだったんだけど、そいつの自分勝手なプレーも大嫌いだったし。なのに、小5のとき同じJリーグのジュニアチームのセレクションを受けたら、ふたりとも合格しちゃってさ。同じチームでプレーするうちに、意外といいやつなのかもって思うことが増えてきて、いつしかよく連絡を取り合うようになった。中学を卒業するとき、記念にふたりだけで写真を撮ったのを覚えてる。それ以来、会う機会はないんだけど、3年くらい前に突然メールが来たの。そこには変わらずサッカーをがんばってることと、ある夢が書かれてた。「いつかお前は、テレビでサッカー関連の仕事をするかもしれないよね。そのとき、俺はお前にインタビューされるくらいすごい選手になっていたい」ってね。その日から、そいつの夢は、俺にとってもいつか絶対かなえたい夢のひとつになったんだ。

友だちとのつき合いから学ぶことは、たくさんある。その幼なじみとの関係みたいに、誰とでもエールを送り合えるのが理想だけど、現実は甘くないってこともわかってきた。ずっと親友だと思ってたやつに裏切られたり、俺が芸能人になったとたん、いい顔して寄ってくる人がいたり。人見知りな性格もあって、今でも友だちを作るのは得意じゃないんだ。だから、胸を張って友だちと呼べる人は本当に少ない。そういう意味では、Hey! Sa ｙ！ＪＵＭＰやＮＹＣのメンバーは数少ない友だちといっても過言じゃないかもしれない。仕事仲間でもあり、友だちでもあるメンバーの存在には、何度も支えられてきた。そう。去年、俺のソロデビューが決まったときも。

俺が『金田一少年の事件簿』に出ることになった当初、ドラマの主題歌はＪＵＭＰで歌う予定だったんだ。だけどその後、俺がソロデビューすることと、主題歌にそのソロ曲が使われることが決まって…。ＪＵＭＰメンバーの気持ちを考えたら、これは裏切りなんじゃないかって思ったし、ひとりでやっていける自信もなかったから、引き受けるべきかどうか発表の直前まで迷った。メンバーの何人かには、「断ろうかと思ってる」っていう話もした。でも、そこで背中を押してくれたのは（髙木《たかぎ》）雄也だった。「こんなチャンスは二度とないし、ちょっとでもやりたい気持ちがあるなら、俺らのことは気にせず、お前はお前の道を進め。もし俺が山田の立場なら、ＪＵＭＰのためになるようにがんばるよ」って。俺は、その雄也の言葉で、一歩前に踏み出せたんだ。ソロでやる決意は、ほかのメンバーにもメールで伝えた。（中島）裕翔くんからは、「やまちゃんの気持ちはわかってるから。応援してる」っていう返事が来たし、みんなも理解してくれて、心から〝こいつらと同じグループでよかったな〟って思えた。だから、タイトなスケジュールの中だったけど、ソロシングルに入れる曲の歌詞を自分で書いたり、衣装やＰＶのアイデアを出したり、これが最初で最後のソロ作品だっていうくらいの気持ちで力を注いだ。自分のために、そして何より俺のことを信じて送り出してくれたメンバーのために。

俺のことを〝努力家〟だって言う人もいる。でもそれは、ひとりの力だけじゃない。ひとつひとつの〝友情〟の積み重ねが、俺をそうさせてるんだと思ってる。

Vol.
004
20才

芸能活動10年目の年、感謝を届けたい。

20才になるのは、ずっと楽しみだった。Jr.時代は、雑誌のインタビューで「20才の俺は身長が180cmで、大人の色気があって、超カッコいいはず！」って言ってたもん。まぁ、あまりに理想とはかけ離れた20才になってしまったから、今ではその期限を23才まで延長したんだけど(笑)。いわゆる成人(※現在は18才)の仲間入りをはたすことで、仕事の幅が広がったり、夜遅くまで外食できるようになったのは、やっぱりうれしい。10代のときは、ドラマの打ち上げに参加しても、一次会で帰らなきゃいけなかったからね。社交辞令かもしれないけど、共演者やスタッフさんが「主役なんだし、二次会も来てよ」って言ってくれるのはありがたかったし、だからこそ先に帰るのは申し訳なかった。でも、これからはそんなことを気にせず、会の終わりまで同じ作品を作ってきた仲間と語り合える。先輩と食事に行けるのも、楽しみのひとつ。(堂本)光一くんは、帝国劇場での舞台の期間中にメールで「20才になったらメシ食いに行こうよ」って誘ってくれたんだ。大人同士のつき合いができる場だからこそ話せることってあると思うし、光一くんの仕事に対する考え方をいろいろ聞いてみたいと思ってる。

俺にとって、20才は自分の言動に責任を持つべき、立派な大人。正直、アイドルだからやらなきゃいけないこと、言っちゃいけないことは少なからずある。自分が、発言ひとつで多くの人を混乱させてしまう立場にいるのも自覚してる。以前、女のコの髪型について軽はずみなコメントをして、ファンの人を振りまわしちゃったことがあるんだ。「髪が短いコが好き」って公言した3カ月後に、今度は

「ロングヘアが好き」って言っちゃって…。なんとなくの思いつきでしゃべったり、流行《はや》りの髪型に流されてのことだったと思う。その後「短いほうがいいって言うから髪を切ったのに」っていう声がＨｅｙ！ Ｓａｙ！ ７のラジオ番組に届いて、本当に好みが変わったんならそう言うべきだし、なんにせよもっと考えてから話をするべきだったと思った。言葉は、人を勇気づける薬にもなれば、苦しめる凶器にもなる。だからこそ、俺はもう二度と自分の言葉で誰かを傷つけたくない。過去の発言に責任を持てる大人になりたいんだ。

発言に責任を持つだけじゃなくて、コメント力を養うことも大事。コンサートのＭＣで場が盛り上がるような話をしたり、バラエティー番組で気のきいたことを言うのは、20才になった今でも苦手なんだよね。ずっと〝このままじゃいけない〟って思っていたら、去年、舞台でおじいさんに扮《ふん》してお客さんとふれ合うコーナーをやらせてもらえることになったの。たまに話しかけても無視されちゃうのはつらかったけど、ひとりで客席とアドリブでトークした3カ月間は勉強になった。正月に滝沢(秀明)くんがやった同じ舞台を見させてもらったときは、俺のおじいさん役を(中山)優馬がやってたんだ。あいつ、めっちゃうまくてさ。ああいう器用なやつがＮＹＣっていう同じグループにいるのは、心強いなと思ったよ。

俺が事務所に入ったのは、11才のときだった。今年は、山田涼介として20才という節目の年でもあり、芸能活動の10年目が始まる年でもあるんだ。まだ実現できるかわからないから具体的なことは約束できないけど、メモリアルなこの年に、こんなに長く支えてくれた人たちへ向けて感謝の気持ちを何かしらの形にしたいと思ってる。これは、20才になった俺の誓い。

20才の誕生日。かーちゃんがくれた〝ごめんね〟。

俺の親父は、〝こんなに子どもと過ごすお父さんってほかにいるのかな？〟って思うくらい、よく遊んでくれた。けっして裕福ではなかったのに、俺や妹が生まれるたびに遊園地の年間パスポートを買い足して、何百回も連れて行ってくれた。昔、親父が車掌《しゃしょう》の仕事をしてたとき、電車に乗ったら「次は○○駅〜」っていう親父の声でアナウンスが流れてきて、うしろの車両まで見に行ったことがあるんだ。働く親父の姿は、休日に遊んでくれるときとは別人で、なんだかカッコよかった。

かーちゃんは、自分の欲しいものがあってもいっさい買わないくらい、家族のために生きてる人。でも、たまに口にするのが「バリ島に大好きなアジア雑貨を見に行ってみたい」っていう夢なんだ。かーちゃんは、飛行機も新幹線も乗ったことがないの。だから、新幹線の座席の間に通路があることすら知らなくて、最初にその話をされたときは「それじゃ誰も通れないから座れないわ！」ってツッコんだ(笑)。いつかいっしょに新幹線に乗りたいし、バリ島にも連れて行ってあげたいな。

ねーちゃんは、頑固《がんこ》で短気。顔を合わせればふざけて悪態をつくこともあるけど、本当は俺のことをすごく考えてくれてる。1年くらい前、ねーちゃんが友だち数人とごはんを食べてたら、偶然俺の話題が出たんだって。ねーちゃんの弟が山田涼介だなんて知らないみんなが俺の悪口を言い始めた瞬間、ねーちゃんが急に「そんなコじゃないから！」ってブチ切れたらしいんだ。その話をかーちゃんから聞いたときは、俺の知らないところで弟を守ってくれたんだって、うれしかった。

最後に、妹。雑誌のインタビューでよく妹の話をしたり、仕事で海外へ行くたびに妹へのおみやげを欠かさなかったり、ちまたじゃシスコンと呼ばれてきた俺だけど(笑)、妹はそれくらいかわいい存在。俺のことを常に応援してくれていて、メールのやりとりの最後には〝お仕事がんばってね!〟って書いてくれるし、俺の演技がイマイチだと思ったときはハッキリそう言ってくれる。家族のムードメーカー的存在の俺が長期ロケで家にいないと、さみしがってくれたりもする。俺の財布にはいつも、昔きょうだい3人で撮った写真が入ってるんだ。それを見るたびに、〝家族のためにがんばらなきゃ〟って思えるから。

20才になった日の夜、家族がプレゼントをくれた。自分らしく生きることの大切さが描かれた1冊の絵本。そしてページを最後までめくると、家族の直筆メッセージがつづられていた。妹の〝涼介は自慢のお兄ちゃんです〟、ねーちゃんの〝家族の支えになってくれてありがとう〟、かーちゃんからは〝涼介が立派に育ってくれてうれしいです。つらい思いをさせてごめんね〟の言葉。俺がこの世界に入るきっかけを作ったかーちゃんは、これまで息子が仕事で壁にぶつかるたびに自分を責めて、幾度《いくど》となくそんなふうに謝ってきた。でも、この仕事に出会わせてくれたことは感謝してる。だから、そんな俺ができる親孝行は、今の仕事をつづけていくこと。かーちゃんが導《みちび》いてくれたこの場所で、恩返ししていきたい。

もし神様がいたら、何をお願いする?

俺は、困ったときだけ神頼みってのはあんまり好きじゃない。でも、これはふだんから願っていることなんだ。

世界一ステキな家族に、幸あれ。

Vol.
006
笑顔

名前も知らない人の歌。その歌声が笑顔をくれる。

俺が笑顔になれるのは、大切な人たちと過ごしてる時間。たとえば、大《だい》ちゃん(有岡大貴《だいき》)。大ちゃんとは、ふたりでいると、いっつも笑ってる気がする。この間、いっしょにゲームセンターに行ったとき、妖怪のストラップが当たるガチャガチャを見つけたの。俺、何気なく見てるうちに、どうしても〝ガシャドクロ〟っていう妖怪のストラップが欲しくなっちゃって。全部で30種類もあるから絶対当たらないだろうなって思いながらもレバーを回したら、案の定、変な馬の顔みたいなのが出てきた。俺のテンションは一気にガタ落ち…。そしたら、大ちゃんが「俺が当ててやるよ!」ってリベンジしてくれて、なんと一発でガシャドクロを引き当てたの! ふたりで大喜びして、俺は指にふたつのストラップをぶら下げながら家に帰った。そんなくだらないことでも夢中になって盛り上がれちゃう大ちゃんは、俺にとって笑顔をくれるまぶしい太陽みたいな存在なんだ。

小さいころは、何が楽しいのか、よく笑ってる子どもだった。雑誌の写真も、Jr.時代は笑顔で写ってるものが多かったと思う。カメラやファンの前で、常に笑顔でいること。それが、アイドルとして大切な仕事のひとつだってことはわかってる。だけど、いつしかカメラを向けられて「笑って」って言われても、心から笑えなくなってる自分がいた。俺の仕事は、よくも悪くもたくさんの人の目にふれる。山田涼介っていう人間をカッコいいと思ってくれる人もいるけど、ブサイクだなって思う人もたくさんいるわけで、そういう人からの誹謗中傷《ひぼうちゅうしょう》を、目や耳にすることもある。〝人前に出る仕事をしてる以上は仕方がない、いろんな人の意見があって当然だ〟って割りきってはいても、俺だって人間だからやっぱり傷つくし、笑顔を見せるのが怖くなったこともあった。でもね、俺は自分の容姿が完璧とはほど遠いことも、歌や演技がうまくないこともわかってるから。ただ、一生懸命やってることだけは知っていてほしい。別に演技が下手なままでいいと思ってるわけじゃないし、そうならないための努力はしてるつもり。俺、一生懸命やってる人に対して否定的なことを言う人が大嫌いなんだ。その人がどれくらい努力してるかも知らずに無責任な発言をすることほど卑怯《ひきょう》な行為はない。誰かが軽い気持ちで不用意に放ったひと言で、人生が変わっちゃうことだってある。だから、逆にがんばってる人に「がんばれ！」って言うのも好きじゃない。本当にがんばってる人にとっては、笑顔で見守ってもらえるのがうれしいし、いちばんのパワーの素《もと》になるんじゃないかな。

最近、動画サイトでプロじゃない人が歌ってる映像を見るのにハマってるんだ。ちょっと前からＨｅｙ！Ｓａｙ！ＪＵＭＰ内で流行《はや》り始めて俺も見るようになったんだけど、そういう人たちの歌を聞いてると元気をもらえるの。惹《ひ》きつけられるのは、歌がうまいからだけじゃない。部屋で気持ちよさそうに熱唱する姿からは、〝本当に人生を楽しんでるんだな〟っていう生き様が伝わってくるんだ。ささいなことでも心から楽しんでる人を見ると、こっちまで笑顔になれる。俺もたくさんの人を楽しませるべき立場にいる人間としてそうあるべきだって、改めて感じさせられる。

コンサート中、ステージから見る、数えきれないペンライトの光。そのひとつひとつが、こっちを向いて笑ってるみたいなんだ。そのかけがえのない〝花えがお〟が咲きつづけるかぎり、俺はいつまでも笑顔でいられる。

世界って広い。夢も、野望も、自由に描ける。

初めての海外旅行は、13才のとき。(中島)裕翔くんや(中山)優馬と行ったハワイだった。当時、家族以外と泊まりがけで出かけた記憶は、2泊か3泊のサッカー合宿くらい。すぐホームシックになることはわかりきってたから、行く前は不安で仕方なかった。しかも、最初は7日間滞在する予定だったのに、飛行機のトラブルでたしか10日間に伸びちゃったんだ。俺は7日で所持金を全部使いきってたから、財布の中身はたったの2ドル。残りの3日は、ひたすらホテルで過ごしたっていう苦い思い出が…。大人になった今は、そんなハワイに行きたくてしょうがないんだけどね。地元のサーファーと仲よくなっていっしょにサーフィンしたり、昔は興味がなかったパワースポットのダイヤモンドヘッドもめぐってみたい。

今年の3月にJUMPのイベントで訪れたタイも、絶対また行きたい国のひとつ。理由は、めっちゃモテたから! 向こうでは俺みたいな中性的な顔が流行《はや》ってるらしくて、買い物した店ではことごとく店員さんにうしろをついてまわられながら「カッコいいね。安くするよ」って言われてた…と思う。タイ語はわかんなかったけど、そういうニュアンスの目で見られてたはず(笑)。俺のことをアイドルだと知らない人たちにそう思ってもらえたのは新鮮で、なんだかうれしかったな。

いつか絶対この目で見てみたいのは、南アメリカのボリビアにあるウユニ塩湖。塩でできた巨大な平原なんだけど、テレビで知った情報によると〝天国にいちばん近い場所〟って呼ばれてるくらい、雲が手を伸ばせばつかめそうな距離に見えるんだって。夜は夜で、星空が湖面に鏡みたいに映って、宇宙にいるかのような気分になれる。時間を見つけてはパソコンでウユニ塩湖の画像を検索して、幻想的な光景に心を動かされてるんだ。

海外アーティストの音楽を耳にしたり、ハリウッド映画を見たり、世界のレベルの高さを肌で感じる機会は多い。最近はレオナルド・ディカプリオの作品をよく見るんだけど、映画『華麗なるギャツビー』での演技は圧倒的だった。〝役者って、こんなにもスクリーンを支配することができるんだ!〟。ディカプリオが最初に出てきたシーンで、そう思わされた。正直、映画が始まってディカプリオが出てくるまでの30分は物足りない気がしてたのに、ディカプリオの登場によって映画が息を吹き返した感じ。その人がいないと、作品は成り立たない。俺も、いつかは役者としてそんな唯一無二の存在になりたいと思った。

ありがたいことに、ドラマで主演をやらせてもらう機会は少なくない。今年1月に放送されたスペシャルドラマ『金田一少年の事件簿』の現場はインターナショナルで、たくさんの刺激を受けた。当たり前のように3~5カ国語を駆使《くし》してコミュニケーションをとり合う海外キャストの姿に、日本語と韓国語をしゃべれるだけで満足してた自分が恥ずかしくなった。それ以来、英会話教材のCDを聞いたり、(岡本)主人には俺あてのメールを英文で送ってほしいって頼んだりして、できるだけ英語とふれ合うようになったんだ。

今の実力ではおこがましいけど、いつか海外の作品にも出演できたらっていう思いはある。でも、ハッキリ目標を立てるのは、向かうべき方向が決まっちゃう気がして好きじゃない。ときには鳥みたいに自由に空を飛んで、そこからじゃないと見えない景色を感じながら世界を広げていけたらいいな。

Vol. 008

ライバル

かつては裕翔に…今はJUMP全員に負けたくない。

小さいころは今みたいに負けず嫌いな性格じゃなかったから、ライバルが誰かなんて考えたこともなかった。それなのに、11才で事務所に入ってすぐ、リハーサル室でいっしょに踊ってるJr.全員を見て絶対負けたくないっていう衝動にかられた。いちばんうしろの列で踊ってたくせにね。でも、俺はその中の誰よりも努力してる自信があったんだ。レッスンが終わって遊びに行くみんなの姿を横目に、俺はまっすぐ家に帰って自主練を繰り返した。部屋には、ダンスが確認できるように全身鏡を置いた。リハーサル室も鏡張りだったけど、目の前で何十人も踊ってると、自分の姿はまったく鏡に映らなかったから。それから1年が経ったころ、ドラマの撮影で忙しかった裕翔の代わりに、タッキー&翼のコンサートに出ることが決まった。と同時に、本番まで2日しかない中で、24曲の振りを丸ごと覚えなきゃいけなくなった。リハーサルの時間だけじゃ足りなくて、振付を知ってるJr.をうちに呼んで、徹夜で練習したのを覚えてる。なんとか無事に本番を終えることができたとき、〝俺はうしろから見てきたJr.たちに負けてない!〟って思えたんだ。

初めて特定の誰かをハッキリとライバル視したのは、裕翔だった。タッキー&翼のコンサートで代役をつとめて以来、裕翔とシンメで踊る機会が増えていったことも関係してたかもしれない。当時の裕翔はテレビで歌ったり踊ったりする以外にドラマや舞台の仕事も多くて、いつも忙しそうだった。俺も、このまま努力しつづければ、裕翔みたいな人気者になれるかもしれないって思ってた。でも、Jr.の中で誰かひとりがセンターをつとめるとなると、選ばれるのは必ず裕翔で、俺はそのうしろ。俺になくて、裕翔にあるものってなんなんだろう？　今までいくつもの背中に追いついてきたけど、もしかしたらこの背中の前にだけは立つことができないのかもしれない。裕翔のうしろ姿を見ながら、そんなふうに思い悩む日々がつづいた。だから、ＪＵＭＰとしてデビューして、『Ｄｒｅａｍｓ　ｃｏｍｅ　ｔｒｕｅ』のＰＶ撮影でスタッフさんから「山田と髙木（雄也）が真ん中に立って」って言われたときは、自分のまわりだけ雷が落ちたみたいに何が起こったのかわからなかった。〝今回だけかな？〟って思っていたら、次のシングル曲のセンターは俺ひとりだった。そこは、Jr.時代からずっと〝いつか立ちたい〟って思い描いてた場所。ようやくその夢が現実になって、〝俺も少しはまわりから認められたのかな〟ってうれしかった。でも、裕翔とはおたがいの立場が入れ替わった気がして、どう接していいかわからなくなっちゃったのは複雑だったな。

あれから5年。俺は大人になったし、裕翔に対する気持ちを整理するには十分すぎるくらいの時間が流れた。おたがいにたくさんの経験を積んできた今も、裕翔にできて、俺にできないことはたくさんある。ドラムやタップダンスを仕事にいかしたり、雑誌のモデルをつとめたり、カメラや乗馬に挑戦したり、いろんな色を見せてくれる裕翔は本当に魅力的だと思う。俺がここまで来られたのは、間違いなくそんな最高のライバルがいたおかげ。ライバルだと認めた裕翔とだからこそ、これからもずっと切磋琢磨《せっさたくま》し合える関係でいたい。

裕翔だけじゃない。ＪＵＭＰのメンバーは、全員がライバル。それぞれが持つステキな色は、負けず嫌いな俺の心を奮い立たせてくれるんだ。これからもずっと、おたがいを刺激し合いながら、ＪＵＭＰを育てていこう。

Vol. 009

ファッション

真っ白なシャツを着る。シンプルをとことん楽しむ。

洋服にはいろんな種類があるんだってことを知ったのは、小6のとき。それまでサッカー一色の生活でジャージしか着たことがなかった俺が、事務所に入って、二階堂(高嗣《たかし》)くんの格好を見て、初めてそう思ったんだよね。細かくは覚えてないけど、当時の二階堂くんは、もはやズボンの原型をとどめてないようなダメージだらけのジーンズをはいてた気がする(笑)。〝なんであんなに穴があいてるんだろ？　でも、それを着こなせてるなんてすごいな〟って思ってた。そういうおしゃれな人たちの影響で、俺のクローゼットにも少しずつスポーツウエア以外の服が増えていった。そのころの俺にしてみたら、スポーツブランドじゃないTシャツを着てる時点で、十分おしゃれしてる気分だったな。

中学生から高校生にかけての時期は、同年代のJr.の間でドクロが大流行。俺も例にもれず、常に体のどこかしらにドクロがついた格好をしてた。その後はファッションについてあれこれ考えるのが面倒になっちゃって、一気にシンプルに。今もそうだけど、とりあえず白いシャツを羽織《はお》って、下はデニムか黒いパンツをはいてればいいやっていう結論に落ち着いちゃった。シャツは、サラッと着られる麻の素材で、丈が長すぎないものが好き。いつもシャツの中に着てるVネックのTシャツは、同じブランドの同じサイズのものを白だけで15枚くらい持ってる。袖を通したとき、服のほうから俺の体に合わせてくるかのような着心地のよさがあって、店の前を通るたびについ買っちゃうんだ。洋服がシンプルなぶん、アクセサリーは必須。今のお気に入りは、20才になった記念に自分にプレゼントした腕時計。ずっと欲しかったモデルがあって時計屋さんに行ったら、たまたま生まれ年の1993年製のやつに出会ったの。運命的なものを感じて、即決しちゃった。これからずっと、いっしょに時を刻んでいきたいと思ってる。

秋冬に向けて買ったのは、黒のスタジャン。大好きなニットやカーディガンもいっぱい着る予定だけど、新しいものが欲しいとは思わないんだよね。手持ちの服は流行《はや》りすたり関係なく着られるものばかりだから、それで十分。5年前のジーパンも、普通にはいてるし。サイズが変わらないのは悲しいけど(笑)。だから、休みの日に買い物に出かけても、ウインドーショッピングで終わることが多い。表参道のキレイな景色を眺めながらブラブラ歩いて、途中でお気に入りのアイス屋さんに寄るのが定番の買い物コースなんだ。

俺がおしゃれだなと思うのは、〝○○ふうファッション〟の○○に自分の名前が入っちゃうような人。たとえば、ジョニー・デップはハットやデニムにこだわりがあって、そのスタイルが見る人にカッコいいと思わせる。だから、彼のコーディネートをマネする人が現れて、〝ジョニー・デップふうファッション〟っていう言葉が生まれる。ファッションでも仕事でも、そんなふうに自己流を貫き通す人にはあこがれる。

許されるなら、今も子どものころみたいに1年中ジャージで過ごせたらいいなっていうのが本音。だけど、人の目にふれる仕事をしてる以上、プロとして日ごろから最低限の格好は心がけてるつもり。仕事で海外に行くときは、現地のメディアに写真を撮られるってわかってるから、きちんとジャケットを羽織ったりもする。TPOをわきまえつつ、適度に、適当に、シンプルを楽しむこと。それが〝山田涼介ふうファッション〟なのかも。

Vol. 010
演技

泣きながら思った。俺はドラマの現場が好きなんだ。

初めてカメラの前に立って演技をした日のことは、ロケ地からセリフまで、今でもハッキリと思い出すことができる。2006年に放送されたスペシャルドラマ『探偵学園Q』で、神木（隆之介）くんが演じてたキュウに向かって「しゃべりすぎだな。バカみたいだぜ。俺たちライバルなんだぞ」って言った、山奥での1シーン。あの瞬間、俺は役者としての一歩を踏み出したんだ。

『探偵学園Q』の現場は緊張の連続で、たくさんの貴重な経験ができた。当初ナレーションとして声だけ録る予定だったセリフを急遽《きゅうきょ》動きをつけて収録することになって、暗記してなかった俺は10回以上NGを出した。くやしくてくやしくて、それ以来たとえ台本にナレーションって書かれてるセリフでも全部覚えていくようになったんだ。かといって、俺は頭がいいほうじゃないから、セリフ覚えはけっして簡単な作業じゃない。だから、どの作品も台本をもらったら、まず長ゼリフが多い山場をマークするようになった。それで、そのシーンを撮る日の1週間くらい前から、2〜4ページずつに分けて計画的に覚え始める。学生時代、夏休みの宿題は休みが終わる間際にまとめて片づけてたくせに（笑）。宿題の場合はやらなくても自分が怒られればすんだけど、もしドラマの現場に俺がセリフを覚えて行かなかったら共演者やスタッフさんに迷惑がかかる。放送を楽しみに待ってくれてる視聴者の期待も背負ってる。そう考えたら、どんなに寝る時間が削《けず》られても、やるべきことをやらないわけにはいかない。

俺が胸を張って言えること。それは、今まで関わらせてもらったすべてのドラマの現場で本当にいい出会いに恵まれてきたっていうこと。初めて単独主演をつとめた連続ドラマ『左目探偵ＥＹＥ』では、スタッフさんが俺のことを息子みたいにかわいがってくれて、横山（裕《ゆう》）くんや石原（さとみ）さんにもよくしてもらった。クランクアップのときには、花束といっしょに１冊のアルバムをプレゼントされたんだ。ページを開くと、そこには石原さんがインスタントカメラで撮った全キャスト＆スタッフさんの写真、そしてひとりひとりからつづられた俺あてのメッセージ。たくさんの人たちに支えられてたんだってことを改めて実感して、思わず号泣しちゃった。そういうあったかい出会いがあるからこそ、ドラマの現場が大好き。この先、俺にはどんなステキな出会いが待ってるんだろう。

役者としての目標は、特にない。というか、自分はまだそういうことを考える段階にいないと思ってる。まずは、もっと演技力を磨いて、多くの人に役者だと認めてもらえるラインに立つことが大事。だから、今はチャンスをもらえればどんな役にも全力でぶつかっていきたい。役作りのためなら坊主にだってするし、眉毛だってそる。ファンの人には、そういう部分も受け止めてもらえたらうれしい。それくらい俺は演技の仕事に対して意欲的だし、そこは誰にも負けない自信がある。

そして、演技をする者として、映画はいつか絶対にチャレンジしたい場所のひとつ。今、事務所の後輩たちが次々に映画というジャンルで活躍してるのを見ると、正直うらやましいなって思う自分がいる。映画の現場って、監督さんはやっぱりメガホンを持ってるのかな？　演技指導は厳しい？　ドラマのときよりも、カメラがもっとでかかったりする？　まだ見ぬ景色を想像しただけで、ワクワクが止まらないよ。

Vol.
011
女

複雑な女心。つかめなくて揺れ動く、俺の男心。

ひとりの男として、女性はもちろん好き。顔をくしゃっとさせて笑う気取らない姿を見たらドキドキするし、引き締まったまっすぐな脚にはつい目がいっちゃう。でも、女性と関わるのはめっちゃ下手くそ。シャイだから、いざ目の前にすると、何をしゃべったらいいのかわからなくなっちゃうんだ。それで、女性を異性として意識し始めた高校生のころは、最初の1年間、学校の女子とひと言も口をきかなかった。コンサートではキラキラした照明を浴びながら歌ってファンの女のコたちにキャーキャー言われてたけど、女子にはマジで根暗なやつって思われてたはず。

そんな俺に転機が訪れたのは、高3の修学旅行のとき。女子ともいっしょに行動しなきゃいけないってことで、俺は沈んだ気持ちのまま当日を迎えた。ところが、俺の気持ちをよそにバスの中で始まったカラオケ大会。さらに最悪なことに、ジャンケンで負けた俺は歌わされることに…。でも、いつまでも殻に閉じこもってても仕方ない。そう考えた俺が選んだ曲は、『森のくまさん』。かわいい童謡をすごいカッコつけて歌ったら、車内は爆笑の渦！　その瞬間から、女子の俺に対する見方が「山田くんって、こんなおもしろい人だったんだ…」って変わったんだよね。そうやって一歩踏み出したおかげで、修学旅行は高校生活の忘れられない思い出になった。

うちは、父親、母親、ねーちゃん、俺、妹の5人家族だから、家ではほぼ女性に囲まれて生きてきた。ねーちゃんと妹は、好きな人ができると「男の気持ちを知りたいから」って俺に相談してくるんだ。でも、俺から見ると、たとえばふたりが相手のためによかれと思ってやってることは〝それ、本当に男が喜ぶの？〟って疑問に感じたりする。それが、いわゆる男と女の違いってやつなのかな。これはあくまで個人的な意見だけど、俺はそういう価値観のズレがあったほうが楽しいんだよね。自分の知らないことを教えてもらったり、その逆があったり…おたがいに刺激し合って視野を広げていける関係が理想だから。

逆に、俺が女性の意見を聞きたくて、ねーちゃんや妹に相談することもある。恥ずかしいんだけど、俺、高校生のときに1回本気でモテたいと思ったことがあったの。それで、「女のコは、男のどういう服が好き？」ってリサーチをかけたら、返ってきたのは「シンプルがいちばん」っていう答え。それで、ジーパンやら白いTシャツやらを買って、ジャラジャラつけてたアクセサリーを外した。あと、「女のコはとにかく手の浮き出た血管が好きだから、どんどん見せていけ」っていうアドバイスもあったな（笑）。結局、ふたりに言われた通りの格好で街を歩いても「あ、山田だ！」って指をさされるだけで、残念ながら成果は出なかったんだけど…。

生まれ変わるなら、絶対また男がいい。女の人は、身だしなみに気をつかうのが大変そうだからね。ねーちゃんなんて、家にいるときいつも脚をローラーでコロコロしてるし（笑）。そんなふうに見えないところで健気《けなげ》に努力してる女性の姿はステキだなって思うけど、俺にはやっぱり男同士でプロレスごっこしながら騒いでるほうが性に合ってる。ただ、また男に生まれるとき、女に間違われがちなこの顔だけはなんとかしたい。この前も、よく行く洋服屋で、知り合いの店員さんに女のコだと思われて無視されたばっかり…。今度は、オーランド・ブルームみたいなヒゲが似合うダンディーな顔に生まれますように。

Vol.
012
嘘

ステージでのケガ。俺は、自分に嘘をつきつづけた。

小学生のとき、親には「学校に行く」って言って、授業をサボって幼なじみの家に遊びに行ったことがあった。そしたら、その友だちのお母さんがうちの親に連絡して、あっさりバレちゃったんだ。結局学校に向かいながら、〝嘘《うそ》なんかついても、いいことないな〟って思った。それ以来、俺は嘘をつかなくなった。

そうはいっても、アイドルっていう職業には少なからず自分のイメージを作らなきゃいけない部分があると思う。けっして嘘をついてるわけじゃないんだけど、そこも含めて全部が俺。でも、そのせいで、たまに応援してくれてる人たちに対して〝だましちゃってるのかな？〟って不安になるときがあるんだ。ありがたいことに、ファンの人は山田涼介のイメージを美化してくれてるみたいで、実際の俺はそこまで完璧な人間じゃないから。だから、仕事の種類によっては、みんなが思い描く俺と等身大の俺の差を少しでも縮めようとしてる。バラエティー番組ならなるべく素《す》の自分を出すように意識するし、雑誌のインタビューにも正直に答える。わりと感覚で生きてるから、そのときどきで言うことが違ってとまどわせることもあるかもしれないけど、今後もできるだけリアルな自分を届けていきたいと思ってる。

テレビの中の俺と、ありのままの俺。そのギャップはスタッフさんたちにとっても同じみたいで、どの仕事の現場でも、初めてごいっしょする方からは二面性を指摘されることが多い。「テレビで見るイメージと違った。もっとキメキメな感じかと思ってたら、こんなにおもしろい人だなんて！」って、よく言われるんだ。実際に会って好印象を持たれるのは、すごくうれしいことだよね。

嘘は嫌い。嘘をつかれるくらいなら、本音を言って傷つけてほしい。それがどんなささいなものであろうと。だけど、そんな俺にも、ひとつだけ許せる嘘がある。それは、自分自身につく嘘。言い方を変えると、我慢っていうことになると思う。２０１１年の『ＳＵＭＭＡＲＹ』は、そんな我慢の連続だった。あれは、本番が始まって２日目のこと。ちょっと気がゆるんだんだろうね、最後のあいさつでお辞儀をした瞬間、首に激痛が走って頭を上げられなくなっちゃったんだ。病院では、２カ月間の絶対安静を命じられた。でも、次の日になればまたステージの幕は上がって、綱渡りやフライングが待ってる。体は限界だったけど、俺は〝全然痛くねえ!〟、〝痛いのは気のせいだな…〟、そう自分に嘘をつきつづけて千秋楽を迎えた。それができたのは、Ｈｅｙ!Ｓａｙ!ＪＵＭＰが座長の舞台で俺が穴を開けるわけにいかないっていう気持ちもあったけど、いちばん大きかったのは本番を楽しみに待ってくれてた人たちの存在だと思う。

これからも、誰かに嘘はつきたくない。ただし、大《だい》ちゃん(有岡大貴)に対しては別だな。大ちゃんはすぐ信じるし、ネタバラシしたときのリアクションがおもしろくて、ついだましたくなっちゃう。最近も、大ちゃんの好きなマンガの映画化が決まって、それに俺が出ることになったっていう嘘をついたばっかり。今まで何回もだまされてるからさすがに最初は信じなかったけど、「役作りでやせなきゃ」とか「撮影は○日スタートだって」とか信じ込ませるために言ったら、とうとう最後は「すげーな山田!　いいなー!」って(笑)。あの話をしてるときは自分でも本当だと思い込みながらだったから…嘘をついた回数的にはノーカウントってことで許してね。

イチかバチか客席に乱入。笑い声が自信になった。

今年のあたまに、生まれて初めて歌舞伎を見に行った。俺が見たのは30分の演目だったんだけど、そもそも歌舞伎にそんな短い作品があることが意外だったし、お客さんの層も、間のとり方も、俺たちの舞台とは違いすぎて衝撃的だった。舞台には高校時代の友だちも出ていて、その踊りや立廻《たちまわ》りはひと目で指先まで意識が行き届いてるのがわかったんだ。歌舞伎独特の、首をまわしたあとに動きを止めてにらみつけるような〝見得《みえ》〟の瞬間、そいつと目が合っちゃったのにはビックリしたけど(笑)。とにかく学校でふざけ合ってたときの友だちとは別人みたいで、勝負する土俵は違えど、同じようにエンターテインメントの世界で闘う姿に刺激をもらえた。

舞台に立った経験はあまり多くないけど、2012年11月から3カ月間の帝国劇場での公演で得たものは大きかった。特に、トークで観客を楽しませるっていう点に関しては、そこが転機になったといっていいかもしれない。おじいちゃんに扮装《ふんそう》して客席に登場して、お客さんとしゃべった1コーナー。そういう役割をまかされることは少なかったから、最初はすごくとまどった。いちばん困ったのが、公演初日の本番前にあったマスコミ向けの公開リハーサル。本番同様に歌って踊るんだけど、客席にいるのは舞台関係のスタッフや記者の人たち。〝まさか取材に来てくれた方をイジるわけにいかないし、どう盛り上げればいいんだろう?〟ってね。結局、新聞社の記者さんに「明日の見出しは、どでかい文字で〝山田、ハンパねー!〟って書いといてくださいね」ってイチかバチか言ってみたら、意外とウケてさ。あとから、スタッフさんに

「どこであんなトーク術を勉強したの？」なんて聞かれたくらい。俺としては、パッとひらめいたことを言っただけだったから驚いたよ。それと同時に、笑いをとらなきゃって身構えるより、ありのままの自分でいたほうがいいんだってことにも気づけたんだ。

最近は、その経験をバラエティー番組の場でいかすようにしてる。ドラマの宣伝で朝の情報番組に出演したとき、司会の方から突然モノマネを振られたことがあったんだ。〝生放送で時間もないし、ファンのコも観覧してるし、なんかやらなきゃ…！〟って焦った結果、選んだのは志村けんさん。志村さんは、昔から『バカ殿様』で見てた、尊敬する大先輩の芸人さん。全力で「あたしゃ朝から疲れたよう！」って叫んだら、なんとかスタジオを盛り上げることができた。〝ふだんからテレビでモノマネできそうな人を探しててよかったな〟って思ったよ（笑）。

自分自身の笑いのハードルは低くて、一度ツボにハマったら、同じことでずっと笑っちゃうタイプ。特に、うちの家族の行動は突拍《とっぴょう》子《し》もなくて、いつも笑わされてるんだ。この間も、仕事中に突然かーちゃんから電話がかかってきて、何かと思ったら「今から遊園地行かない？」って。「いやいや！　俺、仕事行くって言ったじゃん！」みたいな（笑）。最近、（中島）裕翔と（岡本）圭人とごはんに行ったときも、大爆笑だったな。３人で焼き肉を食べてたら、突然裕翔が「ロ～ック!!」って叫びながら両手の小指と人さし指と親指を立ててロックポーズをしたの。その間合いが、なんとも言えずおもしろかったんだよね。

家族やメンバー…俺のまわりにはたくさんのエンターテイナーがいて、毎日楽しませてくれる。俺も、そんな大切な人たちに、そしてファンのみんなに笑顔を返せてたらいいな。

Vol.
014
乗り物

夏は海までドライブ！助手席メンバー募集中だよ。

子どものころ、家族で出かけるときは親父が運転する車だった。両親いわく、俺はいつも車の中で流れてる音楽に合わせて気持ちよさそうに歌ってたんだって。でも、その歌声は親父と母親が思わず顔を見合わせるくらい下手だったらしくてさ。俺がJr.の活動を始めてからは、親は内心〝歌わなくていいダンサーになるしかないな…〟って思ってたみたい。なんとかデビューしてCDも出せるようになったけど、母親にはいまだに「あのときよりうまくなってよかった」って言われるよ（笑）。

初めて自転車を買ってもらった日のことは、今でも鮮明に覚えてる。小学校低学年の誕生日に、両親が6段階のギアチェンジができるマウンテンバイクをプレゼントしてくれたの。俺、うれしすぎてお店で泣いちゃったんだよね。そしたら、そんな息子の姿を見た母親も「なんて純粋なコなの！」ってもらい泣きするっていう（笑）。それ以来、カブトムシをとりに行くときも、サッカーの練習に通うときも、その自転車が相棒だった。大人になった今も、晴れた日にカフェまでサイクリングするのが好き。車と違って、風を受けながら気持ちよく走れるところが自転車の魅力かな。

人生でいちばん長い時間を過ごしてきた乗り物は、間違いなく電車。Jr.時代は、都心の仕事場まで電車で2時間かけて通ってたからね。当時の車内でのヒマつぶしアイテムは、妖怪が出てくるマンガ。カバンには常に6、7冊入れてたんだけど、そのマンガは31巻までしかないから、おのずとけっこうな頻度《ひんど》で同じ巻を読むことになるんだよね。だから、だんだんストーリーじゃなくて、妖怪ごとの特徴を見るようになってきて…。おかげで、すっかり妖怪にくわしくなっちゃったんだ。

高所恐怖症の俺にとって、飛行機はなかなか手強い相手。〝金属の塊《かたまり》が空を飛ぶなんて信じられない！〟って思ってるタイプだから。初めての長時間フライトは、13才のとき仕事で行ったハワイだったな。前日に家で映画を見てたんだけど、それがよりによって飛行機に載せてた大量の毒ヘビが凶暴化して乗客を襲う…っていうストーリーだったの。だから、次の日飛行機に乗ってる間は、高いところにいる恐怖のほかに〝どっかからヘビが出てくるかも!?〟っておびえてた覚えがある(笑)。

新幹線は仕事の移動でよく乗るけど、そんなに好きじゃない…。俺、せっかちだから、たとえば大阪なら新幹線で2時間半かけるより飛行機でパッと行きたいって思っちゃうんだ。乗り物＝寝るものっていうイメージだから、新幹線の中では基本寝てるよ。ただし、音楽は絶対聞く！　だって、イヤホンをつけてないと、となりに座ってるＪＵＭＰメンバーの誰かに話しかけられるんだもん(笑)。ちなみに、となりに来てほしいメンバー1位は(髙木)雄也。ケータイをいじってるか寝てるかで静かだから、俺の安眠が保証されるんだ。

去年、念願だった車の免許をとった。テンション上がりすぎて、その日のうちに大ちゃんを助手席に乗せて走ったよ。でも、大ちゃんのナビ通りに進んだら、高速に乗らされたり、細い道を走らされたりで、かなりテンパった！　圭人を乗せたときも、道に迷いまくって「もうやまちゃんの車には乗りたくない」って言われちゃったし(笑)。あったかくなってきたら、海までドライブしたいね。免許とりたてのころよりはだいぶ運転がうまくなったはずだから、そのときはＪＵＭＰの誰か、となりに乗ってくれないかな？

Vol.
015
夢

ゾンビとバトル、海外旅行…今夜は温泉の夢希望！

真っ暗闇の中を歩いてると、うしろから突然ゾンビが追いかけてきた。つかまらないように、必死で逃げる俺。でも、両者の距離は縮まるばかりで、とうとう俺の肩をつかまえたゾンビはその大きな口を開けて襲いかかってきて――。恐怖のあまり「うわっ！」って叫びながら目を開けると、そこは見慣れた自分の部屋の天井。〝なーんだ、夢か…〟ってホッとしたのもつかの間《ま》、今度は金縛《かなしば》りで体が動かない。どうなってんだ⁉　ここは現実のはずなのに？　それとも、まだ夢の途中…⁉

これは、俺が最近見た夢。…なんだけど、どこまでが夢で、どこからが現実なのか、思い返してもハッキリしないくらいリアルだった。

ほかによく夢に出てくるのは、ＪＵＭＰのメンバー。特にコンサート期間中は、絶対といっていいほどみんなで振付師さんに注意されてる(笑)。寝る前に思いをめぐらせてたことが、なんとなく反映されるんだろうね。バリの露店で、アジア雑貨を買ってる夢を見る夜もあるよ。それは、夕日に照らされたバリのビーチを未来のお嫁さんと歩く光景を想像しながら寝たとき。俺、昔から〝結婚式を挙げるならバリ島！〟って決めてるんだ。

夜、寝るときは、壁のほうを向いて、体を壁にピッタリくっつける。そうすれば、万が一お化けが出ても、顔を合わせなくてすむからね。最近の睡眠時間は3～4時間だけど、俺的には十分寝られてる感覚だから、朝もケータイのアラーム1回で起きられるよ。大ちゃんは、何時間寝ても寝起きが悪いけどね。同じ部屋に泊まったとき、前日に俺が「明日起こすとき機嫌悪くならないでね」って言うと、本人は「大丈夫だって！」って余裕ぶって寝るくせに、朝起こすと「わーってるよー」ってダルそうなんだもん。圭人も、何しても起きなくて、1回ペットボトルの水を顔にかけたこともあったくらい。俺からしたら、ふたりの寝起きの悪さは本当に謎。

寝起きはいい俺だけど、寝てる間の俺にはちょっと問題がある…らしい。Jr.のころ、仕事の都合で母親と都心のホテルに1泊したことがあったんだ。夜、ふたつ並んだベッドで寝てたら、母親いわく、寝ぼけた俺が夜中にムクッと起きて母親の顔をのぞき込んだんだって。気配で目を覚ました母親は、俺の顔がホラー映画に出てくる女のコのキャラクターに見えて「うわー！」って叫んだの。そしたら、その声で我に返った俺も「うわー！」って飛び上がった(笑)。寝言も、けっこう言うほうみたい。この前、圭人とか知念(侑李《ゆうり》)と夜ごはんを食べに行ったんだけど、その日は仕事で疲れてたから途中で眠くなってきて、お店でウトウトしちゃってさ。夢の中では、食事中のメンバーと山手線ゲームが始まったんだ。お題は〝か〟から始まる言葉で、自分の番が来た瞬間、俺は意気揚々《いきようよう》と「夏期講習！」って言いながら起き上がった。それはあくまで夢の中で…っていう感覚だったんだけど、どうやら「夏期講習！」って言いながら起きたところは現実だったらしくて。さっきまでおとなしかった俺が突然叫ぶもんだから、まわりのみんなは「夏期講習って何のこと？」ってポカーン…。俺は「あ、ごめん…」って恥ずかしくなって、もう1回寝たよ(笑)。

最近、たまには田舎でのんびりしたいなーって思うことがあるから、今夜はひさしぶりに自然いっぱいの場所に行く夢が見たいな。どこか海の近くにある温泉にサルといっしょにつかって、おいしいお刺身を食べて…夢の中でつかの間の幸せな時間を過ごせますように。

Vol.
016
色

どんな色にも染まれる真っ白な存在でありたい。

好きな色は、洋服なら黒。ふだんは黒っぽい格好が多いし、そういえば最近買った革ジャンも黒だったな。俺、たぶん黒い革ジャンだけで10着以上持ってると思う。どんな色とも合うから、便利なんだよね。髪の色だったら、今よりもうちょっとだけ明るい茶色が理想かな。部屋のインテリアは、白と茶色を組み合わせたナチュラルな雰囲気だと落ち着く。実際、俺の部屋は壁と床が白で、テレビラックとかライトは木の素材のものを使ってるし。壁には、大好きなアーティストの絵を飾ってる。子どものころは、青と緑が好きだったんだけどね。それってじつは、自分が入ってたサッカーチームのユニフォームの色なんだ。当時はだいたいそのユニフォームかジャージを着て過ごしてたから、目にしてる時間が長かったんだろうね。

赤、青、白、緑、黄。色によって、なんとなく思い浮かぶイメージがある。赤は、火。熱かったり、危険だったり。青といえば、プール。4才くらいのとき、家族で遊びに行ったプールで溺《おぼ》れた思い出がよみがえってくる。それがトラウマになってるのか、俺は今でも泳げない(笑)。白は、いつか大切な人に着せてあげたいウエディングドレスの色。緑はほうれん草で…黄色はパプリカ。どうして急に野菜が連続して出てくるかっていうと、最近主人や知念と〝ほうれん草ゲーム〟で盛り上がったから。自分のこぶしをほうれん草に見立てて、それを「ほうれん草、ほうれん草、ほうれん草！」のかけ声で別の人に渡していく…っていうゲームなんだけど、途中で声に出す野菜の種類を自由に変えられるときがあるの。この前は、たまたまその瞬間に俺と圭人が同時に「パプリカ！」って叫んで、思いついた野菜が偶然シンクロしたことにしばらく大爆笑だったよ。

自分が思い描く世界を色でとらえることは、けっこうある。そのせいなのかはわからないけど、今まで作詞してきた『真紅』や『銀の世界に願いを込めて』は、どっちも曲のタイトルに色が入ってるんだ。実際に見た景色も、色で覚えてることは多い。たとえば、昔住んでた家の近くに咲いてたオレンジ色の金木犀《きんもくせい》。小学校からの帰り道いつも目にしてたその色は、独特の香りとともに脳裏に焼きついてる。あの鮮やかでなつかしい光景も、いつか歌詞に書こうと思ってるんだ。

バラ色の気分、ブルーになる……気持ちを色で表すこともあるよね。俺がバラ色の気分になるのは、ＪＵＭＰのメンバーと過ごしてる時間。スマホのゲームの点数を競い合ったり、バカ話で笑ってるとき、ふと〝こいつらといっしょでよかった〟って思える。逆に、ブルーになるのは朝かな。睡魔と闘いながら早起きして仕事に行かなきゃいけないときは、けっこうつらい。しかも、今の時期は花粉症がひどくて余計に頭がボーッとするし、鼻がつまってうまくしゃべれない。花粉の季節、早く去ってくれますように…。

俺が魅力を感じるのは、情熱的な赤い人。白黒ハッキリしないグレーな人は嫌い。でも、いちばん惹《ひ》かれるのは、その人独自の色を持った人なんだ。山田涼介を色にたとえるなら、きっと白。理由は、単純に肌が白いから…っていうだけじゃなくて、いつまでも純粋な心を持っていたいし、役を演じる上ではどんな色にも染まれる存在でありたいっていう思いもある。俺という真っ白なキャンバスは、これから何色に染まっていくんだろう。どんな絵ができあがるのか、楽しみだな。

Vol.
017
Eat

食べるってつまり、人と人との交流でもあるんだ。

朝は、冷凍庫からカップのアイスをひとつ出して食べる。朝ごはんにアイスは、俺の中ではけっこう定番のメニュー。冷たいものを食べると、寝起きのボーッとした頭が一気に回転し始めるんだ。朝はヨーグルトを食べると体にいいって聞いて以来、冷蔵庫にヨーグルトを常備するようになったんだけど…やっぱりついアイスに手が伸びちゃうね。

これさえあれば生きていける！っていうくらい好きな食べ物は、焼き肉。ちょっと前まではカルビ派だったけど、ハラミもおいしく感じるようになってきた。味覚が大人になったのかな？　仕事が終わると、行きつけの焼き肉屋さんにひとりでふらっと寄って、店長さんとおしゃべりしながら食事することもある。…うん、やっぱ俺、大人になったな(笑)。

おふくろの味といえば、肉じゃが。うちのは、豚バラを使ってて、味つけが甘いの。仕事で海外に行くと、日本に帰る前日にはお母さんあてにメールを送るんだ。「明日の◯時に日本に着くから、晩ごはんは肉じゃがにしといてね」って。そうすると、できたての大好物が俺の帰りを待っててくれる。肉じゃがって、その家庭ごとの味が出る料理だと思うんだよね。いつか結婚したら、奥さんのオリジナルの味を食べさせてほしいな。

21才になった誕生日の夜は、妹が立派なケーキを作ってお祝いしてくれた。ケーキの上にチョコでかたどられたサックスを吹いてる男の人がのってて、店に売ってるケーキみたいな完成度の高さにビックリ！　東京ドームコンサートの前日で体をしぼってたから、あんまりたくさんは食べられなかったけど、気持ちがこもった最高のプレゼントだった。さらに、次の日にはステージ上でメンバーとファンのみんながお祝いしてくれて、ちょうどドラマ『金田一少年の事件簿』のハードな撮影がつづいてた時期だったから、〝明日からもがんばろう！〟ってパワーをもらえたよ。

食べることは、大好き。食べることと寝ることしか好きじゃないっていっても過言じゃないくらい(笑)。だけど、俺はいっぱい食べるとすぐ顔に肉がついちゃうから、ダイエットも食事と同じくらい生活の一部になってる。鏡で自分の顔を見て、ちょっと丸くなってきたなーと思ったらダイエットを始めるって感じ。いろんな方法を試してきたけど、夜6時以降食べないのがいちばん効果的かな。即効性があって、1日実践《じっせん》しただけでも次の日の顔のシャープさが全然違うの。最初はもう死んじゃうんじゃないかと思うほどつらいけど、だんだん胃が小さくなってくるのか、そんなに食べなくても平気になるんだ。そうなったら、もうこっちのもの。目に見えて体重が落ちてくるし、もし無性に暴飲暴食したくなっても〝せっかくここまでつづけてきた苦労が水の泡になってもいいのか⁉〟って自分に問いかければ、やり過ごせる。確実にやせたいなら、オススメの方法だね。

Hey! Say! 7のメンバーとは、最近週1ペースで集まって食事に行ってる。ドラマの撮影が夜まであるから、途中参加することがほとんどだけど、遅く終わっても合流するようにしてるんだ。そのぶん睡眠時間は削られちゃうけど、逆にその時間がないと俺はがんばれないから。みんなと仕事の話をしてると、真剣にJUMPについて考えてることが伝わってきて、刺激をもらえる。大切な仲間とおいしいものを食べる時間は、体だけじゃなくて、俺の心の栄養にもなってるんだ。

花火の焦げた匂い。俺の心は、あの夏の日に帰る。

家の匂い、シャンプーの匂い、洗濯した洋服の匂い…その人だけがまとってる独特の匂いを感じるのが好き。JUMPのメンバーなら、たとえばエレベーターの残り香《が》で誰が乗ってたかわかったりする。特に、香水をつけてるメンバーはだいたい判別できるね。大ちゃんはさわやかなワイルド系、雄也はとにかく甘くて、圭人は甘いのから男っぽいのまで、いろんな種類を使い分けてる。みんな、それぞれのイメージに合った香水をつけてるなって思うよ。でも、そんなメンバーから言われるのは、俺の匂いがいちばんわかりやすいってこと。ここ1年くらいずっと同じブランドの香水を使ってるからっていうのもあると思うけど、たぶんつけすぎなんだろうな(笑)。毎日、出かける前に体の上から下まで最低でもビンのノズルを5プッシュ。さらに、出かけるときも持ち歩いてて、仕事場とか移動車の中でつけることも…。いつでもどこでもその空間を俺の匂いでいっぱいにしちゃうから、知念には「また涼介の〝香水攻撃〟が始まったよー!」ってあきれられてるくらい。そんな俺が言うのもなんだけど、女のコにはあんまり香水をつけてほしくないんだ。ふわっとシャンプーの香りが漂《ただよ》ってるくらいが、ちょうどいいかな。最近は、香水のほかにアロマオイルの香りもお気に入り。『金田一少年の事件簿』のスタッフさんにアロマテラピーの資格を持ってる人がいて、俺が好きな匂いのオイルを4種類くらいブレンドしてもらったんだ。寝る前には、そのレモンミントっぽい香りのオイルを枕にスプレーして、癒《い》やされてるよ。

人からはあんまり理解されないけど、じつは紙袋の匂いもけっこう好き。特に、お茶の葉みたいな和風のものを買ったときにもらえる茶色いシンプルな紙袋ね。それから、家で飼ってるトイ・プードルの空《くう》の体臭。ちょっと洗わないでいると、くさいわけじゃなくて、なんていうか哀愁《あいしゅう》漂う匂いがしてくるの。うちの家族みんなその匂いが好きだから、わざと洗わなかったりするくらい(笑)。

この間、ドラマの撮影で東京から少し離れた場所に行ったんだ。ロケ場所に着くと、風にのって潮の香りが漂ってきた。スタッフさんに「この近くに海あります?」って聞いたらやっぱり当たってて、無性に海に行きたくなっちゃった。この夏、もしプライベートで海に行けるとしたら…俺は泳げないから浜辺で花火したいな。花火の匂いは、すごく好き。子どものころ、毎年夏になると親父の会社の人と家族ぐるみでバーベキューするのが楽しみだった。川に飛び込んで、スイカ割りに夢中になって、最後はいつも花火でしめくくってたあの日。火薬の焦げくさい匂いは、俺をなつかしい時間に連れて行ってくれるんだ。

匂いって、直接的な意味だけじゃなくて、その人が発してる空気みたいなものを指すこともある。俺は、初めて会う人から自分と同じ匂いがするか、そうじゃないかをわりと感じとれるタイプ。同じ匂いがする人には、いい意味でボーッとできる人が多い(笑)。メンバーでいうと、たとえば知念がそう。仕事の現場でも、おたがい一歩引いて状況を見られる冷静な部分があるから、あとあとふたりで話したときに共感できることが多かったりする。よく「自分と同じ匂いがする人に惹《ひ》かれる」とか言うけど、俺の場合、異性に関しては違う匂いの人のほうが気になるな。いつかは、そんな女性を惹きつけられるような、ステキな匂いを出せる男になれるかな? もちろん香水には頼らずに…ね。

Vol.
019
スイッチ

芝居の現場に入った瞬間、俺は物語の中の人になる。

仕事とプライベートの切り替えは、わりとうまいほうだと思う。そう言いつつ、バラエティー番組に出たり雑誌の撮影現場にいるときの俺は、ほぼ素《す》の状態だけどね(笑)。仕事モードのスイッチが入るのは、アイドルとしてお客さんの前に立つとき。ファンの人たちの夢を壊してしまうかもしれないけど、俺はアイドルの自分ってひとつの顔にすぎないと思ってる。けっして偽《いつわ》ってるわけじゃなくて、ライブで照明を浴びながら歌って踊る俺も、本番が始まる直前までメンバーと変顔し合ってふざけてる俺も、本当の自分。その両方を知った上で好きになって応援してくれる存在が、真のファンだって信じてるから。

ドラマの撮影現場でオンになるのは、役者としてのスイッチ。現場に来た瞬間にオン、帰ると同時にオフ。昔からずっとそれを心がけてきたから、今じゃ自由にそのふたつを切り替えられるようになった。でも、去年スペシャルドラマ『金田一少年の事件簿』をやらせてもらったときは、はじめちゃんをどう演じたらいいかわかんなくて、1日の撮影が終わったあとも役のことが頭を離れなかったんだよね。香港ロケにはパソコンを持って行って、ホテルでネットサーフィンしながら無理にでも素の自分に戻る時間を作ってたんだ。

映画『グラスホッパー』の出演オファーをいただいたのは、『金田一少年の事件簿N(neo)』の撮影が始まる少し前。監督さんが俊敏《しゅんびん》に動けてちょっと影のある役者として俺の名前を挙げたら、主演の生田(斗真《とうま》)くんが「役のイメージと合う」って賛成してくれたらしくて、すごくうれしかった。映画の中で俺が演じてる〝蝉《せみ》〟っていう役は、ナイフを巧みに扱う殺し屋。今までにやったことのないキャラクターで、役作りが難しいって感じるときもある。だから、少しでも見た目を蝉のイメージに近づけるために、出演が決まってからは炭水化物の量を減らして、体重を2〜3kg落としたんだ。俺ひとりで9人を相手に闘うアクションシーンもあるから毎日の筋トレは欠かさないし、今までの自分のイメージを変えたくて髪も銀色に染めた。ナイフの使い方は、時間がなくて先生に1回しか教えてもらえなかったから、あとは動画サイトを見ながらひたすら自主練。『金田一』の現場でもあき時間はずっとナイフを手にしてて、はたから見たらちょっと危ないやつかも(笑)。この映画の原作はすごく人気のある小説で、読む人の数だけ違った蝉のイメージがあると思う。実写化するにあたって、〝蝉は山田じゃない〟って思う人もいるかもしれない。でも、映画出演はずっとかなえたかった目標のひとつ。公開を待っててくれてる人たちの期待は絶対に裏切らないから、楽しみにしていてほしいな。

アイドルのスイッチも、役者のスイッチも、オフになるとき。それは、気心知れた仲間と過ごす何気ない時間。この間は、圭人と共通の友だちふたりを誘って、いろんなスポーツができる施設に行ったんだ。卓球して、途中でアイスを食べて、フットサルもやって…超楽しかった！　クレーンゲームにも挑戦して、でかいぬいぐるみをとろうとしたんだけど、何回やっても失敗しちゃって…。仕方なくアイドルスイッチを入れて、店員さんに「すみませーん、これ難しいんですけどぉー♡」って笑顔で話しかけてみたの。そしたら、ぬいぐるみをとりやすい場所に移してくれて、みごと2体GET(笑)。すっかりリフレッシュできたおかげで、次の日からまた張りきって仕事モードのスイッチ、オン！

Vol. 020

記憶

過去は振り返らない。最高に楽しい今があるから。

記憶力には、けっこう自信がある。昔の自分が載ってる雑誌を見ると〝この写真はあそこで撮ったなー〟って当時の思い出がよみがえってくるし、自分で言うのもなんだけど、セリフ覚えは本気を出したら相当早い。『金田一少年の事件簿Ｎ（ｎｅｏ）』のときは、家に帰ってもほとんど寝る時間すらない毎日だったから、現場のあき時間にひとりでブツブツ言いながら翌日分のセリフを覚えてた。特に謎解きのシーンになると、台本15ページくらいのセリフ量が当たり前。それを2時間足らずで頭にたたき込んで…我ながらよくやったとも思うし、撮影の時間は容赦《ようしゃ》なくせまってくるからやらざるをえなかったっていうのもある（笑）。振付を覚えるのも、わりと得意。1曲につき2〜3時間あれば、ＪＵＭＰメンバーはみんなだいたい踊れるようになる。特に早いのは、天才肌の知念だね。俺も早いほうではあるし、1回覚えたらなかなか忘れないけど、なぜか立ち位置だけは頭に入らなくて…。ライブのリハーサルではしょっちゅうほかのメンバーの位置に行っちゃって、「なんでここにいるの!?」ってツッコまれてるからね。あと、残念ながらこの記憶力は勉強面ではいっさい発揮されなかったな（笑）。立ち位置に関しては好きな仕事に関わることだからまだ覚えられるんだけど、それが勉強となるといっさいダメ。俺の脳みそは、そんなふうに都合よくできてるみたい…。仕事をしていて目の前に新しい壁が立ちはだかるたび、頭に浮かぶ光景がある。それは、２０１０年の舞台『ＳＵＭＭＡＲＹ』で挑戦した綱渡りのシーン。あのときは本番までとにかく時間がなくて、結局2日間で4時間しか練習できなかったんだ。でも、必死で取り組んだら、高所恐怖症の俺が高さ3・5mの綱の上を歩けるようになった。努力は、絶対に裏切らない。あの経験は、どんなときも俺の背中を押してくれるんだ。

自分にとって、そしてJUMPにとっての転機として鮮明に記憶に残ってるのは、綱渡りに初挑戦した『SUMMARY』から2年後の帝国劇場での舞台。座長公演、ドラマ撮影と並行してのハードスケジュール…あの3カ月間で俺はいろんなことを経験して、苦しんで、誰も見てないところでたくさん涙を流した。当初JUMPとしてCDリリースするはずだったドラマの主題歌を俺ひとりで歌うことになって、誰を信じればいいのかわからなくなったし、一度はこの仕事をやめることも考えた。でも、メンバーはすべての事情を知った上で、俺のソロデビューを応援してくれた。おかげで俺は数々の困難を乗り越えることができたし、それ以来仕事に対する考え方も、メンバーとの関係性も、すべてがいいほうに変わっていった。

俺は、基本的に過去を振り返るのが好きじゃない。昔のことは、よくも悪くも終わったこと。そう思える今の自分が好きだし、今がいちばん楽しい。極端な話、1日前の記憶があれば十分なくらい。ちなみに、きのうはオフで主人と過ごしてた。まずふたりでカフェに行って、チキンサラダ、牛肉の串焼き、かた焼きそば、チャーハン、唐揚げ、フライドポテト、バナナのデザート…すごい量を食べちゃった。おなかがいっぱいになったあとは映画『オール・ユー・ニード・イズ・キル』を見て、興奮冷めやらぬまま今度はダーツをしに行って…めっちゃ満喫した1日だったな。だけど、そんないっぱい笑ったきのうも、もう過去のこと。楽しいできごとは、この先にもっとたくさん待ってる。そう信じて、これからも今を精いっぱい生きていきたい。

演じること。それは、体をイメージ通りに操る競技。

50m走のタイムは、7秒ジャスト。でも、小学校でも中学校でも運動会の徒競走は1位だったし、リレーの選手にも選ばれてた。かといって、スポーツならなんでも得意なわけじゃない。持久力がないから、同じ走る系でもマラソンはむしろ苦手だし、球技でいうとバスケはドリブルすらできない。野球にいたってはそもそもルールがわからなくて、昔、事務所の野球大会で中居(正広)くんに説明してもらったくらい。そうそう、その試合で中居くんがピッチャー、俺がサードを守ってたとき、ゲッツーをとろうとした中居くんが俺に豪速球を投げてきたんだよね。そんなすごい球を俺がとれるわけもなく…あとで「すみませんでした!」って謝った覚えがあるよ。

サッカーを始めた時期は、正直ハッキリとは覚えていない。でも、Jリーグのジュニアユースチームに入ったのが小5のときで、その2~3年前にはもう地元のサッカークラブに所属してたから、たぶん小2か小3だったんだと思う。ジュニアユースのテストを受けたのは、サッカークラブのキャプテンに誘われたのがきっかけだった。テストの内容は、その日初めて会ったメンバー同士で自由にポジションを決めて、いきなり5対5のミニゲーム。俺は当時目立つことが嫌いでテストに受かる気もなかったから、ほかの人たちが合格できるようにと思って自ら地味なゴールキーパーを買って出たんだ。ところが、俺のチームはあまりにも弱くて、いざ試合が始まると相手チームのシュートがどんどん飛んできた。それをひたすら弾《はじ》いてたら、なぜか俺だけが受かっちゃったんだよね。今思えば、評価されたのはキーパーとしての活躍じゃなくて、まわりのために自分を犠牲《ぎせい》にした姿だったんじゃないかな。チームプレーに徹することの大切さ、そのために必要な周囲を見渡す力。サッカーを通して学んだことは、アイドルになった今にもいかされてる気がする。

サッカーは、やるのと同じくらい見るのも好き。最近は格闘技観戦にもハマってて、今朝もお風呂にケータイを持ちこんで半身浴しながら試合の動画を見たばっかりなんだ。応援してる選手は、秋山成勲《よしひろ》さん。見た目もそうだけど、もともと柔道家だったのにプロ格闘家に転身して、格闘技の世界で勇ましく闘う姿はカッコいいなと思う。その姿から感じるのは、一度やると決めたことは絶対にやり通す精神。アイドルと格闘家、土俵は違えど、試合からはいつもいい刺激をもらってるんだ。

プライベートで定期的に体を動かすことといえば、知念や主人とやってるフットサルくらい。ジム通いはつづかないから、役作りで体をしぼりたいときだけ集中的に行くようにしてるんだ。特に時間やメニューは決めず、体の鍛《きた》えたい部分によってマシンを選びながら、ひとりで黙々《もくもく》とやってる。ちなみに、ここのところはジムにお世話になってない。今、撮影中の映画『暗殺教室』で俺が演じてる渚《なぎさ》っていう役は中性的なキャラクターで、原作マンガの絵だと顔は真ん丸、肩幅もめっちゃせまく描かれてるの。そのイメージに近づけるために、肩幅をせまくすることはさすがに無理だけど(笑)、せめて顔だけでもと思って、あえて鍛えずにポッチャリをキープしてるんだ。役によって体型を調整したり、必要な技術を身につけるのは、ある意味スポーツみたいなものなのかもしれない。もし、いつかバリバリ泳げる水泳選手役のオファーが来たら…クロールはまったくできない俺だけど、そのときは死ぬ気で練習してムキムキの逆三角形ボディになります！

Vol.
022
教室

教室で学んだことは、勉強だけじゃなかったんだ。

小学生のときも中学生のときも、教室っていう場所が好きじゃなかった。今思えば、小5でいじめにあったのが原因だったのかもしれない。Jリーグのジュニアユースチームに入ったのがきっかけで、クラスメイトに妬《ねた》まれるようになって、事務所のオーディションに受かってからは〝なんであいつばっかり〟っていう冷ややかな視線を向けられた…。早く義務教育が終わればいいのに。俺は、そう思いながら小中学校時代を過ごした。

だから、最初は当然高校も行きたくなかった。でも、その学校には俺と同じような芸能の仕事をしてるコが多かったから、仕事の現場に行くような感覚で通うことができたんだ。もちろん一般の生徒たちとも交流があったし、仲よくなったやつらは俺のことをアイドルとしてじゃなく、おバカなことをやってるただの高校生として見てくれた。高校に入って、俺は初めて教室に居場所ができた気がした。

高校時代でいちばん印象に残ってるのは、3年のとき修学旅行で北海道に行ったこと。同じクラスの男子とスワンボートをこいでふざけ合ったり、牧場で「アイスって最高でどれくらい食べられるんだろうね？」っていう話から大量のソフトクリームを食べたり(笑)。あの5泊6日に3年間の思い出が集約されてるといっても過言じゃないくらい、最高に充実した時間だった。学業と仕事の両立とか大変なこともあったけど、今は高校に行ってよかったって胸を張って言える。たとえどんなにつらい思いをしたとしても、あの瞬間にしかできなかった経験のひとつひとつが、現在の自分を形作る大切な要素になってるから。

今年の夏から秋にかけて撮影した映画『暗殺教室』には学校のシーンが多くて、楽しかった高校時代が戻ってきたみたいだった。クランクインの日は、俺が演じる主人公・潮田渚のいる3年E組の生徒全員が集まったんだ。でも、休憩中は誰ひとりとして俺に話しかけてくれず、お通夜《つや》状態(笑)。年下のキャストが多かったから、〝もしかしたらみんなは俺が10代のころ初めて亀梨(和也)くんと共演したときみたいな気持ちなのかも〟と思って、現場ではできるだけふざけるように心がけた。実際、俺はそんな大それた存在じゃなかったかもしれないけどね(笑)。撮影は、約1カ月間地方に泊まり込みでつづいたんだけど、だいたい夕方には終わってたから、自分から共演者に声をかけて毎日のようにごはんに行った。食事のあとは、菅田《すだ》(将暉《まさき》)くんが持ってたギターで曲を作って、みんなでくだらない歌詞をのせて…。東京に戻ってきてから、カラオケに行ってその曲を歌ったのもいい思い出。3年E組の最後のシーンを撮り終えたときには泣いてるコもいて、ひとつのクラスとして成り立ったことが本当にうれしかったな。

ここ数年、事務所の中でも先輩として見られる機会が増えてきた。教わる立場から教える立場へ。自分の置かれてるポジションが変わりつつあると思うことがある。そんな俺が、もし今、学生のみんなに何か伝えるとしたら。それは、人を好きになる気持ちを大切にしてほしいっていうこと。10代のころは、まわりの目が気になったり、恋愛なんていつかはできるなんて思って、自分の気持ちに正直になれないこともあるかもしれない。でも、大人になるにつれて、恋愛観はどんどん変わっていく。10代の恋愛はそのときしかできないってことを心にとめて、悔いの残らない青春を送ってほしい。中高生のみんなよりちょっとだけ先輩の山田先生からは、以上です(笑)。

本当の自分をさらけ出したとき、大切な仲間ができた。

コミュニケーション能力、いわゆる〝コミュ力〟。最近よく耳にする俺のそれは、かなり低いほうだと思う。そもそも人見知りで他人に心を開くのに時間がかかるから、会ったその日に意気投合！…なんてことはまずない。3回会って、やっと心を開くかどうか迷い始めるスロースターター。年が近い人に対しても最初は絶対敬語だし、せっかくがんばって話し始めても会話が途切れることはしょっちゅう。ちなみに、沈黙が訪れたときはノドが渇いてなくてもとりあえず何かを飲むようにしてる。〝本当は話したいのに、今これを口にしてるから仕方なくしゃべれない状態なんですよ〟っていうアピールをするために（笑）。

多くの人がそうであるように、仲よくなれるかどうかにおいて相手から受ける第一印象は重要なポイント。俺の場合は、その人が年上だろうが年下だろうが関係なく、まずきちんとあいさつできるかどうかを見る。それは、人づき合いをする上で最低限必要なこと。次に、本当に信用できる人間かどうかを見極める。そこに明確な判断基準はないから、自分自身が長年培《つちか》ってきた感覚に頼るしかない。とにかくそういう過程を経て仲よくなったのは、これからもずっといっしょにいるんだろうなと思える人ばかり。みんな、俺のことを損得勘定なしの家族みたいな感覚で見てくれる。そういう意味では、Ｈｅｙ！Ｓａｙ！ＪＵＭＰのメンバーも心を許せる大切な友だち。（中島）裕翔の21才の誕生日祝いをかねて、Ｈｅｙ！Ｓａｙ！７のメンバー4人で箱根旅行したのは、いい思い出だな。知念（侑李）とはどんな話もできるし、（岡本）圭人にいたっては、無言でもいっしょにいられる仲（笑）。そういえば、この前ふたりでカフェにいたときもそんな話をしたな。

今から2年前、初めて『金田一少年の事件簿』のスペシャルドラマをやらせてもらったときのこと。そのころの俺は、いっしょにお仕事させてもらう人全員によく思われたくて、少なからず本当の自分を偽《いつわ》ってた。「もっとラフに生きてもいいんじゃない?」。当時の俺の状況を見かねたドラマのプロデューサーさんが、ある日こんな言葉をかけてくれたんだ。その瞬間から不思議と肩の力が抜けて、ありのままの姿で現場にいられるようになった。少し大げさに言うと、人間らしくなれたのかもしれない。今でも十分人見知りだけど、共演者や事務所の先輩とのつながりはこのころから少しずつ広がっていった気がする。

2014年のお正月は松岡(昌宏)くんの家におじゃまする機会があって、その後、改めて食事にも連れて行ってもらった。そのお店からの帰り道、家まで送ってもらってるときに思いきって仕事の相談をしたんだ。松岡くんからは、「行き当たりばったりでいいんだよ」っていう答えが返ってきた。同時にブレない強さが伝わってきたし、そのやり方でこれまで結果を出してきた先輩の言葉だからこそ、すごく心に響いた。俺はもともと物事を慎重に進めすぎるタイプだけど、松岡くんのアドバイスのおかげで、2014年は思ったことを口に出して、グループと同じくらい自分のことも大切に考えながら動くことができたと思う。俺も、いつか後輩たちにステキな言葉をプレゼントできる存在になりたい。こんな俺にも、最近は「ごはんに連れてってください」って言ってきてくれる後輩がいる。もちろんうれしいんだけど、どのタイミングでどこに連れて行ったらいいのかがわからず行動に移せないのが悩み…。とりあえず、後輩に対する人見知りを克服しないと…かな。

Vol.
024
テレビ

視聴率よりも、もっと大切にしたいものがある。

小さいころにテレビを見た記憶って、じつはほとんどない。それは、俺が部屋でじっとしてるより、外で遊んだりサッカーしてる時間のほうが断然多い子どもだったから。テレビがきっかけで流行《はや》った音楽やギャグは友だちから聞いて知ることが多かったし、アイドルのことも事務所に入るまではかーちゃんが好きだったＫｉｎＫｉ Ｋｉｄｓしかわからなかったくらい。だからこそ、そんな自分がテレビに出る側の人間になるなんて、当時は想像もしなかった。初めてテレビに出たのは、事務所のオーディションを受けたとき。最近、仕事でその映像を見る機会があったんだけど、初々《ういうい》しすぎて〝人間って成長するんだな〟ってしみじみ思ったよ（笑）。

Jr.としてバラエティー番組に出るようになっても最初はわからないことだらけで、失敗の連続だった。〝楽しい〟っていう気持ちより〝恥ずかしい〟のほうが先行して、なかなか素《す》の自分を出すことができなかったんだ。ドラマの仕事もさせてもらうようになってからは、テレビに出ることの影響力の大きさをいっそう感じるようになった。街で通りすがりの人から役名で呼ばれたり、役のイメージが強くて、ふだんもそういうキャラだと思われちゃったり…。複雑な思いで受け止めた時期もあったけど、どういう形であれ俺の顔と名前を多くの人に知ってもらえたのはテレビのおかげ。俺をキャスティングしてくれたスタッフさんやドラマを応援してくれる人たちには、いつも感謝の気持ちでいっぱいなんだ。

最近は、ドラマに出るたびに視聴率の話題がついてまわる。数字のことはまったく気にならないといったら嘘《うそ》になるけど、俺が気にしても仕方がないっていうのが正直なところ。もちろんドラマを見る側にも、言いたいことがあるのは当然だと思う。でも、どんな作品にせよ、そこには必ず制作側の意図がある。そういう思いを汲《く》み取ろうとしない人たちがネット上に誹謗中傷《ひぼうちゅうしょう》コメントを並べるのを目にすると、やっぱり悲しい。誰だって、一生懸命やってることを頭ごなしに否定されたらつらいはず。少なくとも、俺は軽々しくそういう発言をする人間には絶対になりたくない。

ドラマ、バラエティー、CM…ひとくちにテレビの仕事といってもいろんな分野があるけど、俺は今でもバラエティーが苦手。番組によって自分の立ち位置が違うから、それを探し当てるのが難しいんだ。たとえば、同じレギュラー番組でも『スクール革命!』での俺は普通の人キャラだけど、『リトルトーキョーライブ』ではスター扱いをされたりする。そこを切り替えるのは、ドラマで役を演じるよりもよっぽど大変かもしれない。

去年からJUMP全員でバラエティー番組をやらせてもらう機会も増えてきて、最近は特番『いただきハイジャンプ』のロケやスタジオ収録があった。自分たちの冠番組ということもあって、現場ではたびたびJUMPの本気を見てる気がする。企画のひとつに、〝500mを9人で走って世界記録を超えよう〟っていうチャレンジがあったんだ。みんな負けず嫌いだから、〝こんなに本気で走るのは初めて!〟っていうくらい全力で取り組んだ。おかげで、翌日はめっちゃ筋肉痛になったけど(笑)、今までにやったことのない体当たり企画が新鮮で楽しかった。メンバーとは、「この番組をレギュラー化してもらえるくらいがんばろう!」って話してるよ。そして、いつかテレビでJUMPを見ない日はない、そんな時代をめざしたいんだ。

大人になるって、苦手なものが減ることなのかな。

俺が好きなもの。晴れた日の空、食べること、ニット、サングラス、カフェ、地方めぐり、靴、物件チェック、ニット帽、オルゴールの音、サッカー。

中でもいちばん好きなのは、ダントツで食べること。俺にとって、食事の時間ほど幸せを感じられる瞬間はない。特に最近は食欲が旺盛で、1月に圭人と共通の友だちと3人で福岡に行ったときは我ながらヤバかった。昼にラーメン、夜は生け簀《す》でイカが泳いでるようなお店で新鮮な魚介を食べて…十分博多グルメを満喫したのに、なぜか帰りの空港で「最後になんか食おうぜ！」っていう話になったんだ。1軒目で角煮ラーメンとギョーザと明太子ごはんを食べたあと、となりのお店に移動して、さらに鯛《たい》茶漬け定食、甘エビの唐揚げ、カキフライ、トンカツ、ゴマサバを平らげた。あのときは、さすがにこれまでの人生でいちばんおなかいっぱいになったね。東京に帰ってきたら、すぐにサウナに駆け込んで体重を2kg落としたよ(笑)。

じつは今年に入って、すでに福岡のほかに沖縄にも行ってきた。2015年は、そうやって日本のいろんな場所に出かける年にしようと思ってるんだ。旅行の魅力は、もちろん単純に楽しいっていうのもあるけど、なんといっても俺が山田涼介だってバレない(笑)！　一瞬〝ん？　あれってもしかして…〟っていう顔で俺のことを見てくる人もいるけど、次の瞬間には〝まさかこんなところにいるはずないか〟って思うみたいで、全然気づかれないんだ。次は京都に行きたいな。まずは主要都市から攻めていって、めざすは全国制覇！

そして、もうひとつのマイブームが、マンションの物件情報をチェックすること。ヒマさえあれば、インターネットでどんな部屋があるか調べるのが日課になってるんだ。別に実際住むわけじゃないし、探してるわけでもないんだけど、〝もしこんな家に住んだら…〟って妄想をふくらませるのが楽しくて。10㎡のワンルームから、サッカーができそうなくらい広いリビングがある豪邸までくまなくチェック！　理想的な物件があると、お母さんに「この部屋よくない⁉」って言いながら間取りを見せて、ふたりで盛り上がってるよ。

俺が嫌いなもの。暗いところ、高いところ、センブリ茶（バラエティー番組での罰ゲームの定番。体にいいから一時期家でも飲んでたけど、苦すぎた！）、マナーが悪い人（あいさつできないとか論外）、ムチャぶり（おもにJUMPのメンバーにされがち）、優柔不断な人（知念なんかもわりとこの部類だけど、あいつは俺の中で特別枠だから許す）、眉毛を染めること（薬が肌にしみて痛い！）、サイズが合わないパンツ（昔サッカーやってたせいで脚が太くて、でも太さに合わせて選ぶと丈が長すぎ…）、歯医者（麻酔のバカ！）。

中でもいちばん嫌いなのは、暗いところと高いところ。だから、お化け屋敷と絶叫マシンがある遊園地は超苦手。でも、もし彼女にデートで行きたいって言われたら…代わりにサファリパークを提案してごまかそうかな（笑）。

最後に、嫌いだけど好きになりたいもの。トマトとネバネバ系の食べ物全般。年を重ねるにつれて目上の人と食事に行く機会が増えてきて、食べ物の好き嫌いを恥ずかしいと思う場面が増えてきたんだ。大人になるっていうこと。それはつまり、こうやって〝嫌い〟を〝好き〟に変えていくことなのかもしれないな。

Vol.
026
変身

生まれ変わっても、やっぱり〝山田涼介〟でありたい。

最近、明るかった髪の色を黒くした。なんとなく思い立って、ちょっと落ち着いた雰囲気に変えてみたんだ。ここまで黒くしたのは、2年前のドラマ『金田一少年の事件簿 香港九龍財宝殺人事件』以来。自分的には、黒髪にしても10代のころよりは幼く見えなくなった気がする。少しは大人になれたってことかな。

髪の色を変える程度のイメチェンはたまにするけど、肉体改造とか洋服の雰囲気をガラッと変えたいと思うほどの変身願望はない。ただ、オンとオフの変貌《へんぼう》ぶりに関しては、かなり激しいほうだと思う。ステージ上で見せる自分の顔がふだんのそれとあまりにも違いすぎて、ライブDVDを見てると我ながら〝これが俺？ こんなにキラキラしてたっけ？〟って首を傾《かし》げちゃうくらい。オフの俺は、かなりイケてないからね。今日も、朝10時に目覚まし時計をセットしたのに、いったん起きて11時にセットし直して寝て、11時に起きて12時にセットし直して寝て、結局12時起床…。二度寝ならぬ三度寝だった(笑)。自分ではオンとオフのスイッチを切り替えてるつもりはないんだけど、目の前にたくさんのお客さんがいて、キレイなスポットライトを浴びることができるあの状況が、自然とそうさせてくれるんだろうね。

ドラマや映画で役を演じるのも、変身のひとつ。髪型を変えたり、ナイフを使った武術の練習をしたり、役を演じる上で当たり前に必要とされることはやるけど、いわゆる役作りと呼ばれる作業はあまりしない。どう演じるかは最初に台本を読んだときのインスピレーションで全部決めちゃうし、あとはカメラの前に立ってそれを実行するだけ。俺の解釈が間違っていれば監督さんからそういう指摘があるし、「こう直して」って言われたことに対応する力はあるほうなんじゃないかな。今は、〝こういう役を演じたい〟っていう願望が特にない。それは、自分にどんな役が合うのかがわからないから。俺自身が自分に対して持ってるイメージと、スタッフさんが持ってるイメージは全然違う。ドラマや映画を見てくれる人が俺に対して抱くイメージは、きっとスタッフさんに近い。だから、まわりが客観的に見て「この役を演じてほしい」って決めてくれたほうが、俺自身の演技も、作品自体も、絶対によくなると思うんだ。

最初に変身願望はないって言ったけど、もし1日だけ誰かになれるとしたら、オーランド・ブルームがいい。あのレベルまでカッコよかったら、街行く人全員が俺のことを振り返るはず。人生で一度くらい、そんなめちゃめちゃモテる気分を味わってみたいなって。逆に、もし誰かが山田涼介に変身できるとしても、正直オススメできるポイントはない。だって、俺の生活なんてかなり地味だもん。この間のオフも、部屋を掃除して、あふれてた服を全部たたんでクローゼットにしまって、映画『ジョゼと虎と魚たち』のDVDを見たくらい。あ、夜はごはんを2合炊《た》いて、食べきれない分は1食分ずつに分けて冷凍もしたな。ね、ものすごく普通でしょ?(笑)

俺は、ごく普通で地味な人間。その上、マイペースで、自由気ままで、スーパーめんどくさがりで…。でも、そんな自分でいることが心地よかったりもする。まわりに流されず、どんなときも自分らしくいる性格が嫌いじゃなかったりする。

うん。俺はやっぱり、生まれ変わっても山田涼介がいいな。

非日常を楽しもう。毎日を闘ってる自分のために。

忙しい日々のすきまに、ぽっかりあいた2日間のオフ。スケジュール表にそんな空白を見つけると、最近は旅に出ることが多い。昔は休みの日にわざわざ遠出するなんて面倒なことだと思ってたけど、仕事で時間に追われる生活がつづくと、どうしても都会の喧騒《けんそう》を離れたくなる。そして、非日常の空間に身を置くことで、帰ってきてまた毎日をがんばろうって思えるんだ。

行き先を決めたら、ボストンバッグにパンツといつも使ってる化粧水&乳液を入れて旅支《じ》度《たく》は終了。俺は旅先でかわいいものを見つけると誰にあげるかも決めずにとりあえず買っちゃうから、カバンの中はあえてガラガラにしていくんだ。特に海外に行ったときは現地のお金がすぐ日本円に換算できないせいで金銭感覚がわからなくなって、おみやげを奮発しちゃうことも…。ねーちゃんや妹には絶対高いものを買うけど、それは特別。仕事の場合もあるとはいえ、きょうだいの中で俺だけ楽しい時間を過ごせるわけだから、そのぶん日本に帰ってからふたりを喜ばせてあげたいって思う。去年、ゆーてぃー(中島裕翔)と大《だい》ちゃん(有岡大貴)とグラミー賞の授賞式を見に行ったときは全然自由時間がなかったんだけど、妹が欲しがってた財布を買うために、ロサンゼルスのショッピングモールを走りまわった。外国の見知らぬ街をガチで走るのは、あとにも先にもこのときだけだろうな(笑)。

買い物だけじゃなくて、その土地のものを食べられるのも旅の醍醐《だいご》味《み》。2月の末から3月にかけて、映画『暗殺教室』のキャンペーンで静岡、仙台、新潟、広島、福岡、名古屋、大阪、札幌の8都市をまわったときは、俺の大好物が肉だと知ったスタッフさんが、どの土地に行っても地元の牛肉や豚肉を用意してくれてたんだ。いちばん感動したのは、大阪で食べたすき焼き！　それはなぜか佐賀牛だったんだけど、肉自体が甘くてさ。ほかにも、お好み焼きや釜飯…全国のおいしいものを食べつくして、すっかり太って帰ってきたよ。

プライベートでは、1月に友だちと沖縄に行ってきた。友だちがレンタカーやホテルの手配をしてくれたぶん、美ら海《ちゅうみ》水族館までの道のりは俺がナビ。そうそう、途中で友だちがスマホの充電器を買いたいって言い出して、イチかバチかで100円ショップに寄ったんだ。そしたら、なんと充電器が100円で売ってて、そのことにふたりで感動！　そのお店が海のそばにあったから、いっしょにお菓子も買い込んで、海を見ながら休憩したりして。なんだかんだいって、そういう予想外のできごとがいちばんの思い出になるのかもね。

今いちばん行きたいのは、タイ。2年前、JUMPのファンミーティングで行って以来、大好きな国のひとつなんだ。特にパタヤはリゾート地だから海がキレイだし、近くにごはんを食べたりアジア雑貨を買ったりできる繁華街もあって、バランスがいいなって。でも、もしプライベートでJUMP全員で行くとしたら…それは絶対まとまらないから、遠慮する(笑)。イベントで行ったときも、自由時間は9人それぞれがバラバラで過ごしてたからね。(八乙女《やおとめ》)光《ひかる》くんと知念はホテルから出ないでプールサイドでずっと小説を読んでたけど、俺は買い物したり、バギーに乗ったり、トラを見に行ったり、めっちゃアクティブだったもん。あ、でもあのとき圭人は常に俺のとなりにいたから、結局俺は圭人とタイ旅行すればいいのかもしれないな。…ってことで圭人、いつ決行する？

いつの日か、この目に映してみたい夢があるんだ。

俺の視力は、けっこう悪いほうだと思う。だから、家ではわりとメガネをかけてることが多いんだ。こういう話をすると、メガネをかけてない仕事中、たとえば大きなコンサート会場でライブをしてるときは、お客さんの顔が見えてないんじゃないかって思われるかもしれない。だけど、そういうときは不思議とうしろのほうのお客さんの表情までよく見えるんだよね。高校の授業中、教室のいちばんうしろの席から黒板の字はほとんど読めなかったのに…。俺の場合、視力には好き嫌いが大きく影響するのかも(笑)。

コンタクトレンズをつけたら、きっと仕事のときも今より視力が上がって便利なんだろうけど、そうするともともと充血しやすい目がさらに真っ赤になっちゃうんだよね。去年の『smart』ツアー中、気分転換にカラコンをつけてステージに上がったときは、本番の2時間ですら耐えられなくて途中で外してたくらい。ドラマ『地獄先生ぬ～べ～』で絶鬼《ぜっき》を演じたときも、原作のキャラクターに近づけたくて自分からプロデューサーさんに「青のカラコンを入れます！」って宣言したんだけど、撮影中はずっと充血とりの目薬が手放せなかった。あのときは、余計なことを言った自分をちょっと恨《うら》んだね(笑)。

この前2日間のオフがあって、1日目を家で過ごしてたら、母親が「明日どうする？」って声をかけてきて。俺がオフだと、母親はそうやってだいたい「なんかしようよ」って誘ってくるの。それで、2日目は親父と母親といっしょに御殿場《ごてんば》のアウトレットモールに行くことになった。ねーちゃんと妹抜きの3人だけで出かけるのは、かなりひさしぶりだったんじゃないかな。アウトレットモールに好きなお店があったから、俺はテンションが上がって香水とスウェットを選んで、レジに並んだはずだったんだけど…。いざお会計するときには、気がついたら俺の両腕に親の欲しい服がいっぱいかかってた(笑)。でもまぁ、ひさびさに親孝行できたからよかったよ。

その帰り道、家族で昔住んでた街に寄ったんだ。そこは、都心から急行電車でも1時間以上かかるような、神奈川県の端っこにある田舎。キレイな空気、学校帰りによく寄ったスーパー、夜の8時になると外を歩く人がひとりもいなくなる住宅街…たくさんのなつかしい景色を目にして、俺は一瞬で心が洗われた気がした。生まれたときからおたがいのことを知ってる幼なじみの家にも行ったら、ちっちゃい子どもの印象しかなかったそいつの弟が成人して大人っぽくなってたのにはビックリ！　事務所に入ってからも5年くらいはそこに住んでたんだけど、我ながらよく仕事場まで通ってたと思う。昔、知念(侑李)がうちに遊びにきたときなんて、あまりに長い時間電車に乗ってて、帰れるか不安になったらしいから(笑)。当時は、不便だし都内に住みたいとか思ってたけど、今回訪れてみて、この場所で育った時間のおかげで今の俺があるんだっていうことに改めて気づかされた。山の中を走りまわって、自然からいろんなことを教わった時代にタイムスリップできたあの日は、最近でいちばん楽しい時間だったな。

いつか結婚したら、また田舎で暮らしたい。あの日をさかいに、その思いは俺の中でいっそう強くなった気がする。海がすぐそばにある場所に建つ一軒家の縁側。そこに座る俺の目に映るのは、楽しそうに自然とふれ合う子どもたちの姿であってほしい。そう、あのころの俺みたいに。

Vol.
029
男らしさ

JUMPのためなら、なんでもできる覚悟がある。

俺の中にある、男らしい部分。たとえば、いくつもの取捨選択をせまられるライブの打ち合わせでの決断力は、あるほうだと思う。おかしいと感じたことはハッキリ口にする代わりに、自分の間違いを指摘されたときはいさぎよく謝る。思い立ったら即行動タイプで、部屋にあるキャンドルやスピーカーの位置は週1ペースで変える。小学生のころにいじめられた経験があるから、強くいるだけじゃなく、弱者の気持ちに寄り添うことができる。「誰にも言わないで」という言葉とともに打ち明けられた秘密は、たとえどんなに信用してる人に対しても口外しない。大切なHey! Say! JUMPのためになることなら、なんだってやる。自分で言うのもなんだけど、グループのセンターとしてどうあるべきか、その責任感や自覚の強さには自信がある。

そして何よりも、一度やると心に誓ったことは何があっても絶対にやり通す。わかりやすくいえば、役作りでこの日までに体をしぼって決めたら、どんなにつらくても目標の数値や見た目になるまでつづける。今まで何度かそういう経験をしてきた中で、特にしんどかったのは2013年に『24時間テレビ』のスペシャルドラマ『今日の日はさようなら』に出演したとき。ドラマで演じたのは、幼いころから病気で、人生のほとんどを病院で過ごしてきた男のコの役。じつは出演を知らされたのがクランクインの3日前だったんだけど、少しでも自分が思い描く役のイメージに近づけるように、そこから3日間は何も食べずに過ごした。撮影が始まってからは、現場に母親が作ってくれるお弁当を持って行って、豆腐ハンバーグやゆでたブロッコリーとささみばっかり食べてたのを覚えてるよ。

見た目に関していえば、「キレイ」とか「女のコみたい」って言われることはあっても「男らしい」という言葉とは無縁。だからこそ、これからは筋肉をつけて男らしい体をめざしたいんだ。最近はすっかり筋トレから遠ざかってたのが原因で、脂肪が増えて脇腹がお見せできない状態に（笑）。ハリウッドスターの写真を眺めて、筋トレへの士気を高めてるものの、めんどくさくてなかなか実行に移せないのが現実…。仕事で必要にせまられれば、いくらでもやれるんだけどね。２０１０年の『ＳＵＭＭＡＲＹ』で綱渡りに挑戦したときは、過去最高に体がムキムキだった時期。当時は、昼公演と夜公演の合間も休まず筋トレして、本番後は何も食べないっていう生活を１カ月間つづけてた。自分の体がどんどん変わっていくから、鍛えるのが楽しかったんだよね。たぶん、体脂肪率は３％をきってたと思う。

ちなみに今は、じゅう…いくつだろ？　とりあえず、２ケタなのは間違いない。あのころの俺に戻るためには、やっぱりジム通いするしかなさそうだな。

この間、突然（生田）斗真くんから連絡があって、初めて食事に誘われたんだ。俺はそのとき家でパジャマ姿だったから、あわてて着替えて店に向かったら、そこにいたのは斗真くん以外に、東山（紀之）さん、（岡本）健一さん、坂本（昌行）さん、松岡（昌宏）くん、風間（俊介）くん、山下（智久）くんっていうそうそうたる顔ぶれ。俺からしたら全員大先輩だけど、ひとりひとりが上下関係を大事にしてる姿が、同じ男から見てすごくカッコよかった。ふだんは俺らＪＵＭＰのことを「小僧」って呼ぶ松岡くんが、東山さんや健一さんの前ではめちゃめちゃイジられてたからね（笑）。俺も、そんなアイドルの一員になれてよかったって、改めて思えた瞬間だったな。

Vol.
030
メッセージ

言葉は無限の力をくれる。俺は、そう信じてる。

山田家には、昔から家族の誕生日に全員で寄せ書きをして、その1枚をプレゼントする習慣がある。親父とは男同士だからなんか恥ずかしくて、〝誕生日おめでとう〟、〝サンキュ〟みたいなメールのやりとりで終わっちゃうこともあるけど、母親、ねーちゃん、妹からは毎年メッセージをもらうし、俺も必ず書くようにしてるんだ。とはいえ、寄せ書きってメールに比べて自分で書いてる感が強くて、なかなか素直な気持ちを伝えられないことも…。だから、母親には、照れ隠しで〝いつまでも元気でいてください…ババア(笑)〟、いちばんのよき相談相手っていえるねーちゃんには、ふざけて〝変わらずバカなままでいろよ！〟なんて書いちゃったり、どんな内容だったか覚えてない年もある。でも、去年妹が20才を迎えたときの寄せ書きだけは、今でも忘れられない。母親が妹にあてた〝元気な20才の姿を見られてうれしいです〟のメッセージ。それを見た瞬間、俺は涙をこらえることができなかった。なぜなら、妹はその年まで生きられることが当たり前ではなかったから。

今年『24時間テレビ』のスペシャルドラマ『母さん、俺は大丈夫』で主演をやらせてもらうことが決まって初めて台本に目を通したとき、主人公と自分自身に重なる部分が多くて、いろんな想いがこみ上げてきた。3人きょうだいの真ん中として生まれたこと、子どものころからサッカーをやってたこと、そして末っコが病に冒されてること——。俺の妹は、幼稚園から高校生のころまで全国に10人いるかいないかの重い病気と闘ってきた。何度も手術と入退院を繰り返して満足に学校すら行けなかった妹に家族や俺自身ができたのは、さみしくないようにたくさんのペットを飼ったり、仕事で訪れた場所のおみやげ話を聞かせてあげることだった。多くの支えがあって今の妹は普通の生活を送れるようになったし、家族の絆もより強くなったと思う。そんな妹は、毎年俺の誕生日プレゼントの寄せ書きに〝世界一ステキなお兄ちゃんがいて、私は幸せ。涼介、大好き〟って書いてくれる。母親とねーちゃんも、表現の仕方は違うけど、大好きだっていう気持ちを伝えてくれる。これまでにもらった寄せ書きは全部大切に部屋にしまってあって、ときどきふと読み返すと、家族っていいなって心から思えるんだ。

妹がまだ入院してたころ、仕事の合間を縫《ぬ》ってお見舞いに通いつづけた病院の無菌室には、俺を応援してくれてるひとりの女のコがいた。先生づてにそのことを聞かされたとき、少しでも力になれるならと思って、自分の意志でそのコの病室を訪ねることを決めた。透明のカーテン越しに少しだけ話をして、たしか最後に「元気になったらＪＵＭＰのライブに遊びにきてね」って声をかけたんだと思う。それから2週間後、俺のもとに届いたのは、女のコの病状がみるみるうちによくなって退院したっていう報告だった。先生からは「打つ手がない状況だったのに、病は気からって本当なんですね」ってビックリされて、俺自身も驚いたけど、何よりすごくうれしかった。退院後にお母さんから元気になった女のコの写真と感謝のお手紙が送られてきたとき、改めて自分が特別ですごくステキな仕事をしてることに気づかされたんだ。そして、想いをのせたメッセージは不可能を可能に変える。それ以来、俺はずっとそう信じつづけてる。

ライブ中、ファンのみんなが見せてくれる笑顔は、俺にとって最高のメッセージ。だから、いつもありがとう。おバカで、マイペースで、自分勝手な俺だけど、これからもよろしくね。

「ありがとう」の歌、たくさんの人に届きますように。

新しい料理に挑戦したり、友だちの誕生日をお祝いするために部屋を風船で飾りつけたり。作品…っていうと大げさだけど、何かひとつのものを作り出すことは好き。中でも、スノードーム作りは最近ハマってることのひとつ。俺にとってのスノードームって、もともとは妹が集めてるから海外で見つけたらおみやげに買ってくるもの、くらいの認識だったんだ。でも、あるとき店でたまたま手作り用のキットを見つけたのがきっかけで、自分でも作れるんだって知ってやり始めた。今は、中にサンタクロースやスワンボートを入れて作ったものが3つ、ベッドのわきに並んでる。ドームをひっくり返すと、ゆっくり時間をかけて舞い落ちてくる雪。それをボーッと眺めてると、心が落ち着くんだ。

今、全国をまわってる『JUMPing CARnival』ツアーでは、初めて衣装のデザインを考えさせてもらった。形や素材、何色を基調にするか…おおまかなベースを俺が決めて、あとの細かい部分はメンバーそれぞれが好みでアレンジを加えたっていう感じかな。そうやってできた新しい衣装は今回4ポーズあるんだけど、全体を通して意識したのはメンバーカラー。9人をしっかり色分けすることで、ステージから遠いお客さんでも自分の好きなメンバーが見つけやすくなればいいなと思ったんだ。特にお気に入りなのが、メンバーカラーをベースにしたチェック柄の1着。今までのJUMPにはない新しい雰囲気だし、自分が思い描いた通りの衣装を着て歌ったり踊ったりできるのは、最高に楽しい時間だね。

ライブでは、俺が作詞した（岡本）圭人とのユニット曲『3月14日~時計』を披露するのも、毎回楽しみ。〝バレンタインデーにもらったチョコのお返しにメッセージ入りの時計をプレゼントする〟っていう歌詞のストーリーは、〝いつも応援してくれるファンのみんなに何かお返しができないかな？〟って考えてたときに思いついた。自分の部屋を暗くして、あれこれ悩みながら1カ月くらいかけて完成したこの曲には、派手な演出もダンスもいっさいなし。ただ圭人が奏でるギターに合わせて、ふたりでシンプルにハモってるだけ。ごまかしがきかないからこそ緊張もするけど、お客さんが真剣に聞き入ってくれてるのを感じられて、やりがいがあるんだ。

そして、俺の仕事と切っても切り離せないのが役作り。『母さん、俺は大丈夫』では急性脳《のう》腫《しゅ》瘍《よう》に冒された役を演じるために、約1カ月間のかなり厳しい食事制限をした。1日1食で、春雨のスープしか食べない…なんていう日も、けっこうあったんじゃないかな。その反動で、闘病シーンを撮り終えてからの食欲はハンパなかったけどね（笑）。撮影後に、さっそく知念を誘って串揚げ屋さんに行ったし、次の日からコンサートのために滞在した仙台では1日5食生活！ 朝はホテルを出発する前にカップ麺とおにぎり、会場に着いてお弁当、リハーサル終わりでケータリングをガッツリ食べて、本番が終わったあとはみんなで食事。牛たんやみぞれカツを思いっきり満喫して、ホテルに帰ったあとさらに春雨のスープを食べたからね。もうダイエットしていないから春雨は食べなくていいはずなのに、なんかクセになっちゃったみたい。でも、食べるのが大好きな俺にとって、おいしいものをおなかいっぱい味わえるのは本当に幸せ！ この調子だと、体作りのほうは…当分先のことになりそうだな（笑）。

Vol. 032

Hungry

俺は特別な人間じゃない。だから、誰よりも努力する。

1列でも前へ行きたい。少しでもセンターに近い場所で踊りたい。Jr.のころ、ステージ上での定位置が最後列の端っこだった俺の心の中は、常にそんな思いでいっぱいだった。いつ事務所の人に「明日からもう来なくていいよ」って言われるかわからない恐怖ととなり合わせの毎日に、〝俺以外のJr.が全員ケガすればいいのに〟って願ったことも一度や二度じゃない。それくらいのできごとが起こらないと、俺みたいな人間が日の目を見ることはないと本気で思ってたから。でも、現実はマイクを持って歌うなんて夢のまた夢で、そんな俺にできたのは、ダンスの腕をひたすら磨くことだけだった。だから、レッスンのときは、ほかのJr.が休憩したり、トイレに行ってる間もひたすら鏡の前に立ちつづけた。その努力が実を結んだのかはわからないけど、事務所に入って2年が経ったころ、(中島)裕翔の代役という形で滝沢(秀明)くんの舞台『One!』に出ることができたんだ。今思えば、一時的に滝沢くんのうしろで踊るJr.グループの一員になれただけなんだけど、俺はやっとめぐってきたチャンスをものにしたくて必死だった。当時の俺は、間違いなくハングリー精神の塊だったと思う。

まわりを追い越すために、ただがむしゃらにがんばることがすべてだったJr.時代。そのころに比べると、今はひとつひとつの仕事に対して〝誰かに負けたくない〟っていう感覚では向き合ってないし、正直なところ、昔のような必死さはなくなったかもしれない。なぜなら、今の俺にはHey! Say! JUMPというグループがあるから。そこは、俺にとってずっとアイドルでいられる、絶対的な場所。

俺は、JUMPのメンバーになれて初めて自分自身と闘うことができて、ここまで来られたんだ。

周囲が気にならなくなったからといって、現状に満足してるのかと聞かれれば、そういうわけじゃない。芸能界という世界は、自分の考え方次第で苦しくも楽しくもいられる場所。俺自身は楽しいだけじゃダメで、課題があってこそ向上心が生まれるタイプだから、どんな仕事の結果もマイナスに受け止めるようにしてるんだ。つまり、誤解を恐れずにいえば、今までに最初から最後まですべてが納得できた仕事はひとつもない。必ず何かが欠けてるし、どうやったらそのピースを埋められるのかを省《かえり》みる。それが、俺がこの世界で生きていくってことなんだと思う。

今、仕事をする上で大事にしてるのは、どんな場面でも求められたことに対して自分が持つ力を最大限に発揮すること。正々堂々とスタートラインに立つために、準備段階でできることはすべてやる。たとえばドラマや映画で役を演じるとなれば、どんなに時間がなくてもセリフは完璧に頭に入れるし、キャラクターに合わせて体型も変える。最近でいえば、『24時間テレビ』のスペシャルドラマで急性脳腫瘍と闘う主人公を演じるために、納得いくまで食事制限をつづけた。飲まず食わずで一睡もせずに挑んだ最期のシーンでは、かなり頬《ほほ》がこけてて、自分でも映像を見てビックリしたくらい。おかげで、撮影期間中はとにかくいつもおなかが減ってて、リアルにハングリーだったけどね(笑)。

俺は、特別な才能を与えられた人間じゃない。だから、特別なことはできないぶん、当たり前のことを当たり前にやるしかない。誰よりも鏡の前で踊りつづけたあのころと同じように、これからもずっと。

Vol.
033
映画

体当たりで演技した日々。そのすべてが幸せだった。

映画『グラスホッパー』の公開を間近に控えて、今は〝早くたくさんの人に見てもらいたい〟っていう気持ちでいっぱい。それだけいい作品ができあがったっていう自信があるし、俺にとってはもがきながらも一生懸命取り組んだ初めての映画撮影だったから。出演オファーがあったときのことは、今でもよく覚えてる。2年前にこの連載で話したように、演技をする者として、映画はいつか絶対にチャレンジしたい場所のひとつだった。だから、事務所のスタッフさんから映画に関するくわしい話を聞きながら、これから自分が見たことのない世界に飛び込めるんだなってワクワクしたし、撮影が始まるのが待ち遠しくなった。うれしくて、その日のうちに原作の小説もマンガも全部買いそろえたよ。

俺が演じた蝉《せみ》は、若き殺し屋。まばたきの回数を減らすことで人間味を感じさせないようには心がけたけど、役作りといってもそれくらい。俺の顔が基本的に冷酷だから、あとは普通にしてれば大丈夫だったみたい（笑）。そんな蝉が唯一心を許せる相手が、相棒の岩西。彼といるときだけ、蝉は殺しという仕事のスイッチをオフにできる。そんなふたりのシーンは物語の後半に向けて重要なポイントになってくることもあって、より気持ちを込めて演じた。特に印象に残ってるのは、ケンカのシーン。岩西から「雇い主に向かって、よくそんな態度をとれるな」って言われた蝉は、仲間だと信じてた相手が自分を部下としか見てなかったことに怒りを覚えるんだ。蝉が背負う孤独と、心の奥にひそむ葛藤――。そこに説得力を出すために、感情の出し方にはかなりこだわった。

瀧本智行監督は、1ミリのミスも妥協《だきょう》も許さない、すごく厳しい方。クランクインした俺を待ってたのはいきなりの殺戮《さつりく》シーンだったんだけど、セリフ、体の動き、火花の散るタイミング…すべてがシンクロした瞬間じゃないとOKをもらえなくて、かなりしごかれた。冷房の効かない倉庫みたいな場所で、季節は真夏。テイクを重ねるたびに汗と返り血をふきとって…結局、全部で7回くらい繰り返したんじゃないかな。その1シーンに丸1日を費やして、気がついたら朝方だった記憶がある。でも、不思議と先が思いやられる…みたいな気持ちはなくて、むしろ、次の撮影がどんどん楽しみになっていったんだ。

映画は、見るのも大好き。でも、演技の勉強のためっていう感覚はまったくない。作り手はそんな気持ちで見てほしいと思ってないはずだし、俺だって単純に「おもしろい！」って言いながら楽しみたいからね。家でDVDを見ることが多いから、部屋の棚には100本以上の作品が並んでる。お店でパッケージを見て、おもしろそうだなって思ったやつを適当に買うからジャンルはバラバラだけど、恋愛ものが多いのはたしか。ラブストーリーって、パッケージから幸せオーラが出てるから、うらやましくなってつい手にとっちゃうんだよね。で、見終わったあとは〝あー、恋っていいな♡〟って思うのがいつものパターン(笑)。

もうすぐ、映画『暗殺教室～卒業編～』の撮影が始まる。この間、前作のDVDをもらって特典映像のロールナンバー集を見てたら、涙が出そうになった。〝このメンバーと再会できるんだ！〟っていう喜びと同時に、〝でも、またバイバイしなきゃいけないんだな〟っていうことまで考えちゃって…。じつは、今からクランクアップで泣くんじゃないかって、ひそかに心配してるんだ(笑)。

Vol.
034
部屋

家族にでっかい家を建ててあげたい。それが俺の夢。

この仕事を始めたころに暮らしてたのは、神奈川のはずれにある団地。小さな家の5畳くらいのスペースが、ねーちゃんと俺と妹の子ども部屋だった。だけど、小4か小5のとき、家族の寝室がねーちゃんと妹の部屋になって、俺はその5畳をひとりで使えるようになったんだ。それまでも別に不満はなかったけど、いざ自分だけの部屋をもらえたら、やっぱりうれしかったな。テンションが上がって、当時集めてたプラモデルを並べてみたりして。その部屋に遊びにきたことがあるのは、（八乙女）光くんと大《だい》ちゃん（有岡大貴）。ふたりはその日泊まることになったんだけど、困ったことにうちにお客さん用の寝間着がなくて…。結局、大先輩たちに妹が持ってたアニメキャラクターの着ぐるみを着せた覚えがある。いまだに、光くんには「山田は俺にたぬきの格好をさせたよな」って言われるよ（笑）。

今住んでるのは、黒とグレーと木目調のインテリアでまとめた、落ち着いた雰囲気の部屋。最近、その中のソファをちょっと大きいサイズに買い替えたんだ。ちなみに、前使ってたやつは知念（侑李）の家にある（笑）。俺が新しいソファを買おうとしたとき、かーちゃんに「古いのをもらって使ってくれる人を見つけるまではダメ」って言われてさ。とりあえず知念に「ソファいらない？」って声をかけてみたら、まさかのひとり目で引き取り手が決定！　そんな知念は、うちによく遊びにくるメンバーのひとり。ただ、物があんまり置いてないリビングが落ち着かないのか、いつもずっと立ってるけどね（笑）。去年、ドラマ『金田一少年の事件簿N（ｎｅｏ）』の撮影期間は、よく大ちゃんが泊まりにきて、うちからいっしょに現場に向かってた。ふたりで大ちゃん用の布団を買いに行ったのはいい思い出だね。そういえば、あの布団はその後も(岡本)圭人や(中島)裕翔…いろんな人が使って大活躍だったな。

仕事の合間にちょっとしたあき時間ができると、すぐ家に帰りたくなる。それくらい、家で過ごす時間は俺にとって幸せなひととき。今は部屋の掃除にハマってて、知念や圭人から誕生日プレゼントにもらったお掃除ロボットを愛用中なんだ。この間たまたま仕事が早く終わった日には、ふだんなかなか手がまわらないような水まわりの掃除にも着手したよ。ガラス用のクリーナーで鏡や水道の蛇口をピカピカに磨いて、カビと水アカを全部撃退！ますます家で過ごす時間が快適になっちゃった。

相変わらず、不動産情報のサイトをチェックするのも好き。理想の間取りを見つけて〝こんな家に住んでみたいなー〟って妄想するの。あと、家族に買ってあげる家を見つけたいっていうのもあるかな。周辺に自然がいっぱいあって、愛犬の空《くう》とクッキーも喜んでくれるような家。まだまだ先の話だけど、それは俺がかなえたい夢のひとつなんだ。

最近は仕事で地方のホテルに泊まることも多くて、映画『暗殺教室』の撮影中は1週間とか2週間の単位で群馬のホテルに滞在してた。まわりにはコンビニと焼き肉屋さんしかないような場所だったけど、それが意外と悪くなかったんだよね。部屋では東京から持ってきたスピーカーで好きな音楽を流して、ホテル生活を満喫してたよ。高校生くらいまでは、撮影で海外に行ってシングルの部屋をとってもらっても、ひとりじゃ怖くて眠れないから結局メンバーと同じベッドで寝てたのにね。俺も、それだけ大人になったってことかな？

メンバーの活躍に、負けられないって思う自分がいる。

2015年をひと言で振り返ると、Hey! Say! JUMPがより活発に動き出した年。冠番組がスタートしたり、『24時間テレビ』でメインパーソナリティーをつとめたり、自分たちでもハッキリとわかるくらい、いろんな場に出させてもらった。今までJUMPのことを知らなかった人にも、目にしてもらう機会があったんじゃないかと思う。年末に控えた大阪での単独のカウントダウンライブも、そんな大きなできごとのひとつ。俺たちが最初にその話を聞いたのは10月で、ちょうど全国ツアーの最終日だったんだ。本番前に知らされて、その場ですぐに薮(宏太)ちゃんとは今まで作り上げてきたコンサートをカウントダウンに向けてどう作り変えていくかの相談を始めた。せっかくドームでライブができるなら、360度からお客さんに楽しんでもらいたい。その一環として、今は俺のアイデアで特殊な動き方をするセットを作れないか、打ち合わせを重ねてるところ。実現できる可能性はまだ50%くらいだけど、見にきてくれるお客さんには楽しみにしていてほしいな。

山田涼介としての2015年は、2本の映画が公開されて、スペシャルドラマへの出演が1本。そうやって考えると俳優としての仕事が多かった1年で、ありがたいことに休む時間はあまりなかった。まとまった休みをもらってどっか行きたいなって思うこともなくはなかったけど、仕事がないよりはずっといい。プライベート面では、本当に家から出ない年だったな(笑)。家で過ごす時間が増えたぶん、部屋の中を少しでも快適な空間にしたくて、よく掃除をするようになったのはちょっとした変化かも。ちなみに、今朝もお風呂場の水アカをとってきたばっかり(笑)。愛用中の水アカ用クリーナーがあって、そういえばこの間映画『暗殺教室～卒業編～』の撮影現場で会った二宮(和也《かずなり》)くんにもプレゼントしたよ。

仕事柄、新年を迎えるときに抱負や目標を聞かれる機会は多いけど、じつはそういうことを考えるのはあまり好きじゃない。行き当たりばったりの人生のほうが楽しいし、いったん目標を立てたら達成しないと気がすまないタイプだから。でも、そんな俺にもいくつかかなえたい夢みたいなものはある。そのひとつが、演技に関すること。たとえば、『暗殺教室』のシリーズはエンターテインメント性が高い作品で、演じてると〝劇中劇感〟が強いんだ。原作マンガのキャラクターに近づけることが最優先というか…。もちろんそれも楽しいし、貴重な経験をさせてもらってるんだけど、今後は自分が持つ表現力を存分にぶつけられるような役にも挑戦してみたい。そしてもうひとつ、いつか実現させたいのはソロライブ。JUMPのライブを作り上げていく中で、自分の意見だけを反映させたらどんなステージができあがるんだろうっていうことに興味がわいてきた。山田涼介にしかできないステージを見せる。これが、今の俺がファンのみんなと交わしたい誓いかな。

最近は、いのちゃん(伊野尾慧《けい》)が単独で雑誌の表紙を飾ったり、テレビをつければメンバーがひとりで出演してる番組を目にすることも増えてきた。そんなとき、素直にメンバーの活躍をうれしいと思う反面、負けてられないって焦《あせ》る自分もいる。だから2016年はグループとしてよりいっそうの飛躍をめざす一方で、個人の仕事もこれまで以上に大事にしていきたいと思ってるんだ。そんなふうに思えるのは、俺にJUMPという絶対的な帰る場所があるから。かけがえのない仲間たちのおかげで、俺は自由に羽ばたけるんだ。

Vol.
036
リラックス

プレッシャーと向き合ってこそ得られる幸せがある。

最近、今までにも増してひとりで過ごす時間が好きになってきた。特に、家でベッドの上に寝そべって携帯ゲームをやってる時間は、最高のリラックスタイム。ゲームの世界では、モンスターたちとの激しいバトルが繰り広げられてるんだけどね(笑)。同じシリーズの前作が発売されたときはJUMPメンバーのほとんどがハマってたのに、なぜか今回は大ちゃんだけ…。みんな、イチから地道にキノコをとったりして装備を強化するのがめんどくさいんだって。というわけで、いっしょに狩りに出る仲間、募集中です(笑)。

家の中では、アロマを焚《た》いたりヒーリングミュージックを流してボーッとするより、普通に家事をしてるほうが落ち着く。食べることがいちばんのストレス解消法だから、自分で料理もするよ。といっても、ひとりのときはギョーザとかしゃぶしゃぶとか、簡単なものしか作らないけど…。しゃぶしゃぶの場合は、イスをガスコンロの前に持って行って、そこで火にかけた鍋から直接好きな具をとって食べるスタイル(笑)。去年、『24時間テレビ』の宣伝で『メレンゲの気持ち』に出演したとき、調理グッズの実演販売をされてる方にフライパンと包丁を紹介してもらったんだ。その包丁は、パンやトマトや鶏肉を50～60㎝の高さに積み上げたものさえ簡単に真っぷたつにしちゃってビックリ！　粒子が細かくて、お皿の裏でも研げるんだって。この間ちょうど届いたところだから、次は何を作ろうかな。

たとえば、映画やドラマの主演。俺には、何か大きな仕事が決まると、〝最後までがんばるぞ！〟っていう決意表明として、洋服を買うクセがある。ずっと欲しかったけど、ちょっと値が張るからなかなか手が出せなかった1着を買うことで、ある意味自分自身にプレッシャーをかけてるのかもしれない。そうそう、買い物といえば、ちょっと前に(高木)雄也と初めてふたりで洋服を買いに行ってきたよ。雄也が俺の着てる服をよく「かわいい」ってほめてくれるんだけど、それがいつも同じブランドのものだったの。だから、「じゃあ今度そのブランドのショップに行こう」っていう話になって、実現したんだ。雄也はふだんあんまり買い物をしないから、それがすごく新鮮だったみたいで、俺と別れたあとに「楽しすぎてもう1軒来ちゃった」っていうメールが届いたくらい(笑)。また次のシーズンになったら、いっしょに店に行く約束をしたよ。

そうやって自分にプレッシャーをかけながら迎える、映画やドラマのクランクイン当日。新しい仕事が始まる日は、この世界に入って10年以上たった今でも緊張する。その瞬間を迎えるまでにいくら準備を重ねていようが、それは変わらない。まわりからは、全然緊張してなさそうって言われるんだけどね。かといって、どうやったらその緊張をほぐせるのかばかりを考えても意味がないから、そのプレッシャーと真正面から向き合ったまま本番に挑むしかない。でも俺、そんな感覚が嫌いじゃないんだ。初日の仕事をすべて終えて、緊張から解き放たれると同時にこみ上げる達成感。それはプレッシャーと向き合ったからこそ感じられる、特別な幸せだと思うから。

『暗殺教室~卒業編~』も無事にクランクアップしたし、今実現させたい究極のリラックス法はハワイの海でサーフィン! でも、それは現実的に考えるとなかなか厳しそう…。そうだ、ひさしぶりにフレンチトーストがおいしいお気に入りのカフェへ行って、好きなだけゲームをやって過ごそうかな。

Vol. 037

卒業

何かが終わる瞬間、きっと何かが始まってるんだ。

学校なんてさっさと卒業して、早く仕事のことだけに集中できる環境に身を置きたい――。これが、高校に通ってたころ、俺の心の多くを占《し》めてた感情だったと思う。でも、いざ卒業式当日を迎えて、友だちの顔を眺めながら〝こいつらと当たり前のように毎日会うのも、今日が最後なんだな〟って考えたら、急に高校時代の大切な思い出がよみがえってきて、さみしくなった。クラスメイトとの距離が一気に縮まった修学旅行、俺がつらそうにしてると図書室に呼び出して話を聞いてくれた先生、そして高2の文化祭のこと…。その年、俺のクラスはたしかポップコーンか、たこ焼きの店を出してたんだ。だけど、俺や知念や裕翔は校内の混乱を避けるために、文化祭の日は図書室で過ごさなきゃいけなくて…。そこで、どうしても自分たちの店の売り上げをアップさせたかった俺は、こっそり必殺技を使うことに(笑)。それは、一瞬だけ廊下に現れて、近くにいたお客さん全員に「うちのクラスで買ってねー！」って声をかけるという方法。そのおかげもあってか、最終的には全学年で1位の売り上げを記録することができた。あれは、〝俺、今青春してる！〟って感じられた瞬間だったな。

『暗殺教室～卒業編～』の公開も、いよいよ間近にせまってきた。前作の『暗殺教室』を撮影してたときは、心のどこかで〝また、このキャストで集まるチャンスがあるかもしれない〟って思ってたけど、今回はタイトルに〝卒業〟の文字が並んでるし、きっと本当に最後。だから、3年E組のクラスメイト役のコたちとは、仲よくなれた記念に集合写真を撮らせてもらったんだ。それを家で全員分プリントして、写真の裏にひとりひとりにあてたメッセージを書いて、みんなのクランクアップの日に渡した。黄色いバラを黒っぽい紙で包んで、殺《ころ》せんせーに見立てたささやかなプレゼントといっしょに。ただ、それを同い年の(菅田)将暉に渡すのだけは、なんか照れくさかったけどね(笑)。

去年の11月末に映画の撮影が終わって、年末には無事JUMPの単独カウントダウンコンサートも終了。この仕事を始めて12年になるけど、今年のお正月は初めて11日間の長い休みをもらったんだ。とはいえ、そのことを聞いたのが休みに入る直前だったから、海外旅行は高すぎて断念…。代わりに、2泊3日で福岡をひとり旅してきた。向こうでは、たこ焼き、アイス(いっぱい)、天ぷら、ラーメン、焼き肉…思うがままに暴飲暴食! そうそう、超ひさしぶりに回転寿司屋さんにも行ったんだ。イマドキの回転寿司屋さんって、寿司以外のものもけっこうまわってくることを知ってビックリ! イカゲソの天ぷらにプリン…まぁ喜んで食べたけどね。コーンがのった軍艦巻きも、めちゃめちゃうまかったな。結局2~3kg太って帰ってきて、仕事が始まる前にあわてて2日間でもとに戻した。…といっても、家でゲーム三昧《ざんまい》の生活を送ってたら、自然と体重が落ちただけなんだけど(笑)。去年ニノさん(二宮和也)の家に遊びに行かせてもらったとき、「オフは昼間から家でずっとゲームをしてる」っていう話を聞いて、正直それの何が楽しいのかよくわかんなかったの。でも、今となっては完全に俺もそっち側の人間(笑)。この間なんて、ニノさんに〝やっと先輩の気持ちがわかりました!〟ってメールを送ったら、〝オフは思いっきり堕落《だらく》するのも悪くないだろ?〟っていう返事が返ってきて、切り替えの大切さについて盛り上がったくらい。甘いものとゲーム。ここからの卒業は、まだまだ先になりそうな予感だね。

変わることと同じくらい、変わらないことが大事。

今回、この連載で女装に挑戦したのは、俺のアイデア。今までもカツラをかぶるだけ…みたいな簡単な女装はしてきたけど、本気でやったことはなかったし、どこまで変身できるのか興味があったんだ。実際に女のコになってみた感想は…ねーちゃんにそっくりだなって(笑)。あまりに似てたから、写真を撮って送ってみたら、本人もビックリしてたよ。

アイドルでいるときと、そうじゃないプライベートなときの俺。その差は激しいほうだと思うし、たとえば同じアイドルとしてステージに立つ時間の中でも、カッコいい曲とかわいい曲を歌うときでは、見せ方の切り替えが必要。見た目だって、デビュー当時から比べたら、かなり変わったんじゃないかな。この仕事をしながら、子どもから大人へと成長する、いちばん変化の大きい時期を過ごしてきたからね。そのぶん、20才を過ぎてからの変化率は、ほとんどゼロ。変わってるとしたら…たぶん髪型くらい？ 今も、気分転換にメッシュを入れようか迷ってるところなんだ。

変わっていくことと同じくらい、俺にとっては変わらないことも大事。好きな女のコのタイプは昔からずっと〝清楚《せいそ》でかわいいコ〟だし、仕事に対する向き合い方もブレない自分でいたい。中でも、子どものころから本当に変わらないと思うのは人づき合いの悪さ(笑)。俺って、よくも悪くも、人の好き嫌いが激しいタイプなんだ。俺のことを嫌いな人は、嫌ってればいい。好きでいてくれる人だけがまわりにいれば、十分幸せだから。

中学のとき、俺が親友と呼べる友だちは、たったひとりだった。そいつとは小学生のときから地元のサッカークラブがいっしょで、出会った当初は性格もサッカーのプレースタイルも大嫌いでさ。技術力の高さは認めざるをえなかったんだけど、ボールを持つとすぐ個人プレーに走るし、ラフプレーも多くて。なのに、たまたまそのチームから俺とそいつだけがJリーグのジュニアチームのセレクションに受かっちゃったんだ。キャプテンでも副キャプテンでもなかった俺たちが合格したことで、チームメイトからは相当な反感を買った。試合中、ボールがまわってこないことなんて日常茶飯事。そうやって同じ境遇に立たされたふたりがわかり合えたのは、ごく自然な流れだったのかもしれない。その後、同じ中学に入って、ふたりの距離はさらに縮まっていった。中学の卒業式のことは、今でもよく覚えてるよ。俺は当時すでに事務所に入ってたこともあって、その日は嫌がらせをしてたやつらが手のひらを返したかのように寄ってきた。みんなから「いっしょに写真を撮ってほしい」って頼まれたけど、俺は全部断って、親友の手を引いて校舎の裏へ行った。そこで、ふたりだけの卒業写真を撮ったんだ。

今、いちばん変えたいのは食生活。家でも外でも、ついつい好きなお肉ばっかり食べちゃうから、野菜もとらなきゃなって。心なしか、最近ちょっとおなかが出てきたような気がするし(笑)。休みの日に家から一歩も出ずゲームばっかりしてる生活も、そろそろ変えたいんだけど…。主人がうちのＷｉ《ワイ》－Ｆｉ《ファイ》環境をととのえてくれたおかげで、今までみたいにスマホを使ってインターネットにつなぐ必要がなくなったんだよね。そしたら、ますますオンラインゲームが快適にできるようになっちゃって。おなかがすいても、いざとなればネットで出前を注文できるし、いよいよ出かける必要性がなくなるかも。この引きこもり生活、もうしばらくつづきそうです。

Vol.
039
出会い

大嫌いだったあいつ。でも、今は大切な親友なんだ。

人は、生まれてから死ぬまで、どれだけの数の人と出会うんだろう。けっして少なくないめぐりあいの中で、俺にとってメンバーとの出会いは特別なものだった。これまでいいことも悪いことも、すべてをわかち合って乗り越えてきたメンバー。そして、これからの人生もいっしょに歩きつづけていくメンバー。

Jr.時代、「このメンバーでCDデビューする」っていうことを伝えられたとき、中には先輩だった薮ちゃんや光くんもいれば、それまでほとんど会ったことすらなかったやつもいた。そんな状態だったから、デビュー当時はあんまりしゃべらないメンバーもいて…。あれから、もうすぐ9年。改めて、今は9人が全員といい関係を築けてると思う。ただ、思い返してみても、決定的な何かがあったっていうわけじゃないんだ。自然と時間をかけて…っていう表現が、いちばんふさわしいんじゃないかな。

だけど、裕翔との関係が変わったきっかけはハッキリ覚えてる。Hey! Say! 7のメンバーが全員20才になったタイミングで、ごはんに行ったときのこと。別にみんな、そこで大事な話をしようと思って集まったわけじゃないんだ。少なくとも、俺はそうだった。ただ、話の流れで「せっかくだから、おたがいに言いたいことを言い合おう」っていうノリになったんだよね。そこで俺が裕翔にどんなことを言って、逆にどんなことを言われたかは、正直覚えてない。でも、大事なのは何を話したかじゃなく、そこでわだかまりがとけて、関係がいいほうに変化したこと。それ以来、裕翔はメンバーとして、ときによきライバルとして、大切な存在になったんだ。

圭人に関しては、じつはかなり嫌いだった時期があった。出会ったころの印象は、〝本当に何もできないコ〟。でも、それは仕方のないことだし、俺はそんなことで嫌いになったわけじゃない。Jr.時代の経験がほとんどない状態で、ほかのメンバーと同じスタート位置に立たされてたわけだからね。歌もダンスもがんばってついていこうとしてたけど、俺らが18才とか19才くらいのころかな。仕事で結果を出してるわけでもないのに、次第に根拠のない自信を持ったり、イキがるようになったことがあったんだ。別に俺自身は結果を出してたって言いたいわけじゃなくて、グループとしても個人としてもまだまだ下《した》っ端《ぱ》だった時期に、そんなふうに振る舞う姿が許せなかった。本人に向かって「もうお前とは口きかねーから！」ってブチ切れたことも、一度や二度じゃない。そんな俺に対して、圭人はいつも申し訳なさそうにしてたけど、かといって行動を改めることはなかった。きっと、どこをどう直したらいいのかわからなかったんだと思う。だけど、20才を過ぎたあたりから圭人はどんどん変わり始めて、それと同時にふたりの距離も縮まっていった。その結果、今じゃスマホのＧＰＳ機能でおたがいの居場所を把握し合うほどの仲に(笑)。あいつって、いっしょにいても空気みたいな存在というか、とにかくラクなんだよね。出会ったころは、圭人のことをこんなふうに話す日が来るなんて想像もしてなかったよ。

最近、俺がずっと出会いたいとのぞんでるものといえば、タンス！　洋服が増えすぎて、クローゼットに入りきらなくなっちゃって…。条件的には、部屋のインテリアに合わせた木目調で、最低でも引き出しが4段はある大きめのもの。これから、カタログとにらめっこして探そうと思ってるところなんだ。胸がときめくような出会いが待ってますように♡

仲良し

Vol. 040 日記

ずっといっしょだった、ねーちゃんへ。結婚おめでとう。

4月に何日かまとまった休みをもらえたから、知念(侑李)と旅行してきたんだ。「ちょっと田舎のほうに行ってボーッとしたいね」っていう話からの、2泊3日、男ふたり旅。旅先では、本当にボーッと過ごしてたなぁ。あとは、現地に友だちがいたからみんなでバーベキューしたり、ひと足先にスイカ割りで盛り上がったり。案の定、知念がすぐに割ってあっさり終わっちゃったけど(笑)、夏を先取りしてリフレッシュできた♪

山田涼介、ついにカメラデビューしました！もともと写真を見るのが好きだし、自分が目にして心動かされた景色を形に残しておきたいっていう思いから、スマホのカメラではよく撮ってたんだ。でも、それだと、どうしても限界があるからね。ずっと(中島)裕翔にどのカメラを買ったらいいか相談してたんだけど、いざお店に見に行くと〝俺は本当にこんな高価なものをちゃんと使いこなせるんだろうか…？〟って不安になって、毎回買うまでにはいたらず。それが、この前アウトレットモールで型落ちの安いミラーレス一眼に出会っちゃった。〝これは買えってことかな？〟って運命を感じて、とうとう購入！　それまでは家にプリンターがあるのにカメラはないっていう不思議な状況だったから、やっと一式そろった感じだね。さっそく知念との旅行に持って行って、景色やツーショットの写真をいっぱい撮ってきたよ。

最近うれしかったできごとといえば、ねーちゃんの結婚が決まったこと。本人から報告を受けたときは、想像してたより時期が早かったこともあってビックリ！　でも、小さいころからずっといっしょに育ってきた自分のきょうだいが誰かの家に嫁《とつ》ぐっていうのは、感慨深いものがあるね。自分の娘を嫁に出すときの気持ち…とはちょっと違うかもしれないけど、その感覚は妹が結婚するときにより強く味わうことになりそう。ねーちゃんの場合は、さみしいっていうより、よかったねっていう感情が占《し》める割合のほうが大きいから。俺、ずっとねーちゃんの恋愛相談に乗ってきて、これまでどんな恋愛をしてきたかは全部知ってるの。そんなに数が多いわけでもなかったし、じつは弟ながら内心〝こいつは本当に嫁にいけるのか？〟って心配してたくらいだったんだ(笑)。お相手は、俺も一度会ったことがある人。ふつつかな姉ですが、よろしくお願いします！

今、俺の頭の中は、夏から始まるＨｅｙ！Ｓａｙ！ＪＵＭＰの全国ツアーのことでいっぱい。なぜかといえば、今回のコンサートでは衣装から演出まですべてを俺が担当することになったから。半年くらい前、何かの取材を受けてるときに、突然〝こんなコンセプトでコンサートをやったらおもしろいんじゃないか？〟ってアイデアが降りてきたんだ。別にライブについて話してたわけでも、ツアーが決まってたわけでもないのに。メンバーに「もしツアーが決まったら、こういうことをやりたいと思うんだけど、どう？」って話したら「いいんじゃない？」って言ってもらえて、そこから具体的に考え始めた。その後ツアーが決まってみんなでメシを食う機会があったときに、改めて「俺にまかせてもらえないかな？」って自ら手を挙げたんだ。だから、最近は決まってる世界観に合った音楽作品や映画をたくさん見て、アイデアをふくらませてるところ。具体的なことは本番を見てもらってのお楽しみだけど、新しいＪＵＭＰをお見せできるんじゃないかな。早くコンサートをやりたくて、今からワクワクしてるよ。

メンバーとファンがいる。だから、今の俺があるんだ。

【プライベート編】Qメンバーとの2ショットは、どんなテンションで撮ってるんですか？（ぴかるん） 無言でカメラを向ける（笑）。基本的には、俺発信なことが多いね。**Q今後、挑戦してみたい髪型は？（みつき）** ここのところ役作りで金髪がつづいてるから、黒くしてガッツリ切りたい！ **Q超多忙な山田くんですが、ゲーム以外にハマっていることは何ですか？（？？？）** 海外ドラマの『ウォーキング・デッド』！ 今はシーズン5を見てるとこなんだけど、たんにゾンビが出てくるだけじゃなくて、ストーリーがしっかりしてるからつづきが気になる！ **Q香りフェチの山田くんが今つけてる香水は、どんな系統のものですか？（さちこ）** 最近、高校生のときにつけてた甘い系の香水をまた使い始めたよ。**Qもし山田くんが先生になるとしたら、どんなことを教えてみたいですか？（らいす）** 勉強を教えるのは無理だから（笑）、保育園の先生になって子どもたちと遊びたい♪ **Q山田くんがかわいいと思う女子ファッションの夏バージョンを教えてください！（はるるん）** 白いTシャツにジーパン。シンプルなのがいちばん。**Q昔、ラジオ番組で男女の友情はありえないって言ってましたが、今でもそう思いますか？（しっぴ）** 思います！ 俺にとって、女性は謎でしかないんで（笑）。

【仕事編】Q映画『鋼の錬金術師』の撮影が控えてますが、何か準備していることはありますか？（ちぃたん） 家で毎日腕立て伏せをしてるくらいかな。俺が演じるエドワード・エルリックは腕の筋肉がすごいから、少しでも原作のキャラクターに近づけたらいいなと思って。**Q山田くんにとって、Hey! S**

ay! JUMPはどんな存在ですか?(みーちょん) 正直、ひとりで仕事してるときのほうが自分のペースで進められてラクだと思う瞬間もある。でも、JUMPがなければ俺はいないから、やっぱり特別で大事な存在。ひさしぶりにグループで仕事すると、9人ってこんなに騒がしいんだって思うけど(笑)。**Q最近は映画のお仕事をたくさんされていますが、共演してみたい俳優さんはいますか?(山田くん家のみかちゃん)** 佐藤浩市さんや香川照之さん…ベテランの方々と共演して、盗めるものはすべて盗みたい。**Q山田くんは、見ているだけで〝私自身もがんばろう〟と思わせてくれる、とっても励みになる存在です。山田くんにとって、ファンはどういう存在ですか?(えりか)** ファンの人に直接会える機会は少ないけど、ライブでみんなの顔を見ると〝これだけ多くの人に支えてもらってるんだな〟って実感できる。だから、俺にとってもがんばろうと思わせてくれる存在! **Q現在人気急上昇中のHey! Say! JUMPですが、今の状況をどう受け止めてますか? また、今後はどのように活動していきたいですか?(ふたば)** 個人の仕事が増えてることは、俺以上にたぶんほかのメンバーが感じてるんじゃないかな。昔より全員で集まる機会は減ったけど、活躍の場が増えたことはありがたく思う。今後も、これまで通り俺らしくやってくよ。**Q日本アカデミー賞新人俳優賞、そして日本映画批評家大賞新人男優賞受賞おめでとうございます。授賞式のステージに立ったときは、どんな気持ちでしたか?(あーすけ)** そりゃ緊張したよ! だけど、この仕事をやっててよかったと思えた瞬間だったし、あの場に立てたのはいつも応援してくれてる人たちのおかげ。

Vol.
042
逆風

原作とイメージが違う？ そんなこと言わせない。

『鋼の錬金術師』の出演オファーをいただいたのは、約半年前。ちょうどMYOJOの撮影中、マネージャーさんに呼び出されて、そのことを知ったんだ。聞いた瞬間はうれしすぎて、テンションが急上昇！　でも、直後にものすごい不安が襲ってきて、〝エドワード役は俺がやるべきじゃない〟っていう考えにおちいるほど悩んだりもした。そんな俺を変えてくれたのは、プロデューサーさんと監督さんの「エド役は山田くん以外に思い浮かばなかった」っていうひと言。そのありがたい言葉を聞いて、この役は誰にも渡したくない、だからこそ明確なビジョンを持って挑まなくちゃいけない、そう決意を固めたんだ。

これまでドラマや映画でやさしくておとなしい役を演じてきたこともあって、世間一般の人が俺に対して抱くイメージはそれに近いものが多いかもしれない。でも、実際の俺は男くさくて、言葉づかいもけっしてキレイなほうじゃない。自分の中では、ところどころに乱暴さがかいま見えるエドと重なる部分もあるんだ。とはいえ、原作ファンの方たちは、俺がエドを演じることが決まって初めて〝山田涼介〟という名前を知ってくれたはず。だから、「イメージが合わない」っていう意見はあって当然だし、俺自身も大好きな原作だからこそ、そういう気持ちになるのはよくわかる。ただ、映画はキャストが発表されたときじゃなくて、完成した作品を見たときにどう感じてもらえるかが大事。見終わったあと、少しでも今みたいな不満を持った人が減るように、クランクイン前にはマンガやアニメを繰り返し見て、どうやったら原作のキャラクターに近づけるかを探っていった。たった1

着しか着ないのに、衣装合わせも何回やったかわからないくらいだったね(笑)。

撮影は、6月のあたまにイタリアのトスカーナ州で始まった。原作の世界をそのまま切り取ったかのような画力《えぢから》がハンパない場所でクランクインできたのは、エドを演じる上で、ものすごく大きかったと思う。ロケをした街の市長が原作の大ファンで、撮影のために一部の場所を封鎖したり、ふだんは動いてないSL列車を走らせたり、全面協力してくれたことにもすごく感謝してる。俺のファンだっていう現地の方が撮影を見にきてくれたこともあって、海外にも歓迎してもらえる場所があるっていうのは素直にうれしかったな。

滞在中は毎日撮影がビッシリだったから、オフらしいオフはなし。でも、初日に少しだけあった空き時間で、シエナっていう街を観光できた。映画『007 慰めの報酬』のロケ地にもなったその場所に、どうしても行ってみたくて。実際に目《ま》の当たりにした街並みには中世の姿がそっくり残ってて、世界遺産に登録されてるのも納得。感動して、おしゃれな写真をいっぱい撮ってきたよ。本場のイタリア料理も堪能できた…と言いたいところなんだけど、撮影期間中のごはんはほとんどかたいパンのみ。日本だったらそういうときにロケ弁を用意してもらえるけど、向こうにはお弁当っていう文化がないからね。一応パンの中身は毎回違って、昼は生ハム、夜は普通のハムになるっていうマイナーチェンジもありつつ(笑)。そんな中、撮影が早く終わった最終日、お店でTボーンステーキとトリュフのパスタを食べられたのはいい思い出。トリュフって、向こうではわりとメジャーな食材だから、日本ほど高くないの。だけど、イタリアならではのおしゃれな街の雰囲気もあって、セレブな気分を味わいながらフォークにパスタを巻きつけたよ(笑)。

Vol.
043
道

授賞式の壇上で頭に浮かんだのは、裕翔の顔だった。

子ども時代を過ごしたのは、神奈川県のはずれにある田舎町だった。大人になってから訪れると、今でも街灯のない道があって、〝昔はこんな暗い場所を歩いてたんだ〟ってビックリするようなところ。でも、当時はそれが当たり前の生活で、今はステージ上やカメラの前で照明を浴びながら、夜でも明るい都心で生活する毎日。アイドルでいつづけなきゃいけない日々に、ときおり立ち止まりたくなる瞬間もある。これは、アイドルである以前に、ひとりの人間としての正直な気持ち。

これまで歩いてきた道。今の俺が置かれてる状況だけを見たら、ずっと恵まれた環境で仕事をしてきたんだろうなって想像する人はたくさんいると思う。でも、実際の俺はけっしてそっち側の人間じゃなかった。だからこそ、Jr.時代から人一倍、目の前のことに力を入れてきた。自分にとって好きなことをつづけてきただけで、それを特別な努力だとは思ってない。だけど、そのかいあってか、周囲より早いタイミングでドラマの主演をつとめることができた。以来、主演だからこそ感じる重圧と闘いながら、グループの先頭を走りつづけてきたつもり。それが並大抵のことじゃなかっただけに、最近、ほかのメンバーの活躍の場が増えてきて、勝手だけど少し肩の荷が下りたような気がしてるんだ。それと同時に、〝俺だけが昔と何も変わってないいんじゃないか…〟って不安になるのも事実なんだけど。

ＪＵＭＰの全国ツアーに関する演出や衣装を俺にまかせてほしい。そんなふうに自分から手を挙げたのには、今の自分を取り巻く現状を打破したいという思いもあったのかもしれない。『鋼の錬金術師』の撮影の合間にメンバーとメールでやりとりしたり、撮影後の深夜にスタッフさんと集まって構成や衣装についての打ち合わせを重ねたり。だからこそ、初日を迎えるまではお客さんにライブを受け入れてもらえるか心配だったけど、いざ幕が開いたらすごくいい反応をもらえてひと安心。このまま11月まで走りつづけるよ。

だけど、そんな多忙なスケジュールの中に『FNS27時間テレビ フェスティバル！』が入ってきたときは、さすがの俺もキツかった。オンエア当日は、出番の合間をぬってテレビ局と映画の撮影現場を往復。なんとか両立させてたものの、番組フィナーレのスーパーダンク企画で体のバランスを崩して転倒してしまって…。じつは、映画のアクションシーンにスタントなしで挑んでることもあって、その日の4日前からむちうちの症状が出てたんだ。だから、何度もバスケをやったせいであのアクシデントが起きたわけじゃないっていうことはわかっておいてほしい。翌日も映画の撮影が予定されてたのに、俺の体を心配したスタッフ陣が急遽《きゅうきょ》オフにしてくれて。申し訳ない気持ちでいっぱいだったけど、そのオフをメンテナンスに費《つい》やせたから体はもう大丈夫！ ファンの人も安心してね。

これから歩いて行く道。今年、日本アカデミー賞授賞式で二宮（和也）くんが最優秀主演男優賞を受賞する瞬間を目《ま》の当たりにして以来、それまでよりも賞の存在を意識するようになった。28才くらいで、目に見える形でそんな勲章を手にすることができたら、また視野が広がる気がしてる。その授賞式の場で俺自身が新人賞をいただいて壇上に上がった瞬間は、ゆーてぃー（中島裕翔）の顔が頭に浮かんだんだ。〝あぁ、きっと次にこの景色を見るのはゆーてぃーだ〟って。俺、そういう直感は鋭いほうだと思うから…期待してるよ！

初めてのライブ演出。JUMPの9年間をぶつけた。

俺の手は、指が太そうに見えて、意外と細い。指輪の号数も、小指にいたっては5号だからね。指輪はふだん中指につけてることが多くて、数もけっこう持ってるんだ。でも、引き出しから出すのが面倒で、結局いつも同じものをつけちゃう。つけてるうちにむくんでくるせいか、外すとき関節に引っかかって痛いのも、あまりつけ替えない理由かな。指が細い人って器用なイメージがあるかもしれないけど、実際の俺は不器用なほうだと思う。指先を駆《く》使《し》するような細かい作業は、すごく苦手。ギターも、昔挑戦しようと思って買ったものの、弦をおさえられなくて断念…。結局、(岡本)圭人にプレゼントしちゃった(笑)。

そんな俺が、自分の手で作り出したもののひとつ。それが、今、全国をまわってるJUMPのツアー。デビュー10周年を前にして、ここまで成長した俺たちの姿をファンの人に見てもらいたい。まだライブをやることすら決まってなかったころ、ふとそう思ったんだ。だから、メンバーにお願いして、演出から衣装、曲の構成まですべてを担当させてもらった。そして、ステージ上でどういう表現をすればその成長がいちばん伝わるかを考えた結果、たどり着いたのがコンサートタイトルにもなった『DEAR.』っていうテーマだったんだ。こだわったのは、そのテーマに沿って最初から最後まで見せる、ストーリー性。ファンのみんなが持ってるペンライトを使った演出も考えたから、これからライブを見にくる人には楽しんで参加してもらえるとうれしいな。ライブ作りは、映画の撮影と並行して進めてたこともあって大変だったけど、自分の頭の中が形になっていく過程は楽しかった。もし次にライブがあったら、また挑戦してみたいなって思ってるよ。

約2カ月半にわたった『鋼の錬金術師』の撮影がクランクアップした。この作品は、CGの量が映画『暗殺教室』の比じゃなくて、そもそも俺が演じたエドワードのとなりにいる身長2m20㎝の弟がフルCG。もちろん、闘う相手もCGだから、毎日ブルーバックの前でひとり何もない空間に向かって話しかけたり、棒を振りまわす毎日だった。現場でそれを朝から晩まで繰り返してると、自分が今どんなシーンを撮ってるのか見失いそうになることもあって…。そういうとき、俺を奮い立たせてくれたのは原作のアニメ！　撮影中のシーンと同じ箇所の映像を見ると、〝今、俺はこんなすごい場面を実写化してるのか！〟って思えて、がんばれたんだ。そんな思い出がつまった撮影のラストは、やっぱりブルーバックの前でひとり(笑)。でも、そこで曽利《そり》文彦監督と交わした握手は、すごく印象に残ってる。監督さんは、熱量があって、ハッキリしたビジョンを持った方。だから、やりやすかったと同時に、求められる高いレベルに応えるために悪戦苦闘した自分もいた。握手した瞬間、そうやって過ごした時間とともに、いろんな想いがよみがえってきたんだよね。今は、CG合成後の完成作品がどんなふうに仕上がるのか、俺自身もすごく楽しみ！

ライブを作って、映画を撮り終えた今。次にこの手でつかみたいものはあるかと聞かれたら、答えは「NO」。俺の場合、目標を定めると、それにがんじがらめになって、身動きがとれなくなっちゃう。だから、つかもうとしてつかめるものなんて、何ひとつない。あくまで自分らしく、肩の力を抜いて、目の前にあるものに真摯《しんし》に取り組みつづけること。そうすれば、いつかきっとまた何かを手にできるはず。そんな気がしてるんだ。

Vol.
045
きょうだい

見たことがない親父の表情に涙が止まらなかった。

〝俺が月9!?〟。ドラマ『カインとアベル』のオファーをいただいたとき、最初の感想には驚きしかなかった。この枠で主演をつとめられる日が来るなんて、考えたこともなかったから。その後、台本を読み進めるにつれて、高田優《ゆう》という主人公を演じるのがどんどん楽しみになっていった。月9といえばキュンキュンさせられる作品が多い中で、このドラマは誰しもが持ってるコンプレックスや他者への嫉妬《しっと》…そんな人間の本質を真正面から描いてるんだ。今、俺の手元には3話までの台本があるけど、すでにけっこうエグい(笑)。俺が思い描く月9のイメージとかけ離れたストーリーが新鮮で、やりがいを感じながら撮影にのぞむ毎日だよ。

高田優というキャラクターは、これまで俺が演じてきた役みたいに、特殊能力があるわけでも、何かに秀《ひい》でた人間というわけでもない。そんな〝普通〟を演じる難しさは日々感じてるし、スタッフさんにもよく「演技の勉強になる」っていう話をしてるんだ。それに、今までは実写化作品に出させてもらうことが多かったから、どうしたら原作のキャラクターに近づけるかが常に最優先事項だった。でも、今回はそういうしばりがないぶん、自由に楽しみながら演じさせてもらってる。優を取り巻く人間関係、そして優自身の気持ちもどんどん変化していくけど、演じてる俺自身も先の展開がどうなるか知らされてないんだよね。だから、撮影現場では、必ず1シーン1カットごとに監督さんに優のテンションや気持ちを確認して、感情を丁寧に作り上げていってる。ドラマを通して、そんな優から何かを感じとってもらえたらうれしいな。

『カインとアベル』は、運命的な兄弟の姿を描いた物語。俺自身にも、2コ上のねーちゃんと、1コ下の妹がいる。見た目は、3人とも親父に似て鼻の形がいっしょ(笑)。子どものころは、ふたりに合わせておままごとみたいな女のコっぽい遊びをよくしてたし、仲がいいからこそケンカもたくさんした。年を重ねるにつれて、それぞれとの関係性はよりいいものになってきた気がする。9月にねーちゃんが結婚式を挙げたときも、その前日にメールのやりとりをしながら〝このきょうだいでよかったな〟って思ったばっかり。結婚式当日は、本当に感動的だったな。親父にエスコートされながらバージンロードを歩いてくるねーちゃんの花嫁姿、いろんな感情が複雑に入り混じったような親父の表情…あんな親父の顔を見るのは初めてで、一気に涙がこみ上げてきた。そして、親父が新郎にねーちゃんをバトンタッチする瞬間…その光景は、今まで目にしてきたどんな景色よりもキレイで、一生忘れられない宝物になったよ。

でも、結婚したからといって、今後もねーちゃんが俺と妹のねーちゃんであることには変わりない。だから、これからもたまには会ってごはんを食べたいし、思いきって、きょうだい3人だけで旅行するのもアリかもしれない。親がいない場所で集まったら、積もる話もありそうだなって。それが実現するころには、妹に婚約者がいたりするのかな? いつか妹も結婚式を挙げるんだって考えると、その想像だけで泣けそうなくらい、せつなくなる…(笑)。早くお嫁さんにいって幸せになってほしいと願う反面、兄としては〝やさしくて、男らしくて、妹のことをちゃんと守ってくれる相手じゃないと認めない!〟っていう頑固《がんこ》親父みたいな気持ちも…。きっとジャッジの目は相当厳しくなるから、妹の未来のお婿《むこ》さんには覚悟しておいてもらわないとね。

TITLE. Think Note
SCENE.
DATE.
MEMO.
2017年スタート

Vol. 046
働く

〝高級ドリンク〟。買ってもらう側から、あげる側へ。

ドラマ『カインとアベル』で演じる優は、俺にとって初めてのサラリーマン役。とはいえ、物語前半の優は茶髪で、スーツやシャツにもどことなく派手さがあった。なぜなら、5話でお父さんに指摘されて髪を切ったとき、以前との違いがより出るように、序盤はあえて実際にいないようなチャラチャラしたサラリーマン像を作り上げていたから。それを実現するのは、必ずしも1話から順を追って撮影するわけじゃないドラマだと、なかなか難しかったりもする。でも、今回は放送前にプロデューサーさんと話し合って、それが可能なスケジュールを組んでもらったんだ。見た目をガラッと変化させることで、優がひとりの人間として成長していく過程をしっかりと見せることができたんじゃないかな。

一度サラリーマン役を経験したくらいで、そのすべてが理解できたわけじゃないことはもちろんわかってる。だけど優を通して感じたのは、営業という仕事が、契約をとるために何度も取引先に通って、なのに報われない場合のほうが多くて、本当に過酷なものだということ。世のお父さんたちは毎日こんなふうに必死で働いて家族を支えてるんだと思うと、改めて自分の父親に対する感謝の気持ちも生まれた。うれしかったのは、営業マンをやってる友だちから「挫折《ざせつ》しそうな商談があったけど、優の姿を見て勇気をもらった」って言われたこと。働く場所は違っても、おたがいの存在がいい相乗効果を生んでるって、すごくステキなことだよね。

俺がこの仕事を始めたのは、11才のとき。でも、仕事という認識は甘くて、当時通ってたサッカークラブがもう1コ増えたくらいの感覚だった。それが、少しずつお金をもらえるようになるにつれて、仕事っていうのはがんばったぶんだけ得るものがあるんだっていう考えに変わっていった。努力すればするほど、応援してくれる人の数が増えることも実感した。初めてもらったお給料は、電車賃に使ったのを覚えてる。俺の家は都心から遠くて、仕事場までの交通費がいつも片道1000円近くかかってた。両親は何も言わずにお金を出してくれてたけど、きっとキツかったと思う。だからこそ、大人になった今は親孝行したいっていう気持ちが強い。そうそう、この前かーちゃんとふたりでコーヒーショップに行ったときのこと。俺が500円くらいのフローズンドリンクを買おうとしたら、かーちゃんに「昔、この飲み物を買っていいか聞くためにに、わざわざ電話してきたのを覚えてる?」って聞かれたんだ。俺は全然記憶になかったけど、当時それが片道の電車賃の半分くらいする超高級な飲み物っていう認識はあったから、子どもなりに気をつかって確認したんだろうね。結局、その日は俺がかーちゃんにフローズンドリンクをごちそうした。「あんた、成長したわね」って言われたその瞬間、少しだけ親孝行できた気がしたよ。

俺は、今の仕事が好き。それに、好きなものに対してはとことん貪欲《どんよく》。最近は、毎日ドラマの現場にいるだけでワクワクするんだ。居心地がいいから、昼休みも自分の楽屋に戻らず、監督さんを相手に今後の展開がどうなるか、あそこの芝居はどうしようかって話してる。もちろん、大変なこともあるよ。でも、予想外のことが起きて逆境に立たされたときほど、その状況を楽しもうとする自分がいる。〝どうしよう?〟って悩む時間があるからこそ、成長できる。ドラマの1話に出てきた優のセリフにもあった通り、仕事って大変だけど、おもしろい。心からそう思えるんだ。

Vol. 047

スタート

JUMPもファンも10才！いっしょにお祝いしようね。

自分が持つ表現力を存分にぶつけられるような役に挑戦してみたい。ちょうど1年前、この連載で話した2016年の抱負のひとつがそれだった。1年間を振り返ってみると、『カインとアベル』でやらせてもらった高田優は、まさにそれに近い役だったと思う。誰からも期待されてなかったけど、自分の持ってるものだけで勝負してどんどん頭角を現していく優。そんな彼を演じてると、Jr.時代やデビュー直後の自分が置かれていた境遇と重なることも何度かあった。努力は報われると信じて、いちばんうしろの列で必死に踊ったJr.時代。デビューをつかんだあと、『Dreams come true』のPV撮影現場で、それまで(中島)裕翔がいたセンターの位置に立つように言われたときのこと――。あの瞬間の俺の心情をひと言で表すとしたら、とまどい。ましてや、うれしいなんていう感情はわいてこなかった。ドラマの7話で優がお父さんから突然、会社の取締役就任を命じられるシーンがあったんだけど、じつは台本上だと優はその役職をすんなり受け入れることになってたんだ。でも、俺と似た境遇で育った優なら、きっとPV撮影の日の自分と同じように、とまどいのあまり一度は断ろうとするはず。俺は、監督さんに自身の経験も交えてその考えを伝えて、台本になかった「取締役なんて俺には無理です」っていうセリフを急遽《きゅうきょ》追加してもらった。感情の流れが複雑で、現場では常に繊細《せんさい》な演技を求められる役だったけど、難しさと同じくらい、やりがいも感じられた3カ月間だったな。

2016年、新しく始めたのは家計簿をつけること。夏ごろだったかな、ふと〝俺って毎月いくら使ってるんだろう？〟って疑問に思ったのがきっかけだった。支出をメモし始めてわかったのは、意外と食費がかさんでるっていうこと。仕事現場への差し入れとか、特に当時は映画『鋼の錬金術師』の撮影でイタリアに滞在してたから、ユーロの感覚がわからなくてお店で料理を注文しすぎちゃったりもして…。その結果、食費をおさえるために俺がたどり着いたのが出前！　家にいるときは、カツ丼とか親子丼みたいな丼系を注文することが多い。自分で作りたい気持ちはやまやまだけど、今は家にいる時間があまりないし、何よりスーパーに行くとついつい余計なものまで買っちゃうんだよね。たとえば、カツ丼を作るとしたら、豚肉のほかにごはんの上にしくキャベツも必要でしょ。でも、半玉サイズを買ったとしても、ひとりじゃ食べきれなくてもったいないし…。そう考えると、俺的には出前をとるほうが経済的かなって。ちなみに、最近はスマホでレシートを撮れば自動的に家計簿をつけてくれるアプリを見つけたから、それを愛用中。〝来月は、今月より生活費をおさえてやる！〟って目標を立てたりして、楽しみながらやってるよ。

新たな年のスタートを前に、今思うこと。2017年は、Hey! Say! JUMPにとってデビュー10周年を迎えるメモリアルな年。2016年は、そこに向けて9人それぞれが個人の能力を高める時間だったと思ってる。すでに映画の公開が決まってるメンバーもいる中で、これから大事になってくるのは、どうすれば今までJUMPを知らなかった人たちの目にもとまるような活躍ができるか。グループとしての活動は、より増やしていきたいし、なんといってもライブをやりたい。あくまで通過点に過ぎないとはいえ、直接ファンの顔を見て感謝の気持ちを伝えたい。JUMPも、JUMPのファンのみんなも10才。おたがいの誕生日をお祝いし合おうね！

Vol. 048

Age

黄金世代。そう呼ばれるからこそ、埋もれちゃいけない。

〝黄金世代〟。俺を含めた1993年生まれの著名人は、世間からそう評されることが多い。自分のことはさておき、事務所内を見渡しても、そしてその枠を出ても、もっといえば芸能界以外のジャンルにおいても、たしかに同い年で活躍してる人は多いと思う。高校時代のクラスメイトに歌舞伎の世界でがんばってるやつがいるんだけど、最近そいつが期待の若手歌舞伎役者としてメディアに取り上げられてるのを見ると、自分のことのようにうれしくなる。でも、俺がそういった同世代の活躍に刺激を受けるかといえば、それはちょっと違うかもしれない。大事なのは、自分のペースで、どこまでがんばれるか。誰かの背中を追いかけたり、逆に追われることに関しては興味がないんだ。もちろん、黄金世代だからこそ、そこに埋もれちゃいけないとは思ってる。いかにして、この世界で生き残っていくか。そのために自分の能力を最大限に発揮する術《すべ》は、学んできたつもり。

〝仕事〟という名の与えられたチャンスに対して、とことんストイックに向き合う。これは、俺が今の場所にいられる大きな理由だと思う。『カインとアベル』の役作りで取り組んだダイエットも、そのひとつ。最終話の台本をもらって、俺の演じる優が10日間拘置所に収容されることがわかってからは、本番当日までの4日間ほぼ何も食べずに過ごして、体重を5kg落とした。別に誰かに指示されたわけじゃないけど、そのほうが見る人に訴えかける何かが生まれると思ったから。さらに、撮影の前日はわざと1時間くらいしか寝なかったせいで、スタッフさんには「目が死んでる！」って驚かれたよ(笑)。

事務所に入って、12年の月日が過ぎた。自分を取り巻く状況は刻々と変化してきたけど、俺自身は昔から何も変わらない。だから、ドラマや映画で共演した方に「もっとツンツンした人かと思ったのに、意外と普通だね」って言われることもしょっちゅう。もはや、最近ではそれが自分のよさかなって思い始めてる(笑)。金銭感覚も普通すぎるから、高級な料理の値段は全然わからない…。以前『ぐるぐるナインティナイン』の〝ゴチになります!〟コーナーに出させてもらったときなんて、ちっちゃいフィレステーキの値段を高く見積もりすぎて失敗したかなと思ってたら、正解はさらに高くてビックリしたし。高級なものもおいしいけど、同じくらい安いものも好き。特にファストフード店のフライドポテトが大好物で、最近それにいただきもののトリュフ塩をかけて食べたら、最高にうまかった! 高級と庶民の味のミックス!! …といっても、トリュフ塩はそこまで高いわけじゃないから、ぜひみんなにも試してほしい!

童顔のせいか、いっしょに仕事をした人からは「実年令より考え方が大人だね」ってビックリされることも多い。たしかに、年上の人と話すのは、知らないことをたくさん教えてもらえて人生の経験値が上がった気分になれるから好きなんだ。『カインとアベル』の撮影中も、高嶋政伸さんや桐谷健太さんとは何度か食事に行かせてもらった。そこでの会話で印象に残ってるのが、高嶋さんの「俳優に年令や仕事歴は関係ない。だから、僕は山田くんを認めてるし、対等に話してるんだ」っていう言葉。最終回のオンエアが終わったときにも「あの演技よかったね」っていうメールをくださって、本当にうれしかった。俺も30才とか40才になって、いつか年下の俳優さんと共演するときには、そんなふうにわけへだてなく接することができる大人でいたいな。

Vol. 049

発見

泣くつもりはなかった。ただ、自然と涙がこぼれたんだ。

今年の年明けは、3日間のお休みをもらった。そして、ゲームをやってたら、あっという間《ま》に過ぎていった(笑)。そのゲームは、ラスボスにたどり着くまで100回は死ぬって言われてるほど難しいRPGで、ゲーム性や映像のクオリティーの高さから〝神ゲー〟と呼ばれるほど。俺は、そんなダークファンタジーの世界で、かれこれ1年以上戦ってるんだ。

多忙なゲーム生活の合間をぬって、親友とアウトレットモールにも出かけたよ。その帰りにごはんを食べようとしたら、三が日で店がどこも開いてなくて、何年かぶりに都内のファミレスに行くことに。そこで発見したのが、ファミレスのすばらしさ！　メニューが豊富で、どれもおいしくて、俺の好きなパフェもあって…。ふたりで5~6品頼んでおなかいっぱい食べてもお会計が3000円いかなくて、幸せな気分になったよ。これからは、ファミレスが行きつけの店になる予感！

最近は、さらにゲームをする時間が増えつつある。その理由が、ずっと欲しかったゲーム用のVRヘッドセットを手に入れたこと！　発売当日は朝から販売サイトをチェックしてたけど、3分で売り切れ。あきらめて、しぶしぶバラエティー番組のロケに向かったんだ。そしたら、俺の知らないうちにスタッフさんが家電量販店の抽選会に並んで、代わりにGETしてくれてたの。その日の午後、楽屋に置かれたVRヘッドセットを発見したときは、「遅めのサンタさんからのプレゼントだー!!」って大喜び。さっそく家に知念(侑李)を呼んで、プレイしたよ。あまりに盛り上がりすぎて、終わったあと、ふと横を見たら完全に燃えつきた知念が(笑)。その姿がおもしろくて、思わず写真を撮っちゃったよ。

そして、1月からは映画『ナミヤ雑貨店の奇蹟』の撮影が始まった。共演は、尊敬する大先輩の西田敏行さん。でも、俺が演じる敦也《あつや》と西田さん演じる雑貨店の店主は生きる時代が違うから、いっしょのシーンがないんだ。それで、撮影の序盤に一度、西田さんの現場におじゃまして、お芝居を見学させてもらった。〝どうしたら原作の小説に並んだ文字をあんなふうに表現できるんだろう?〟って思うほど感情豊かで、だけど演技してることを忘れてしまうくらい自然なお芝居。いつかは、俺もたどり着きたい場所だなって、改めて感じた。合間にお話しさせてもらったときには、なんと西田さんが俺との共演が決まって『いただきハイジャンプ』を見てくださってたことが判明！　自転車に乗れない子どもを陰から全力サポートする企画について、「山田くんの声は、すごい力を持ってるんだね」って言っていただけて、本当にありがたかった。日本を代表する俳優さんにＪＵＭＰの自由すぎる姿を見られてるなんてメンバーが知ったら、めっちゃビビるだろうな(笑)。

今回の現場では、クランクインからずっと、いい意味でまったく緊張してない。なぜなら、原作が小説の場合、マンガやアニメみたいに近づけるべき役の明確なビジュアルイメージがないから。小説を読んだ人がそれぞれ敦也のキャラクター像に想像をめぐらすように、俺も自分の思い描く敦也を演じればいい。そんなふうにビジュアル面をあまり意識しなくていいぶん、1シーン1シーンに集中して、より感情を込められることで、俺自身も予想してなかったような表現法が生まれることがあるんだ。台本のト書きには涙を流すなんて書いてないのに、自然と泣いてしまったっていう不思議な経験もした。新たな作品で新たな発見を重ねながら、撮影を楽しんでるよ。

新境地。そう呼べる演技が誰かの心を動かせたらいい。

2月は、東京と大分を行き来することが多かった。大分に足を運んだ理由は、『ナミヤ雑貨店の奇蹟』の撮影。ロケ地は海と山に囲まれた自然豊かな場所で、近くに〝昭和の町〟っていう昭和30年代の町並みを再現した地区があったんだ。駄菓子屋さんが並んでたり、レトロなバスが走ってたり、いい雰囲気なんだけど、どれだけゆっくり見てまわっても2時間で終わっちゃって(笑)。歩いて行ける距離にはほかに観光スポットがなかったから、〝これはヒマを持てあますことになるかもしれない…〟と直感した俺は、3回目の大分ロケに家からゲームを持参。そしたら、ホテルで過ごす時間が一気に充実して、遠く離れた知念とオンラインで最長5時間プレイしたことも！　振り返ると、オフは東京で過ごす休みと何も変わらなかったな(笑)。

新幹線、飛行機、電車…移動手段にはいろいろあるけど、特に好きなのが自分で車を運転する時間。俺は、すごい安全運転だよ。ただ、『いただきハイジャンプ』の駐車対決企画を見てくれた方はご存知の通り、駐車が異常に下手なの(笑)。それを克服するために、大分でのあき時間はマネージャーさんにつき合ってもらって駐車の練習をしたりもした。おかげで、バックモニターがなくても、スムーズに駐車できるように！　撮影がない日は運転もさせてもらって、男ふたりで〝恋がかなう道〟として有名な国道をドライブ。永遠の愛を誓い合うカップルがかけた、たくさんのハート型南京錠《なんきんじょう》を見て、うらやましい気持ちになりながら車を走らせました…(笑)。

映画でここまで普通っぽいキャラクターを演

じたのは、今回が初めて。しかも、廣《ひろ》木《き》隆《りゅう》一《いち》監督と俺の考えが一致して、敦也という役を演じる上でいっさいメイクをしなかったんだ。ヒゲもそらず、髪のパサパサ感を出すために粉状のワックスをつけるだけ。だから、本番前になると監督がすごい至近距離まで近づいてきて、俺の顔をじっと見ることがあったんだけど、それはだいたい目ヤニがついてないかのチェック。過去にほかの俳優さんでそういうことがあったんだろうなって、ひそかに思いながらカメラの前に立ってたよ(笑)。

俺が作り上げた敦也のイメージは、感情の起伏があまりなくて、淡々としゃべる男のコ。だけど、大分ロケの最終日に用意されてたのは、そんな彼が感情を爆発させるシーンだった。ところが、本番で何度テイクを重ねてもうまくできなくて、いったん休憩をはさむことに。1カ月以上前に東京で撮影したシーンのつづきだったから、気持ちをつなげるのが思った以上に大変で…。リハーサルの時点で、なんとなく大丈夫そうだなって油断したのも原因のひとつだったと思う。休憩の30分を使って、敦也が養護施設で育ったこと、いろんな人たちに裏切られてきたこと…そんな生い立ちを思い返すことで、撮影再開後には監督から無事OKをもらう演技ができた。今まで出演してきたすべての作品のどんなシーンよりも難しかったけど、あのピンチを乗り越えられたことで、またひとつレベルアップできた気がする。俺のことを信じて、できるまで辛抱強く待ってくれた監督やスタッフさんにも本当に感謝してるんだ。その後、ロケ地の町を1周したんじゃないかっていうくらい長距離を走るシーンを撮影して、映画は無事にクランクアップを迎えた。山田涼介として新たな1ページをめくったといっても過言じゃない演技が、見てくれた人の心を動かせたら。それは、この映画と正面から向き合った俺にとって、この上ない幸せだな。

Vol. 051

バッグ

カバンの中は混乱、頭の中は空っぽ…がちょうどいい。

持ってるバッグの数や種類は多くなくて、いちばんあるのがリュックで3コ。色は全部黒、形とサイズはちょっとずつ違うけど…パッと見はどれもほとんど変わらないかな(笑)。仕事で地方に数日間滞在するときは、そのどれかにTシャツとパンツを詰め込んで行くことが多い。ドラマや映画の撮影で台本を持ち歩くときは、洋服屋さんでもらったおしゃれな布バッグが活躍してくれる。でも、実際にいちばん多いのは手ぶら。プライベートで出かけるときとか、雑誌の取材やレギュラー番組の収録しかない日は、ポケットに財布とケータイを入れるだけでOK。ただ、ゲームにハマってる今は例外で、携帯ゲーム機を持ち歩くためのクラッチバッグがマスト！ドラマ『先生はエライっ！』のころからお世話になってるプロデューサーさんにいただいたバッグを愛用してるよ。今日は、特別にその中身を公開すると…。まずは大事な携帯ゲーム機、財布、街中でもらったポケットティッシュ、トレカショップのポイントカード、光熱費の明細書(笑)。そうそう、今月はなぜか電気代が高くて、ビックリした！　ゲームのしすぎかな…？　3日くらい前、郵便受けに入ってた明細書の金額に衝撃を受けてしばらくその場に立ちつくしたところまでは覚えてるんだけど、どうやらそのあとバッグに入れっぱなしにしてたみたい。あとは、なぜか奥底から出てきた20円。以上、おしゃれさのカケラもないバッグの中身紹介でした(笑)。

去年の6月に映画『鋼の錬金術師』の撮影が始まって、夏からはJUMPの全国ツアーと並行して『カインとアベル』の撮影。年が明けてからは『ナミヤ雑貨店の奇蹟』の撮影…

この1年を振り返ると、プライベートな時間はほとんどなかった。1日の仕事を終えて家に帰っても、そこからライブの構成に考えをめぐらせたり、翌日撮影するシーンの準備をしなきゃいけなくて、息つくヒマもなかったんだ。でも、俺は忙しければ忙しいほど燃えるタイプだから、そんな日々は嫌いじゃない。まぁ、欲をいえばもうちょっとだけ休みがあってもよかったかな(笑)。Jr.時代からそうなんだけど、俺の仕事量って、いいあんばいのときがないんだよね。忙しくなると本当に忙しいし、その逆の時期もあって、かなり極端。多くの人は、もっとバランスよく働いてる気がする(笑)。とはいえ、『ナミヤ雑貨店の奇蹟』は、今までにないくらいゆったりしたスケジュールの中で撮影することができた。だからといって、それは必ずしもいいことばかりではなくて、次の撮影日まで間があくからこそ気持ちをつなげておく難しさに苦戦もした。タイトなスケジュールで仕事をすることだけが大変なわけじゃないって気づけたのは、大きな財産になったよ。

『ナミヤ雑貨店の奇蹟』のクランクアップ後、約1年ぶりにまとまった休みをもらった。今も引きつづき休みはわりとある状態なんだけど、そんな俺の脳内をバッグにたとえるなら…空っぽ。なぜなら、休みの間は家から1歩も出ずに、ずーっとゲームして過ごしたから。おかげで体重が3kgくらい増えちゃったけど、たまにはそんなことがあってもいいかなって。でも、俺は仕事をしてないと、本当にダメ人間になるんだなっていうことも、改めて感じた(笑)。だから、休みが永遠につづけばいいとはまったく思わない。今年2本の映画の公開を控えて、JUMPがデビュー10周年を迎えるっていうことは、きっとまた表舞台に立つ機会がたくさんあるはず。そこでしっかりオンのスイッチを入れられるように、今はしっかり空っぽのままでいたいんだ。

Vol. 052

衣食住

日々の生活を楽しむ。当たり前だけど、すごく幸せ。

衣・食・住。俺の生活における3つの重要度は、〝食〟と〝住〟が同じくらい高くて、〝衣〟はちょっとだけ低め。特に今はお休みをたくさんもらってる時期だから、好きなだけ食べて、気の向くままに過ごしてる。誰かとごはんを食べに行く時間も、楽しくて大切なひととき。この1年くらい、忙しくて実現できてなかった食事の約束をひとつひとつはたしていってるところなんだ。最近も、(中山)優馬と(小瀧)望《のぞむ》とフグを食べに行ったばっかり。以前、俺が雑誌の誌面上で望に「ごはんに行きたかったら、お前から声をかけてこい!」っていうメッセージを送ったんだけど、その記事を撮った写真とともに「行きますよ!」っていうメールが送られてきたのがきっかけで(笑)。望は何か食べるたびに「うまい!」って叫んで、いちいちリアクションがでかかったな。きっと、あいつなりに緊張して気をつかってたんだと思う。優馬とは、おたがいに仕事をしたことがある瀧本智行監督の話で盛り上がったり、いっしょにカサゴを釣りに行く約束もした! 今は、優馬の足手まといにならないように、動画サイトで釣りの映像を見ながら猛勉強してるところ(笑)。

今日の格好は、白いTシャツ×ジーパンに、白のデニムジャケット。気温が一気に上がったから白を多めに取り入れてみたけど、シンプルなアイテムが好きなところは変わらないね。洋服の買い物も、相変わらずネットですませちゃうことが多い。でも、この間はトモ(山下智久)の誕生日プレゼントを買いに、ひさびさに洋服屋さんに出かけたよ。Tシャツと下着を選んで、ついでに夏にピッタリな七分丈のパンツを自分用に購入。ネットだと、よく〝○%OFF〟って表記された商品を見かけるんだけど、実際の洋服屋さんではセールの時期以外そういうお得なものってなかなか置いてなくて。だから、棚に並んだ商品はどれも高く感じて、なんかまぶしかった(笑)。

家にいるときは、ゲームをしたり、マンガを読んだり(『僕たちがやりました』っていう作品にハマり中!)、料理をしたり。この前は、3種類くらいのトマトを買ってきて、トマト缶といっしょに煮込んでオムライスのソースを作った。俺、トマトは熱を通さないと食べられないから、〝リコピンを摂取《せっしゅ》するなら、この自炊するタイミングしかない!〟と思って。おなかがいっぱいになったあとは、映画のDVD鑑賞。ここ1年で公開されたけど劇場に見に行けてなかった作品がちょうどDVDで発売され始めたから、それをちょっとずつ手にとってるんだ。『グランド・イリュージョン　見破られたトリック』は、見てる間はハラハラドキドキ、でも終わったときにはスッキリ爽快な気分になれるっていう、誰もが楽しめる作品!　マジシャン4人が集まって前代未聞のマジックを世界中に発信するっていうストーリーなんだけど、俺もマジックに挑戦してみたくなったよ。カップルで見ても変にギクシャクしちゃうようなキスシーンとかないし、デートにオススメかも(笑)。

お気に入りの服を着て、おいしいごはんを食べて、好きなことをして過ごす。当たり前の生活を楽しんでる毎日が、今はすごく幸せ。そして、このMYOJOが発売されるころには、きっと映画『ナミヤ雑貨店の奇蹟』の初号試写が行われてるはず。俺自身、西田敏行さんが演じられた物語の過去パートがどうなってるかはわからないから、どんなふうに映像がつながったのかを知るのが楽しみなんだ。完成した映画を見たときには、今よりもっとハッピーな気持ちになれるといいな。

Vol. 053

ポジション

絶対的センターから、全員がセンターのグループへ。

5月に24才の誕生日を迎えた。でも、感覚的には、単に年をひとつ重ねただけ。いくつになったかよりも、どれだけいろんな経験をして、どれだけ濃い人生を歩んできたかのほうがずっと大事。年々、そう思う気持ちが強くなってるから。そんなわけで、誕生日当日はごく普通に過ごした。ところが、夜になってリビングでいつも通りテレビを見てたら突然インターホンが鳴って、ドアの前に知念(侑李)と(岡本)圭人の姿が！　サプライズでお祝いしに来てくれた…と言いたいところだけど、じつはちょっと予想できてた(笑)。知念がプレゼントしてくれたお酒で乾杯して、圭人からはグラスをふたつもらったよ。まぁ、そのあと、あいつはうちにあるグラスをひとつ割っていったから…結果的にプレゼントは1コみたいなもんだけど(笑)。別の日には、映画『鋼の錬金術師』の監督さんと食事へ。作品への熱い想いを4時間語り合って、そろそろお開き…っていうタイミングで、俺が演じたエドワードと、弟のアルフォンスのキャラクターつき誕生日ケーキが登場！　たくさんの大好きな人に祝ってもらえて、24才もいい1年になりそうな予感がしてるんだ。

今年デビュー10周年を迎えるHey！Say！JUMPが置かれてる場所。それは、成功できるかどうかの分岐点。テレビや雑誌…いろんな場に出させてもらって、メンバーが出演する映画の公開をいくつも控えた今は、本当にありがたい状況だし、ある意味ではもう成功と呼んでもいいのかもしれない。でも、上にはまだまだ上がいるわけで、11年目以降もこの状況を継続していくことが大事。明確なビジョンがあるわけじゃないけど、一般的な知名度が上がって、ひとりひとりの持つ力が強くなって…少しずつ理想の形に近づきつつあることは、たしかじゃないかな。

JUMPといえば、山田涼介と、ほかの8人。おごりかもしれないけど、昔は世間からそんなふうに思われてた時期もあった。〝絶対的エース〟と呼ばれても〝はたして俺にそんな能力があるのかな？〟っていう自問自答の連続で、つらかったし、苦しかった。何よりも、メンバーは俺以上に苦しんでたはず。俺が逆の立場だったらくやしいし、申し訳なさを感じたはずだから。だけど、そこであたたかく見守ってくれたメンバーがいたからこそ、今の俺がある。そして、全員が自分の力を発揮する術《すべ》を見つけて、それぞれ得意な分野でがんばってる今のJUMPがある。その証拠に、最近は曲によって俺がセンターに立たないことも増えてきた。そういう事実に対して、おもしろくないと思う気持ちは、まったくない。

たとえば、歌番組でトークをまかされるのは、その曲でセンターをつとめる人の役目。どれだけ短い持ち時間でつめあとを残せるかが大事なんだ。だから、そんなとき、俺はうしろから〝どんどんおもしろいこと言ってやれ！〟って応援してる。もちろん、〝歌って踊ったら誰よりも輝いてみせる！〟っていう気持ちもあるけどね（笑）。メンバーに対して頼もしく感じたり、負けてられないって思えるようになった今が、すごく楽しいんだ。

10周年は、俺らだけじゃなく、ファンの人たちにとっても大切な記念日。もっといえば、どれだけファンのみんなを喜ばせることができるかっていう勝負の年。全国ツアーが決まって、最近は演出を考え始めたところ。去年のツアーではひとりでライブの構成を担当したぶん、全員でアイデアを出しながら作り上げる楽しさを実感してるよ。そんな最強のJUMP、楽しみに待っててほしいな。

メンバーの活躍。俺にとって、いちばんの刺激なんだ。

デビュー10周年を記念して発売される、ＪＵＭＰにとって初めてのベストアルバム。そのタイトル『Ｉ／Ｏ（インプットアウトプット）』は、〝10年間で培《つちか》ってきたものをアウトプットしていきたい〟っていう思いを込めて、大《だい》ちゃん（有岡大貴）が考えてくれた。デビューから10年というタイミングで、ベストアルバムを出せること。その意味は強くかみしめてるつもりだし、俺らにとってはもちろん、ファンの方たちにとっても大切な1枚になるはず。ただ、なんせ10年で初のベストアルバムだから、どの曲を収録するかは相当《そうとう》迷ったけどね（笑）。最近ファンになってくれた人には初めて聞く昔の曲も楽しんでほしいし、デビュー当時からずっとファンでいてくれてる人には、曲を通してＪＵＭＰと歩んできた軌跡を振り返ってもらえたらうれしいな。

歌って、踊って、演技をする。この仕事は、言ってみればアウトプットの連続。いいアウトプットをするには当然いいインプットが必要なわけで、俺にとってはそのひとつがメンバーのソロ仕事なんだ。最近だと、映画『忍びの国』を見て、知念の演技に胸を打たれたばかり。劇中に知念演じる織田信雄《おだのぶかつ》のある言動がきっかけで周囲の人たちの気持ちが変わるシーンがあるんだけど、あそこは知念の演技がなかったら、ほかのキャストの方々もあのリアクションはできなかったはず。そう確信できたくらい、すばらしい演技だった。少し前になるけど、ドラマ『母になる』も興味深く見てた作品。俳優としてのゆーてぃー（中島裕翔）がすごいのは、その場の空気感になじむ能力に長《た》けてるところ。かと思えば、映画『ピンクとグレー』で演じたような、青年から大人になっていく過程をしっかりと見せなきゃいけない難しい役どころにも挑戦できる。（菅田）将暉との呼吸の合い方も、目を見張るものがあった。客観的に見て、ふたりは独特の世界観を持ってる者同士で性格も似てる部分があると思うから、おたがいやりやすかったんじゃないかな。俺も俳優業が大好きだからこそ、負けたくないっていう気持ちがあるし、常に勉強は怠《おこた》っちゃいけないと思ってる。ゆーてぃー本人には、こういうこと、あんまり言わないんだけどね。心のどこかで、ちょっとくやしいのかもしれないな（笑）。

9月には、俺のアウトプットと呼べる『ナミヤ雑貨店の奇蹟』が公開される。ひと足先に試写を見させてもらったんだけど、西田敏行さんが演じる過去のパートと俺が演じる現在のパート、それぞれの色の違いを感じて、楽しんでもらいたい作品になった。試写の打ち上げでは、西田さんとお話しさせていただく機会があったんだ。そこでは、「クライマックスで、物語の点と点がつながった瞬間の山田くんの表情がたまらなかった」っていう最高のほめ言葉をいただいた。さらに、「山田くんは演技が好きでしょ？　見てれば、わかる。だから、もっともっといろんな映画に出てほしい」とも言っていただいて…。日本映画界を代表する方からのありがたすぎる言葉に、思わずその場で泣きそうになったよ。

そして、映画『鋼の錬金術師』のワールドツアーでロサンゼルスとパリへ向かう日が近づいてきた。参加するのは日本のアニメや文化にまつわるイベントだからホームな空気感だとは思うけど、そこで新たにもらえる刺激もあるはず。世界に目を向けた仕事、たとえば海外の映像作品に出演してみたいと思うようになったりするのかな？　ただし、俺は英語がしゃべれないから…そのときは日本語しか話せない日本人役でお願いします（笑）。

Vol.
055
伝える

情報が多すぎる今だから、信じてほしいひとつのこと。

俺は言葉の引き出しが多いほうじゃないから、自分の考えや気持ちを伝えるときはどうしてもストレートな表現を選んでしまいがち。それが物事をハッキリ言える人っていうふうにとらえてもらえることもあるけど、ときにこっちの意図とは裏腹に、相手を傷つけてしまうこともある。もちろんそうならないように、言葉を発する前にはある程度気をつけているつもり。でも、やっぱり言いたいことは言わなきゃ気がすまない性格だから。そんな俺から、今ファンのみんなに伝えたいこと。

この仕事をしていると、間違った情報が流れて、誤解されてしまうことがある。それは、よくも悪くも注目されてる証《あかし》だと思ってるよ。

でも、こういう場を通してちゃんと伝えたいなと思うのは、間違った情報が飛び交ううちに事実だと誤解されてしまう時代だからこそ、信じてほしいものがあるっていうこと。そして、それがHey! Say! JUMPというグループだったら、こんなにうれしいことはない。そう思ってもらうためには、俺たちのこれからの活動で見せていかなきゃね。

7月のあたまに、『鋼の錬金術師』のワールドツアーでロサンゼルスとパリに行ってきた。原作のファンは大勢集まるだろうと思ったけど、その中に俺のことを知ってる人はほとんどいないと予想してたから、変な緊張感はゼロ。でも、実際は会場にJUMPのファンの方もたくさん来てくれて、メンバーのうちわを持ってたり、そこに〝10周年おめでとう〟っていうメッセージを書いてくれたりしてたんだ。スタッフさん経由で現地のファンの方からの手紙も受け取ったんだけど、一生懸命ひらがなで想いをつづってくれた文面から気持ちが伝わってきたよ。

「ワールドツアーに参加したら、海外の映像作品に出演してみたくなるのかな?」。先月の連載ではそんなことを話したけど、答えはYES。二宮(和也)くんが実際にハリウッドデビューをはたしてるだけに、俺やほかのメンバーも、がんばれば夢はかなうんじゃないかって。それこそ、英語が堪能《たんのう》な主人は、そこにいちばん近い位置にいるはず。先輩がせっかく敷いてくれたレールがあるんだから、俺たちもその上を歩いて、後輩につなげていきたいって思ったんだ。

ロサンゼルスでもパリでも、オフはちょっとだけ。パリで『王様のブランチ』の収録があったから、そのときに着る用の服を買って、あとはメンバーのおみやげを探してたら、あっという間《ま》に時間が過ぎちゃった。最近JUMP内でハンドスピナーっていうおもちゃが流行《はや》ってるんだけど、日本だと手に入りにくいのに、アメリカでは普通に露店で売ってたんだよね。だから、それを「まとめて買うから安くして!」って値切ったりして(笑)。ちなみに、俺は海外だといっさい人見知りしないからね。知ってる英単語を並べて、自分からガンガン話しかけるよ。ほかにも、キャンドルとかコップ、ワーナー・ブラザースの本社におじゃましてスタジオツアーに参加させてもらったときに見つけた『ハリー・ポッター』の杖《つえ》と『バットマン』のキーホルダー…15種類くらいの小物を買って、ジャンケンで好きなものを選んでもらうパターンにしたの。帰国してさっそくメンバーに渡したら、喜んでくれたよ。メンバーの誰かが「みんなで〝ありがとう〟を言うよ」って言い出して、8人で「せーの! ありがとう!!」って声をそろえてお礼を言ってくれた姿が、なんか子どもみたいでかわいかったな(笑)。

9人で過ごした夜。10年間をともに闘ってきた証。

Hey! Say! JUMPというグループが結成されて、もうすぐ丸10年。その期間を言葉に表すなら、成長したい一心で、前だけを見て進んできた時間だった。でも、8月から10周年を記念した全国ツアーをまわらせてもらう中で、必然的にこれまでを振り返る機会が増えて…。ステージからの景色を見ると、本当にたくさんのファンの人に支えられてここまで来られたんだなって、改めて感じてる。本番中、無数のペンライトに照明が当たって、キラキラ輝く瞬間があるんだ。その景色を目《ま》の当たりにすると、冗談抜きで〝ダイヤモンドよりずっとキレイだな〟って思う。大阪公演で『Star Time』を歌ってたときには、そんなことを考えてたら泣きそうになっちゃって、〝ヤベっ！〟って、あわてて涙を引っ込めたことも…。今、JUMPのライブって、日本でも5本の指に入るんじゃないかって思うくらい歓声が大きいんだよね。ファンのみんなが、いっしょにライブを作り上げようとしてくれてるのをすごく感じる。もちろんそれはあくまでも俺の感覚だし、自分たちのファンはかわいく見えるから、多少のひいきはあるかもしれない。でも、俺はそんなJUMPのファンを誇りに思う。メンバー同士でも、よく「俺たちはファンの人に恵まれてるよね」っていう話をしてるんだ。

大阪公演の1日目が終わったあと、いつも通りメンバーとごはんを食べに行ったときのこと。いいライブができた充実感で、俺はひとりひとりにJUMPへの愛を語り始めちゃったんだよね（笑）。次の日、裕翔には「やま、かわいいな」って言われて、ちょっと恥ずかしかった…。しかも、その食事が終わったあとも、俺が「ホテルの俺の部屋に集合ー!」って声をかけて、ひと部屋に9人が集まったんだ。大ちゃんと(髙木)雄也がコンビニで飲み物を買ってきてくれて、「今日は俺らのおごりだ!」、「やったー!」って盛り上がりながら(笑)。全員でホテルのひと部屋に集まって語り合ったのは、10年間で初めて。そういうことができるようになったのも、きっと10年という時間をいっしょに過ごしてきたからこそなのかなって。コンサートをよりよくするための意見を出し合ったりもして、すごく有意義な時間だったな。

俺は、仕事に関する時間には、めっちゃ正確。寝坊も遅刻も絶対にしないし、仕事モードがつづいてるときはオフの日でも必ず朝6時か7時には目が覚める。ただし、その反動でプライベートは超ルーズだけどね(笑)。家でゴロゴロして1日が終わっちゃうことはしょっちゅうだし、遊びに行くとしても待ち合わせの相手が主人の場合にかぎっては「やっぱ今日やめない?」ってドタキャンしちゃうことも。あいつは、いつも「そう言うと思ったよ」って受け入れてくれるから、そのやさしさについ甘えちゃうんだよね。

最近は、全国ツアーと『ナミヤ雑貨店の奇蹟』のキャンペーンで1カ月の半分以上は地方にいる状態。そのせいか、よく「休みがあったら何したい?」って聞かれるんだ。でも、俺は基本的に仕事人間だから、今は海外旅行願望とかもないんだよね。あ、でも移住できるなら話は別! この間テレビを見てたら、マレーシアの物価の安さにビックリしてさ。家賃3万8千円でプールつきの豪邸に住めて、水は1本45円…倹約家の俺にとって魅力的すぎる国! ドラマ『金田一少年の事件簿』の撮影でも訪れたことがあって、いいところなのはよく知ってるし、そんな場所にしばらく住んでみるのは楽しそうな気がする♪

Vol. 057

ルーツ

感じるままに動く。どんな自分にも責任を持ちたいから。

グループの10周年を記念した全国ツアー『Hey! Say! JUMP I／Oth Anniversary Tour 2017』では、初めて1曲振付をまかせてもらった。振付に挑戦してみたいと思い始めたのは、大ちゃんに打ち明けた3年くらい前だったかな。やるからには何か意味を持たせたくて、今回のタイミングがベストなんじゃないかと思ったときに、ほかのメンバーにも話をして快諾《かいだく》してもらえたんだ。ただ、振付といっても経験値がゼロだから、何から始めたらいいかわからなくて…。手探りのまま、立ち位置と振りを同時進行で考えていった。その中で大事にしたのは、なるべく9人のダンスのシンクロを見せること。実際、練習ではみんなの息がピッタリ合ってたんだ。ただ、残念だったのが、衣装を着た状態を計算に入れてなかったこと。曲に合う衣装を優先した結果、足元がブーツだったり、メンバーによってはジャケットにチェーンがついていたりして、実際に着て踊るとかなりの体力を奪われちゃったんだよね。練習でのキレのあるダンスを本番でも披露できなかったのは、本当に心残り。ダンスブロックで着る衣装は、踊りやすさも重視すること。それは、今後のコンサート作りにいかしていきたい課題かな。

俳優・山田涼介のルーツを語る上で欠かせないのは、ドラマ『先生はエライっ！』のときからお世話になってるプロデューサーさん。俺の演技は、その人の言葉でできてるといっても過言じゃない。俺は、もともといろんなことを考えすぎるくらい考えて演技するタイプだったんだ。でも、2年前に出演させてもらったドラマ『母さん、俺は大丈夫』では、頭の中を完全に空っぽにして役を演じることができた。物語の中で描かれる家族と自分の家族に重なる部分が多かったし、役作りであまり食事をとってなかったこともあって五感が研《と》ぎ澄《す》まされてたことも関係してたかもしれない。俺の演じる主人公が泣きながら壁を殴るシーンを見たそのプロデューサーさんからは、「あの演技があったから作品を完成させることができた」っていう最高のほめ言葉をもらった。ふだんなかなかほめることがない人だから、すごくうれしかったのを覚えてるよ。『母さん、俺は大丈夫』は、俺の中でも今までいちばん納得のいく演技ができたと思える作品。原作の小説やマンガを実写化する場合はまた少し違うけど、それ以来、感じたままに表現することは、演技をする上で大切にしてることのひとつなんだ。

俺自身の性格は、昔から何も変わってない。感覚が普通だからか、「芸能人っぽくない」って言われることもしょっちゅうだしね。でも、ちょっと生意気にはなったかな。Jr.時代やデビュー当時は〝いいコでいなきゃ！〟っていう意識が強かったけど、雑誌やテレビのバラエティー番組に映る自分に責任を持ちたいからこそ、言いたいことを我慢しなくなった。よく言えば、スタッフさんと考えを共有できるようになったかな。それに、今は自分が1列でも前で踊ることばかりを考えてたJr.のころとは違う。頭の中にあるのは、どうすればグループとしてもっと上をめざせるか。ＪＵＭＰのメンバーはひとりひとりの意識が高くて自己プロデュース能力に長《た》けてるから、それを俺や薮(宏太)ちゃんが客観的に見ることができれば、より大きくなれると信じてる。俺がそういうプロデューサー的な立場にいられるのは、メンバーやスタッフさん、ファンの方が認めてくれてるおかげ。そこに対する感謝を、ＪＵＭＰの成長という形で返していきたいって思ってるよ。

表舞台に立つのは自分。だから、いつも正直でいたい。

仕事をする上で大事にしているのは、素直でいること。そう言うと、すごくいいコみたいに聞こえるかもしれないけど、俺にとっての〝素直でいる〟は、相手よりも、自分の気持ちに対して。だから、仕事の現場で違うなと思ったことは率先して言うし、逆にいいなと思うことはさらにアイデアを出してとことん追求する。そういう姿勢がときに誤解を招くこともあるけど、本当の意図をわかってくれる人がひとりでもいるかぎり、俺は自分のやり方を貫く価値が十分あると思ってるんだ。

映画『鋼の錬金術師』の現場では、曽利文彦監督が演技に関してはほぼ全編、俺にまかせてくれた。だから、冒頭で俺の演じるエドがコーネロを追いかけていって闘うシーンは、スタントマンを使わず、すべて自分でやらせてもらった。あのシーンの裏側を話すとおもしろくて、最初にエドが屋根から飛び降りるところはクランクアップの日に千葉の山奥で撮ったんだ。でも、そのあとコーネロとぶつかって転がってから闘う一連の流れは、クランクインの日にイタリアで撮影。途中で石の柱にぶつかるところはまた日本で撮ってたりして、ロケをした時期も場所もバラバラなの。そういう現場を目《ま》の当たりにしていたからこそ、編集された映像にさらにCGが加わった完成作品を見たときは〝すごいものができあがった！〟っていう衝撃があった。エドが人体錬成に失敗して真理の扉の前に連れて行かれるシーンなんか、現場では青い布をかけた跳び箱の上に寝転がってもがいていただけだからね(笑)。フルCGで描かれた弟・アルとの兄弟ゲンカのシーンも、感情移入して見てもらえるはず。実際は何もないところでひとりわめいたり暴れたり、感情を保つのが難しいこともあったけど、それができたのは原作が持つ力のおかげ。人を惹《ひ》きつける作品の主人公を演じさせてもらったからこそ、撮影中に自分でも想像してなかったものが生まれることは少なくなかったんだ。

そんな特別な想いの詰まった映画がこれから世界190カ国以上で上映されるのは、本当に楽しみ。10月に開催された東京国際映画祭で『鋼の錬金術師』がオープニング作品に選ばれて、レッドカーペットを歩かせてもらったことも、きっとこの先、一生できない経験。同じ待機場所にトミー・リー・ジョーンズがいて、かたや阿部寛《ひろし》さんがいて…〝なんだ、この豪華な空間は!?〟って思ったもん(笑)。そういう初めての世界を見たことで、自分のちっぽけさも感じたし、同時にまだまだ成長していかなきゃいけない、成長していけるんだっていう可能性を感じることができたよ。

仕事でゆずれない部分が多いぶん、プライベートでのこだわりはゼロ(笑)。省エネモードに切り替えて部屋で過ごすことが多いから、しいていえばその空間をキレイにしておくことかな。最近は家のリノベーションに興味があって、いつか実現できるように、かなりの量の本を読んでるんだ。もうね、フローリングの木の素材ひとつからこだわりたい! 今気になってるのは、ツヤがなくて、グレーにちょっと茶色をのせたような絶妙な色。さらに、フローリングのつなぎ目がないように見せる技術を使って1枚の板みたいにしたくて。リビングは、テレビも棚もすべて壁に埋め込んで、部屋にはソファとテーブルとダイニングテーブルしかない状態に。キッチンは対面式で、友だちが遊びに来たとき、俺が料理をしながらでもみんなの様子が見えるようにするんだ。そんな理想の部屋を思い描きながら寝るのが日課であり、幸せなひとときだよ。

Vol.
059
冬

この冬は、絶対もみ消したくない時間になる予感。

「1年でいちばん好きな季節は？」。そう聞かれると、今までは「春と秋」って答えてきた。でも、最近クリスマスムード満点の街を見ていて気づいたのは、じつは冬がいちばん好きだっていうこと。光り輝くロマンチックなイルミネーションやテレビから流れるクリスマスソングにワクワクしてきて、その結果、11月のあたまには家のリビングにクリスマスツリーを出しちゃった(笑)。わが家のツリーは、高さが50㎝くらいで真っ白。ずっとそこに付属品のオーナメントをつけてたんだけど、そろそろそれをシルバーで統一したくて、この間、新しいものをネットで注文したんだ。ちょうど今朝、届いたところだから、これから飾りつけするのが楽しみ♪

朝、ベランダに出て観葉植物に水をあげるときに〝寒っ！〟って思ったら、俺にとっての冬が来たサイン。大好きな季節ではあるんだけど、同時にどこかせつない気持ちになったりもする。毎年、クリスマスは男ばっかりで集まって、クリス・ハートの曲を聞きながら「今年も、この曲が似合う季節がやってきたな～」ってしみじみするのが恒例になってるくらいだからね(笑)。ほかにも、いろんなアーティストが歌うクリスマスソングのミュージックビデオを見て、「結局マライア・キャリーの『恋人たちのクリスマス』が最強だ」っていう話に落ち着くの。だって、あの曲、歌詞の中に〝クリスマス〟っていう単語が何回も出てくるんだよ⁉ まぁ、そんなふうに、同じメンバーで同じような話をしてる時間が楽しかったりするんだけどね。

仕事の面でいうと、冬はドラマの撮影をしてたり、コンサートがあったり、忙しくさせてもらってるイメージがある。例年、夏ごろから全国ツアーが始まって、ドラマの撮影や映画の公開、音楽特番、カウントダウンコンサート…〝年末キター！〟みたいな（笑）。この冬も、1月からはドラマ『もみ消して冬〜わが家の問題なかったことに〜』が始まるし、今まで以上に充実した時間を過ごせそう。忙しすぎて、思わず記憶をもみ消したくならないといいけど（笑）。じつは、このドラマの演出をつとめるのは、俺が初めて出演させてもらったドラマ『探偵学園Q』のスペシャルと同じ監督さんなんだ。しゃべり方がわりとぶっきらぼうで、でもそれが愛情の裏返し…っていう熱い方なんだけど、当時11才だった俺にはただ怖い人としか思えなくて（笑）。だから、今回の現場でひさしぶりに再会して、昔の俺がいかにビビってたかっていう思い出話で盛り上がったりもしてる。もうひとりの監督さんは、ドラマ『スクラップ・ティーチャー〜教師再生〜』のころからお世話になってる方。とにかく顔なじみのチームだから、クランクイン前の衣装合わせに行った瞬間からホーム感がすごくて、楽しい3カ月になりそうな予感がしてるよ。

俺が演じる北沢秀作《しゅうさく》は、3人きょうだいの次男で、どこにでもいるような、ごく普通のキャラクター。ひとりだけ親から愛されてないっていう意味では初期設定がドラマ『カインとアベル』に似てるんだけど、シリアス度が全然違う（笑）。今回のドラマの場合、劇中で毎回しょうもない事件が起きて、登場人物たちはいたってマジメにそれをもみ消そうと奔《ほん》走《そう》するんだけど、その姿が見る人たちにとってはバカバカしくておもしろいはず。〝よっしゃ見るぞ！〟って構えるんじゃなくて、たまたまテレビをつけたら始まったくらいの軽い気持ちで見て、土曜の夜にクスッと笑ってもらえたらうれしいな。

Vol. 060

HAPPY

自信を持って言える。仕事が本当に楽しいってこと。

今月で、この連載が始まってちょうど丸5年。Hey! Say! JUMPのデビューから10年が経って、その半分の時間をいっしょに過ごしてきたんだと思うと、感慨《かんがい》深いものがある。連載の1回目に「アイドルとしての自分じゃない部分も話していきたい」って言ったんだけど、そのスタンスは今も変わらない。あまり言葉を選ぶことなく、山田涼介というひとりの人間として、そのとき思ったことを発信してるし、これからもそうありたいと思ってるよ。

MYOJOのいちばん最後のページは、過去に木村拓哉さんが17年間連載をされていた場所。そう聞くだけですごく重みを感じるし、そのあとを引き継がせてもらえてるのは本当に光栄なことだと思ってる。正直、〝ほかにもっと適任者がいるんじゃないかな?〟って感じたこともあった。MYOJOの編集長を通して、亀梨(和也)くんがこのページで連載をしたかったけど、山田だったら認めざるをえないって言ってくれてたことも聞いた。亀梨くんとは、たまにごはんに連れて行ってもらうくらいで、頻繁《ひんぱん》に話をするわけじゃないんだ。でも、たまに食事をすると、「次代を担《にな》うのはお前だ」っていう熱い話をしてくれる。俺なんかにはありがたすぎる言葉だし、後輩にそういうことをさりげなく言える先輩は心からカッコいいなと思う。木村さんには一度あいさつをさせてもらったくらいで、ちゃんとお話をしたことがないんだ。木村さんのページを引き継がせてもらっておきながら、5年たった今もまだ筋《すじ》を通せてないっていうのは心のどこかでずっと引っかかっていて…。お会いする機会があれば、ぜひいろんな話を聞かせてもらいたい。そうだな、「どうやったら、この連載で海外に行って撮影できますかね？」とかね(笑)。

今は、3大ドームツアーの真っ最中。どの会場に行っても感じるのは、ドームでライブができることに対する幸せ。もちろん会場が大きければいいっていうものじゃないし、アリーナにはアリーナにしかないよさがあることもわかってる。でも、ドームのステージに立つと、目に映るお客さんの数が違うのはたしか。これだけたくさんの人にライブに来てもらえるようになったんだって考えると、今まで歩いてきた道のりを思い出して、自然と感謝の気持ちが込み上げてくるんだ。

ほかにもドラマやレギュラー番組の収録に音楽番組への出演…ありがたいことに忙しい毎日を過ごさせてもらってる今は、ドームツアーで地方に行った日の公演後が貴重なオフの時間。ステージに立って3時間全力で歌って踊ったあとは、ホテルに帰って体を休めることに集中…というか、気がついたら寝ちゃってるというほうが正確かな(笑)。名古屋公演のあとなんて、夜11時にはベッドに入って、次の日の昼11時まで寝たからね。おかげで、万全の状態で2日目を迎えられたよ。

今日はドラマの撮影が予定より早く終わって時間ができたから、予約してたニットを受け取るために洋服屋さんまで行ってきた。そのあと、お店でフレッシュジュースを飲みながら5分くらいボーッとしてたんだ。何も考えずに過ごすのはひさしぶりで、こういう時間もいいもんだなって思っちゃった。でも、俺は仕事をしてるときがいちばん幸せ。それは、間違いなく言えること。仕事がないと、本当にダメ人間になっちゃうからね。理想をいえば、週休1日！　6日間働いて、1日思いっきり寝られたら…それが最高に幸せなペースかな。

Vol.
061
チームワーク

同じ目的地をめざす仲間は、俺にとって〝ひとつ〟。

『もみ消して冬~わが家の問題なかったことに~』の現場は、すごくいいチームワークで撮影が進んでる。1話のオンエアが終わってたくさんの人に見てもらえたことがわかったときは共演者やスタッフのみんなと素直に喜んだし、現場の士気もよりいっそう上がった。個人的にも、数字は気にならないといったら嘘《うそ》になる。だから、がんばったかいがあったし、かといって気を抜かないように最後まで走り抜けたいと思ってるよ。

そんな現場のムードメーカーを担《にな》ってくれてるのは、間違いなく小澤征悦《ゆきよし》さん。俺が秀作の芝居で迷ったときにアドバイスをくれる姿は本当のお兄ちゃんみたいだし、かと思えば波瑠《はる》ちゃんにジュースをおごって俺のことはわざと無視…っていうイジりをしてくれることも(笑)。執事見習い役の千葉(雄大《ゆうだい》)くんともよくしゃべるけど、彼はひと言でいうと、〝かわいい大人〟！　もうすぐ29才になるって聞いたときは、ビックリしたもん。だけど、年下の俺にも敬語で接する礼儀正しい一面があったり、恋愛観が意外と男っぽかったりもして、そのギャップが魅力。お父さんの泰蔵《たいぞう》役の中村梅雀《ばいじゃく》さんは、俳優であり、ベーシストでもあるから、よくオススメのジャズアーティストを紹介してもらってるんだ。ただ、海外のアーティストが多くて、横文字がなかなか覚えられない…(笑)。一見《いちげん》さんお断りのごはん屋さんも教えてくれて、「もし行くことがあれば僕の名前を出してくれていいからね」って。ただ、俺には敷居が高すぎる！　クランクアップしたら、泰蔵パパにお願いしてごほうびに連れて行ってもらおうかな♪

Hey！Say！JUMPは、俺が所属するチーム。ほかのグループに比べてチームワークがいいかどうかは正直わからないけど、仲がいいのは間違いない（笑）。だって、メンバーが出演する映画の試写が始まったら、みんなでそれを見に行くなんて、なかなか珍しいと思うから。JUMPが「いや〜、おもしろかったね〜」って言いながら試写室からゾロゾロ出てくる光景を想像すると、なんかすごいなって（笑）。映画『鋼の錬金術師』のときも試写を見たメンバーからうれしい感想メールをもらって、愛を感じたな。JUMPでよかったと思う瞬間は…みんなといることが当たり前すぎて、よくわからない。でも、たとえばライブをやってるとき、MCで一生懸命グダグダなトークを繰り広げてるメンバーを見て、〝こいつら、バカだなぁ。でも、めっちゃいいな〟って思う瞬間は大好き（笑）。

子どものころからずっと、集団行動は苦手だった。学生時代を振り返っても基本的には少人数でいることが多かったし、今もひとりで過ごす時間は必要不可欠。だから、そんな自分がドラマの現場で大勢の人に囲まれて仕事をしたり、Hey！Say！JUMPというグループに所属してるのは、ちょっと不思議なことなのかもしれない。しかも、そういう場にいる時間を心から楽しいって思ってるからね。ちょうど最近、〝どうしてそんなふうに感じるんだろう？〟って考えてみたことがあったんだ。そこで見つけた答えは、チームが一丸となってがんばってるから。意思の統率がとれていて、みんなで同じ目標に向かって進んでるから。それって、たとえ集団の人数がめちゃくちゃ多かったとしても、俺にとっては〝ひとつ〟っていうことなんだよね。いい作品を生み出したい、もっと高みをめざしたい。これからも、そんな目標を達成するために走りつづけられる、ひとつの中のひとりでいたいんだ。

Vol.
062
音楽

今なら胸を張って言える。歌うことが好きだ、と。

ふだん、よく音楽を聞くのは、移動中の車内。時間に余裕があるときは家でも流してるけど、JUMPの中でいったら、俺はあまり聞かないほうじゃないかな。メンバーには音楽好きが多いし、それぞれにくわしいジャンルがあるくらいだからね。『もみ消して冬〜わが家の問題なかったことに〜』を撮影中の今は、時間があくとまずセリフ覚えが最優先。音楽を聞くなら、歌声の入っていないジャズのインストゥルメンタルが多い。歌詞のある曲だと、集中できないからね。アルトサックス奏者・纐纈《こうけつ》歩美《あゆみ》さんの曲は、何年も前から好き。たまたまテレビで演奏していたのを見て、いいなって思ったのがきっかけだったんじゃないかな？　アーティストだと、10代のころからずっと変わらず好きなのが清水翔太さん。あの人にしか歌えないメロディーは、本当に魅力的！　じつは、去年、そんな清水翔太さんとお知り合いになる機会があったんだ。サッカーの長友佑都選手と平愛梨さんの結婚式に出席させてもらったときに清水さんもいらしてて、向こうから声をかけてくれてさ。俺がずっと「清水翔太さんが好き」って公言してたのを知ってくれてて、連絡先も交換できた。おたがい忙しくてなかなか会えないけど、一度だけいっしょにカラオケに行かせてもらったことも！　清水さんは、すごく気さくな方で、こっちがリクエストした曲をなんでも歌ってくれるの。目の前で生歌を聞けて、めちゃめちゃぜいたくな時間だったよ。

音楽を聞くことは、もちろん好き。だけど、俺にとっての音楽は、ダンスや芝居と並んで仕事のひとつといった印象のほうが強いかもしれない。ステージに立って歌うことが、音楽を聞くことと同じくらい、いや、それ以上に好きだから。とはいえ、そう断言できるようになったのは、ここ数年かな。この仕事を始めたころは歌が苦手だったし、自分の声も好きじゃなかった。でも、歌うことを好きだと言えるようになったのは、自分なりに勉強して、たくさん練習したから。ひとりで答えを見つけるためには、何度も繰り返し歌ってみるしかなかった。歌は、そうやって努力したぶん、如実《にょじつ》に成果が出るものだと思う。そこは、歌の楽しさのひとつかな。今でも、時間があるときには練習をつづけてるんだ。

JUMPの歌で好きなのは、『桜、咲いたよ』。もともとバラードをよく聞いてるっていうのもあるし、歌ってても気持ちよくなれる曲。そういえば、去年、メンバー9人だけでJUMP10周年の食事会をしたとき、二次会はみんなでカラオケに行ったんだよね。そこで、それぞれが好きなJUMPの曲を歌ったんだけど、ひそかにビックリしたのが、（八乙女）光くんが自分で作詞作曲した『Come Back…？』を選んでたこと(笑)。でも、自分の作品を自信を持ってファンのみんなに届けられてるっていうことだから、すごくステキだなって思いながら聞いてたよ。

リズムやテンポがあるのは、音楽にかぎったことじゃない。演技にも、同じことが言えるんじゃないかな。今、撮影してるドラマではそういったものをすごく大事にしながら演じてるから、余計にそう感じるのかもしれない。セリフの間《ま》がちょっと違うだけで、おもしろくなるはずのところが全然そうならなかったりするからね。特に、家族のシーンをやってると、みなさんすごい方たちだなって思うし、セリフのかけ合いが〝ぴったりハマった！〟っていう瞬間は最高に心地いい。共演者のみなさんと3カ月間奏《かな》でてきたセッション、たくさんの人の心に響いてるといいな。

Vol.
063
GOOD DAY

〝お兄ちゃん〟から、まだ見ぬ君へ。早く会いたいな。

今日はMYOJOの撮影が午後からだったから、午前中に美容院へ行って、髪を染めてきた。そして、今はひさしぶりに茶髪の自分を見て…とまどいをかくせない(笑)。しかも予約した時間が妹とかぶってて、店でバッタリ会うっていう偶然も！　まぁ、俺が行ってる店を妹に紹介したわけだから、そういうこともあるか…なんて、あとから思ったりもして。

『もみ消して冬〜わが家の問題なかったことに〜』が終わって、最近はゆっくりした時間を過ごしてる。クランクアップしたのは最終話が放送される2日前だったんだけど、その日帰宅した俺がまず最初にやったのはゲーム！　撮影期間中に発売されたソフトがあって、でも2カ月くらい開けずに我慢してたんだ。だから、封印してた箱からソフトを取り出したときは、念願のご対面！「会いたかったよ〜!!」ってソフトをホッペにスリスリしたのは、そのときが初めてだったよ(笑)。

メンバーと出かけたり、家族に会ったり。ほかにも、今はドラマ中にできなかったことをひとつずつクリアしている感じで、毎日が楽しい。ねーちゃん夫婦のところにもうすぐ子どもが生まれるから、この間はかーちゃんもいっしょに3人でベビー用品を見に行ってきたよ。初めてそのニュースを聞いたときは、〝自分のきょうだいが親になる日が来るとは！〟って、とにかくビックリ。最初は、ねーちゃんもピンときてなかったみたいでさ。でも、不思議なもので、時間が経つにつれて、だんだんママの顔になっていくんだよね。ちゃんと親になる準備を始めてるんだなってしみじみ感じたし、何より赤ちゃんに会える日が今から本当に楽しみ！　ちなみに、俺のことは「おじさん」とは呼ばせないからね。そうだなー、「涼兄」とか「お兄ちゃん」がいいかな♡　ねーちゃんの子どもとおもちゃ屋さんに行って、カゴがパンパンになるまでなんでも買ってあげて、旦那さんよりも俺になついてもらうことが目標！（笑）

ドラマ最終話のPRで『ズームイン‼サタデー』に出演した日は、その足で知念（侑李）が主演した映画『坂道のアポロン』を見に行った。〝お客さんには知念や（中川）大志のファンがたくさんいるだろうからバレたりするかな？〟って思ってたんだけど、意外とおじさま世代の方が多くて、すごくいいことだなって。見終わった感想は…くやしいくらいクオリティーが高い映画だった！　朝4時半起きだったから正直めっちゃ眠かったのに、始まったら一気に吹き飛んだもん。原作マンガの世界観がしっかり描かれていて、鳥肌が立つシーンもあったし、演奏もすばらしかったよね。〝JUMPバンドでキーボード担当の、いのちゃん（伊野尾慧）、大丈夫か？　知念に追い越されちゃってない⁉〟って思ったり（笑）。まだ見てない人には絶対見てほしいな。

ほっこりした日々は、もうしばらくつづきそうな予感。でも、うれしいことに、ドラマの視聴者の方からは「北沢家のつづきが見たい」っていう声をいただいていて、打ち上げでも小澤（征悦）さんを筆頭に、「もみ消して〝春〟や〝夏〟もやりたいね」なんていう話で盛り上がったんだ。個人的には、春だけは勘弁してほしいけど…。なぜなら、俺が演じた秀作が家族から冷たくあしらわれて、芝生の上でゴロゴロするシーンが何度かあったでしょ？　あの庭には大きな桜の木があって、つまり春になったら毛虫がポトポト落ちてくるはず！　というわけで、いつかの夏か秋か冬に、またあのメンバーで集まれたらいいな。

11
twelve
1
10
2
nine
three
8
4
7
5
six

Vol.
064

好奇心

演じたい役と演じられる役。その葛藤を乗り越えたい。

自分自身の性格を好奇心旺盛か、そうじゃないかで表すなら、間違いなく後者だと思う。でも、それが妖怪に関してとなると、話は別！　さすがに子どものころほどの熱量はないけど、今でもだいたいの妖怪についてなら特徴を説明できるからね。以前、『リトルトーキョーライフ』で妖怪について学ぶ機会があったときは、本当に楽しかったな。師範としてスタジオに来てくれた先生が俺の発言から本物の妖怪好きだと感じたらしくて、後日、著書の妖怪図鑑を送ってくれたくらい（笑）。妖怪の魅力は…ひと言で説明するのは難しいけど、たとえば山田涼介のことをいいなって思ってくれた人は、きっと多少なりとも俺のプロフィールや経歴を調べるでしょ？　それと同じように、妖怪を見ると〝こいつは過去にどんなことがあってこんなビジュアルになったんだろう？〟って好奇心をくすぐられるんだよね。中でも俺がいちばん好きなのが、件《くだん》っていう妖怪。顔は人間、体は牛の姿をしていて、100％当たる悪い予言をすると言われてるんだ。なんとなくだけど、出会える確率がいちばん高い妖怪なんじゃないかなって思ってる。でも、もし遭遇したら…予言される前にすぐ逃げるけどね（笑）。

手軽に豆知識を得ることができるテレビ番組は、わりとよく見るほうかも。自分がドラマ『もみ消して冬～わが家の問題なかったことに～』の宣伝で出させてもらったクイズ番組も、知らないことだらけでおもしろかった！　早押しで日本に実在するバス停の名前を当てなきゃいけなかったんだけど、答えが意外で、思わずとなりにいた山崎賢人くんと「へぇ～、おもしろいですね～」って顔を見合わせたもん。それまで共演したことがなかったから、完全に初めましてだったのに(笑)。ほかにも、『世界の果てまでイッテQ！』は好きで、毎週チェックしてる番組。いつか出演できるとしたら、ホバーボードをやりたい！　手越(祐也)くんが挑戦してて楽しそうだったから、ふたりで対決してみたいな。

〝この人のことをもっと知りたい〟。俺がそう思うのは、話をしていて学ぶことが多い人。自分自身の頭がよくないから、知識が豊富な人に惹《ひ》かれるんだろうね。そんな俺が死ぬまでに一度会ってみたいのは、レオナルド・ディカプリオ！　4年くらい前に映画『ギルバート・グレイプ』を見てトリコになって以来、ディカプリオ熱は高まるばかり。若いころに周囲からあれだけ美男子だってもてはやされて、でも本人はイケメン俳優みたいな扱いをされることに葛藤があったんじゃないかと思うんだよね。その葛藤を乗り越えたのはいつなのか、やっぱり初めてアカデミー主演男優賞を受賞した映画『レヴェナント：蘇えりし者』なのか…。もし会う機会があったら、聞いてみたいことだらけなんだ。

レオナルド・ディカプリオを見ていてそんなふうに感じるのは、少なからず俺にも同じような葛藤があるから。一応アイドルをやってるっていうことでね(笑)。でも、今はオファーをいただく機会はなかなかないけど、日常生活に溶け込む役もどんどんやってみたい。そのためには自分から発信していくことが大事だと思うから、バラエティー番組ではなるべく素《す》の普通な姿をアピールしてるつもり。俺も、もう25才。四捨五入したら30才っていう未知の領域に突入するわけだし、武器は多いに越したことないからね。27才の誕生日を迎えるころには、「えっ、こんな役を山田が!?」って世間にいい意味で驚かれる自分になれてたらいいな。

Vol.
065
数字

〝9〟は、自分そのものを表す数字かもしれない。

俺のラッキーナンバーは、4。Jr.のオーディションを受けたときも、湘南ベルマーレのジュニアユースセレクションに合格したときも、受験番号は4番だった。ちなみに、サッカーをやってたときの背番号は23。ジュビロ磐田《いわた》に所属していた福西崇史《ふくにしたかし》選手が好きで、同じ背番号をつけさせてもらってたんだ。でも、個人的になじみがある数字となると、やっぱり9かな。9日生まれだし、1日の中で好きな時間は夜の9時。その時間に夕食もシャワーもすませて、ベッドでゴロゴロしながら海外ドラマを見る時間が至福のひとときなんだよね。最近は『ハンドレッド』っていう作品がめちゃめちゃおもしろくて、止まらなくなってるところ。それに、なんといってもHey! Say! JUMPのメンバーは9人。なじみがあるというより、自分そのものを表す数字なのかもしれないね。

1年でいちばん好きな日は、12月25日。クリスマスは毎年仕事だし、これといった特別な思い出があるわけじゃないんだけど、それでもなぜか惹《ひ》かれるんだよね。だって、〝聖なる夜〟なんて、響きからしてめっちゃよくない？　街のキラキラした雰囲気も好きだから、時間があるとイルミネーション見たさに外を歩いたりもするんだ。

5月9日。自分の誕生日も、もちろん好きな日のひとつ。今年は、前日の夜9時ごろ、家にいたらインターフォンが鳴って、毎年恒例となりつつある知念(侑李)の突撃訪問が(笑)。しかも、俺がずっと欲しかったスニーカーをプレゼントしてくれて、めっちゃうれしかった！　入手するのが難しい品薄なアイテムだったのに、スタイリストさんといっしょに店をまわって探してくれたんだって。かなり貴重な靴だから、どこに履《は》いて行こうか迷ってるところ。その後、2時間くらいたって知念は帰ろうとしたんだけど、ちょうど入れ替わりで親友が来て、結局3人で過ごしたよ。誕生日の2日後には、家族全員で集まって焼き肉を食べに行った。お店の方が気をつかってケーキを出してくれて、その場がなんとなく俺の誕生日を祝う空気になったのに、お会計は俺…。「結局、俺が払うんかいっ!」ってツッコんで、みんなで爆笑。今年もいろんなところでたくさんの人にお祝いしてもらって、思い出深い誕生日になったよ。

自分自身の金銭感覚は、ごく普通。…と言いたいところなんだけど、最近はたまたまお金を使う機会が多くて、例外な時期に突入してるかも(笑)。じつは今、リビングを模様替え中で、家具を少しずつ買い替えてるところなんだ。中でも特に気に入ったものに出会えたって言えるのが、テレビボード。それまでは、20才でひとり暮らしを始めて以来ずっと同じものを使ってきたから、ところどころ塗装が剥《は》げてるくらい年季が入っててさ。だから、思いきって新しいものを購入! テレビボードのテイストに合わせて、ソファやテーブルも選んだよ。ここまで家具にこだわったのは、人生で初めて。でも、家は俺がいちばんリラックスできる場所だから、より快適に過ごせる空間にしたかったんだよね。

俺は負けず嫌いな性格だから、基本的には何事もいちばんでいたい。とはいえ、何かとランクづけされることが多いこの世界で、もちろんそううまくいくことばかりじゃない。でも、だからこそおもしろいのかなとも思う。1位をめざして、上がっていく楽しみもあるからね。まぁ、最近の俺の食欲に関してなら、誰にも負けない自信があるんだけど(笑)。

Vol. 066

ファン

みんなのメッセージ、ステージ上からいつも見てるよ。

俺が最初にファンになったのは、Jリーグチームの湘南ベルマーレ。小学生時代は住んでた場所が本拠地の平塚市に近かったから、よくスタジアムに応援しに行ってたよ。パラシオスっていう選手が好きだったなぁ。当時の俺にとって公式の応援グッズは高くて手が出ず、100円ショップで買ったでっかいメガホンを両手で抱えてたら、サポーターに「このコ、気合入ってるな」っていう目で見られた記憶がある(笑)。湘南ベルマーレのジュニアユースチームに入ってからは、俺たちのすぐとなりのコートでプロの選手たちが練習してたから、ボールにたくさんのサインをもらったんだ。ただ、ボールを1コしか持ってなくて、仕方なくそれを使って練習してたら、どんどんサインが落ちてきちゃって…自分で上から書き足してた(笑)。今思えば、〝なんてもったいないことを!〟っていう感じだけどね。

ワールドカップの開催中は、サッカー日本代表の大ファン! セネガル戦では、友だちと飲食店に行って、日本代表のユニフォームを着て、人生初のパブリックビューイングを経験したよ。俺は選手全員を応援してるからユニフォームは誰のPでもよかったんだけど、体はひとつしかないっていうことで、何度かお会いしたことのある香川(真司)選手に。これまで家でひとりで試合を観戦してたときも「あー、惜《お》しい!」とか声に出しながら応援してたけど、あんなにハシャいだのは初めて。乾《いぬい》(貴士)選手が1点目を決めた瞬間なんて、興奮のあまり持ってたコーラをこぼしたからね(笑)。誰かとリアルタイムで喜びを共有できるのは、最高に楽しかった!

自分にもファンの人がいるんだって初めて認識した日のことは、よく覚えてるよ。事務所に入って半年くらいが経ったころ、音楽番組のリハーサルを終えて建物を出たら、そこに女のコたちが並んでたんだよね。その中のひとりが近づいてきたんだけど、恐怖を感じた俺は走って逃げちゃって。そこへ、うしろから女のコの「ちょっと待って！　ファンだから‼」っていう声が。〝ん？　ファン？〟って頭の中が〝？〟マークだらけになって足を止めたところで、生まれて初めてファンレターをもらったんだ。そのころ出会った方たちの中には、今でもライブに足を運んでくれる人もいる。かといって、俺は昔から応援してくれてる人だけにファンサービスをするわけじゃない。長く好きでいてもらえてることはもちろんうれしいけど、ファン歴が長い人も浅い人も、みんな同じかけがえのない存在。それに、そもそも俺は基本的にあんまりファンサービスをしないほうなんじゃないかな。ひとりのうちわのリクエストに応えてそのコがいい思いをしたぶん、ほかの誰かが悲しい思いをするのは違うと思うから。ただ、リアクションはできなくても、みんなのうちわはしっかり見えてるし、いろんなメッセージを送ってくれるのがすごくうれしいっていうことはわかってもらえるといいな。

この世界に入ってからは、ありがたいことに、俺もたくさんの人に応援してもらえる存在になった。ファンの人がいなかったら、俺たちの仕事は成り立たない。そんな大切なみんなと直接会って、同じ時間を共有できるライブは、俺にとってやっぱり特別。今年のツアーは、デビュー11年目っていうことを軸に考えてるところなんだ。だから、今までのライブとは、ちょっと違う角度の見せ方になるかもしれない。ほかのアーティストのライブでは普通のことだけど、ＪＵＭＰでは初めての試みもあったりして…楽しみにしていてね！

Vol.
067

夏休み

今年は、人生で最高にアクティブな夏になる予感。

この仕事を始めるまでの夏は、毎年サッカーの練習一色だった。土日はもちろん、平日の放課後も週2が地元のクラブ、週3がジュニアユースの練習で埋まってたからね。夏休みには長野の菅平《すがだいら》高原で1週間くらいのジュニアユースの強化合宿があって、朝から夜までずーっとサッカー！　途中で体におもりをつけてプールでトレーニングするメニューもあったりして、小学生ながらに〝ここは『少林サッカー』の世界かよ！〟ってツッコんだくらい(笑)。そんな練習のハードさに加えて、かーちゃんっコだった俺は、家に帰りたくて仕方なかったんだよね。それで、頭が痛い演技をして、3日目くらいで途中離脱…。今だから言える、ごめんなさいです。

小5でこの世界に入って、夏休みの予定はサッカーの練習から仕事に変わった。Jr.のコンサートや先輩のツアーのバック、そしてなんといってもドラマ『探偵学園Q』の撮影。毎日のように始発電車で1時間半かけて都内のスタジオまで通って、寝る間《ま》を惜しんでセリフを覚えて…。当時のスケジュールは過去最高の大変さだったけど、俺が今でも芝居を好きでいられるのは初めてのドラマが『探偵学園Q』だったおかげ。夏休みに家族で旅行したり、友だちと遠出するような思い出はできなかったけど、代わりに神木(隆之介)っていう心から信頼できる友だちもできた。振り返ってみると、ある意味、誰よりも濃厚な夏休みを過ごせたんじゃないかと思うんだ。

今年の6月と7月は海外に行く機会が多くて、例年以上にアクティブな夏を満喫できた。プライベートでは、男6人でタイに行ってきたよ。パタヤでは目の前が海のホテルに泊まったから、1日目はホテルのプールと海を行ったりきたりして、2日目は朝からテニスとビーチサッカー。後半の2日間は、バンコクに滞在。買い物したり、人生初の足つぼマッサージも体験したんだ。最初は帽子をかぶってサングラスをかけたままマッサージを受けてたんだけど、店内が暑かったから途中でどっちもとったの。そしたら、マッサージしてくれてた方が俺の顔を見て突然「うわぁ！ スーパースター!!」って腰を抜かして、そのリアクションに、俺のほうが驚いたけど(笑)、うれしかったのも事実。改めて海外にも俺のことを知ってくれてる人がいるんだなって感じたし、いつかはそういう国にも足を運んでライブをしたい。そのためには、まず日本の47都道府県を制覇しないとね！

仕事でも、勉強と、アルバム『SENSE or LOVE』に収録されるHey! Say! 7の曲の振付をかねて、(中島)裕翔と知念とニューヨークに行ってきたばかり。向こうでは『ハミルトン』、『ディア・エヴァン・ハンセン』、『スポンジ・ボブ』っていう3つのミュージカルを鑑賞したんだけど、どの舞台を見ても圧倒されたのがパフォーマンスの精度の高さ。しかも、初日の幕が開いた瞬間から千秋楽まで、そのレベルをキープしつづけてることが容易に想像できるくらい安定していて、同じステージに立つ人間として勉強になることだらけだった。俺の場合、たとえばライブを例に出すと、ステージを重ねるにつれて〝もっとよくしたい〟っていう欲が出てくるし、実際に完成度も上がっていく。JUMPのファンはやさしいから、そういう俺らが成長する過程や初日ならではの緊張感も楽しんでくれるんだよね。でも、せっかくならいちばん最初からベストなパフォーマンスを見せたい！

8月末から始まるツアーでは、それが実現できるように準備するつもりだよ。

年令や経歴よりも大事なのは、愛があるかどうか。

この間、（国分《こくぶん》）太一さん、（小瀧）望と初めてフットサルをしたんだ。太一さんがプライベートでフットサルをされてるのは知ってたから、「機会があったら誘ってください」ってメールしたら、本当に連絡をくれて。当日行ったら望もいて、結果的に先輩&後輩との貴重な時間を過ごせた。俺はそのあとに仕事があったから先に抜けちゃったんだけど、ぜひまたやりたいな。それくらい楽しかった！

今はＪＵＭＰの全国ツアー中っていうこともあって、先輩や後輩と交流する機会はほとんどない。だけど、そんな中でも会う頻度《ひんど》が高いのは、トモ（山下智久）と二宮（和也）くんかな。ふたりとも、俺にとっては本当に偉大な先輩。ふだんは何も考えず気楽にしゃべれるのに、仕事場で会うとなんだか別人に見えて、何を話したらいいかわからなくなるくらいね。ただ、プライベートでいっしょにいるときは、俺も含めてみんな、正直ごく普通の人間（笑）。二宮くんなんて、よく「家ではゲームばっかりしてる」って言ってるけど、本当にゲームしかしてないからね。あれはテレビ用のトークとかじゃないって、俺が保証する（笑）。家におじゃましても、ずーっとそんな感じだから、俺はそれをただひたすら見てるか、たまに参加するか。会話も一応あるけど、「あなた今、何レベ（ル）なの？」みたいな、結局ゲーム関係だし（笑）。…と言いつつも、俺がたとえば「仕事関係のことでちょっと相談にのってほしいことがあるんですけど…」って言うと、テレビを消して、話をしっかり聞いてくれる。そういうところは、やっぱりカッコいいなって思うよ。

この世界に入る前の俺がいたのは、上下関係とは無縁の場所だった。ジュニアユースでのサッカーの練習は、基本的に同級生とやってたしね。だから、俺にとって初めてできた先輩は、薮(宏太)ちゃんと(八乙女)光くん。ふたりは、俺が事務所のオーディションを受けた会場にいたんだよね。といっても、俺は当時ふたりが出てた番組を見たことがなくて。たまたまテレビでオーディションの募集告知を目にした家族に履歴書を送られてそこにいたから、Jr.の第一線で活躍してた薮ちゃんたちのことも知らなかったんだ。だからこそ、そんなに年が離れてないコが輝かしい世界で歌ったり踊ったりしてるって知って、衝撃を受けた。その後、そんな先輩たちと同じグループのメンバーになってデビューしたときは、不思議な感じがしたのを覚えてるよ。ちなみに、そのときいっしょにオーディションを受けた同期が、はっしー(橋本良亮)、ふっか(深澤辰哉)、阿部(亮平)。Jr.時代は、よくふっかの家に遊びに行ったなぁ。家の近所にデパートがあって、その建物の中でかくれんぼしたり(笑)。家のそばにデパートがあるなんて、そのころ田舎に住んでた俺にとっては大都会! いつも〝仕事場まで近くていいなー〟って思ってたよ。今はもうなかなか会う機会がないけど、ひさしぶりにこの4人で集まって同期会を開いたら楽しそう! 昔の思い出話で盛り上がりたいね。

正直に言うと、先輩とか後輩っていう感覚はいまだに自分の中であまりしっくりこない。年下でも尊敬する人はたくさんいるし、俺がよくいっしょに遊ぶ親友は、俺よりひとまわり上の37才だし。目上の人を立てるとか、先輩に対して敬語を使うことはもちろん大事。でも、それ以上に大切なのは、そこに愛があるかどうか。相手を信頼する気持ちがあれば、先輩や後輩を越えた、人と人としてのもっとステキな関係が築けるはずだから。

来年の秋は、どんな楽しいことが待ってるかな。

道端に落ちたイガグリ。子どものころは、毎年それを見つけては、〝今年も秋が来たんだなー〟って思ってた。それを拾って、おばあちゃんに渡すと、栗ごはんを作ってくれたっけ。秋の日にふとよみがえる、なつかしい思い出。大人になってからは、秋の楽しみといえば、ファッション。Tシャツとデニムばっかりだった毎日から、パーカやシャツ…選択肢の幅が広がるよね。さすがにニットはまだ早いかなって思ってたけど、今日の撮影で着てみたら、ちょうどよかった。すっかり秋だね。

気温が下がるにつれて、逆にどんどん増していくのが食欲。ライブで体を動かす時期だから…っていうのを言い訳にして、最近はものすごい量を食べてるよ(笑)。実際、今回のツアーのセットリストは、ちゃんと食べておかないと体力がもたない。かといって食べすぎると『BANGER NIGHT』で横っ腹が痛くなるから、微妙な調整が必要なんだけどね。北海道公演のときは、1公演目と2公演目の合間にスタッフさんを含めた20人でスープカレージャンケンをしたの。勝った人が全員分をおごるっていう〝男気ジャンケン〟ね。それで、俺がみごと勝利! 自分で言うのもなんだけど、勝ち方もカッコよかった。多い勝ちでしぼった10人でいっせいにジャンケンしたら、俺がチョキで、あとは全員パー。その光景を見た(高木)雄也が驚いてたくらいで、俺も出したチョキをそのまま高々と掲《かか》げてから20人分のカレーを注文したよ(笑)。

北海道では、ライブ後にメンバーのみんなと海鮮料理屋さんへ。そのお店は、魚介類はもちろんだけど、野菜へのこだわりもすごくてさ。店員さんに「シイタケはカサを下にして焼いて、しょうゆをかけずに食べてください」って細かく指示されたり、ヤングコーンが普通の大きいトウモロコシみたいに皮つきの状態で出てきたのにもビックリ。何を食べてもおいしくて、さすがは北海道だった！

スポーツの秋だから…っていうわけじゃないけど、フットサルは相変わらず〝やぶっちFC〟でやってるよ。メンバーは、薮ちゃん、知念、裕翔、俺、あとはまだ1回も来てない大《だい》ちゃん（有岡大貴）。今、俺がユニフォームをデザインして作ってるところなんだけど、大ちゃんは幽霊部員のくせに背番号のリクエストだけちゃっかりしてきたから、ちょっと怒ってるところ（笑）。

最近のスケジュールはライブとレギュラーの仕事が中心だから、わりとゆったりした時間を過ごしてる。そんな俺の癒《い》やしは、7月に生まれた姪《めい》っコ♡　きのうもかーちゃんとねーちゃんと姪っコがうちに来てくれたから、「俺の上にのれるのはお前だけだぞ〜♪」って言いながら、姪っコをおなかの上にのせて遊んでたんだ。そのあとは、うつぶせになってる姪っコのとなりで俺もうつぶせになって、「パパだよ〜♡」って話しかけてたんだけど、気づいたらその状態で1時間半経ってた（笑）。もうね、かわいすぎて、ほかのことはどうでもよくなっちゃうんだよね。しかも、俺の顔を見ると、それまでどんなに泣いてても笑うの。かーちゃんは「涼介にこんな才能があるとはね」って驚いてたけど、「だから、俺は子どもと動物には好かれるって言ってんじゃん！」って言い返した！　あ〜、姪っコの話をすると、また会いたくなってきたわ（笑）。1才になったらいっしょにおもちゃ屋さんと遊園地に行く約束をしてるから、来年の秋にはいっぱいデートしてるんだろうな。今は、それがとにかく待ち遠しい！

PRODUCE
紅ほっぺDX
980

Vol. 070

変化

先輩からもらったもの、今度は俺が返していきたい。

今日は、MYOJOの撮影でひさしぶりにカフェへ。ちょっと前までは（岡本）圭人と待ち合わせて行ったり、ひとりでフラッと足を運んだりしてたけど、そういえば最近はあんまり行ってなかったなって、ふと思った。俺にとってのカフェは、何者でもないありのままの自分でいられる場所。よく行くお店では、だいたいマグロとアボカドが入った生春巻きとウーロン茶を頼んで、それだけで5時間くらい滞在する（笑）。店員さんも俺がそういう人だってわかってるから、注文を終えて「たぶん今日5～6時間いるんで」って言うと、「またですか⁉」って爆笑されるんだ（笑）。店内にはマンガが置いてあって、それがもう俺のために用意してくれてるんだろうなっていうラインナップなの。だから、そのマンガを読んだり、ボーッとしたりしながら過ごすのが至福の時間。そうそう、さっき撮影しながらパンケーキを食べていて気づいたことがあって、それは甘いものがあんまり食べられなくなってきてるっていうこと！ そういえば、アイスも一応、家にあるけど、昔ほど食べなくなってきたし…。もしかしたら、味覚がちょっと変わってきたのかもしれない。

味覚だけじゃなくて、最近は食に対する意識にも変化を感じるんだ。以前と比べると、誰と食べるか、どこで食べるか、何を食べるかをより大事にするようになってきたから。メンバーとはもちろん、仕事関係のスタッフさんと食事をする機会も増えた。いろんな人と時間を共有すると、そのぶんいろんな話が聞けるのがおもしろいなって。そういう会話もおいしいというか、食事を五感すべてで楽しんでる感じに近いかな。きのうの夜は、友だちふたりと、前々から気になってたごはん屋さんに行ってきた。そこは、釜飯がおいしいことで有名なお店なの。イクラが入ってるんだけど、それをどうしても食べてみたくてさ。予想通り、おいしくて、楽しい時間を過ごしたよ。

そうやって誰かと食事をしたあとは、ひとりで行きつけのお店に寄って、カウンターに座ってることが多い。顔見知りの店員さんと話したり、ネットサーフィンしたり…最近は豆知識に興味があって、スマホで気になったことや疑問に思ったことを調べてるんだ。たとえば、徳川家康が亡くなったのは73才のときだから当時にしては長生きだったとか、レインボーブリッジが開通したのは1993年で俺と同い年なんだとか。そういうネタを仕入れては、ひとりカウンターで「へぇ～!」とか「マジ?」とか言ってる(笑)。

今後のJr.の動きはすごく気になってるし、スタッフさんたちとの間でJr.が話題にのぼることも多くなってきた。どうすれば、後輩たちをフィーチャーできるか。今までの俺は自分やグループのことでいっぱいいっぱいだったけど、もうそういうことも考えるべき側にまわってきつつあると思うから。事務所の中にいる人間のひとりとして、Jr.にとっての先輩として、何をしてあげられるのかなって。俺は、Jr.のころ滝沢(秀明)くんに見出《みいだ》してもらって、『One!』っていう舞台に呼んでもらったからこそ、今の自分がある。先輩方によくしてもらったこと、今度は後輩たちに返すという形で、感謝の気持ちをつなげていけたらいいな。

Vol.
071
買い物

頭の中を占めるのは、物欲よりも〝やせたい欲〟かな。

いちばん最近買ったのは、洋服。サンプルセールの時期だったから、よく行くお店で冬物のアウターをいくつかGETしたんだ。見に行ったものの何も買わない日もある俺にしてみたら、その日はいい出会いが多かったっていうことなのかも。洋服の買い物は、即決派。かわいいなって思ったら買うし、迷ったらやめておくから、あっという間だよ。早く着たいけど、この冬にかぎってなかなか寒くならなくて、今はまだクローゼットで待機中…。

インターネットのショッピングサイトで買うものは、生活用品とか持ち運ぶのが大変な重いものが中心。水は家にウォーターサーバーがあるから大丈夫なんだけど、お茶はケースで買ってる。でも、たとえばそうやってネットショッピングをしてる最中、つい余計なものまで衝動買いするようなことはない。そう考えると、俺は物欲があんまりないほうなのかな。しいていえば、今買いたいもののリストに入ってるのはティッシュペーパーくらい。俺はけっこう多めにストックしておくタイプだから、5箱入りだったらそれを10パックは置いておきたい。残りが3パックくらいになってくると、ちょっとソワソワしてくる(笑)。ブタクサ花粉の季節だから、消費量も多くなるんだよね。そろそろ、また買い足そうかな。

ふだんの生活の中で、スーパーは定期的に足を運ぶ場所のひとつ。といっても、そんなにしょっちゅう行くわけじゃないから、行ったときはいつもまとめ買い。だいたいどのお店も、入ると野菜コーナーから始まるでしょ。そこでまずカゴに入れるのは、レタス。サラダはもちろん、しゃぶしゃぶにも使えて便利なんだよね。レタスとかキャベツみたいな葉物野菜はひと玉買っても使いきれないってよくいうけど、俺の場合は2回くらいで全部食べきっちゃう。単純に味が好きみたい(笑)。

そのあとに登場するお肉コーナーでは、鶏むね肉と豚ロースがマスト。まとめ買いしたお肉類は、家に帰ったら、1回で使う量に小分けして冷凍保存。鶏肉はオリーブオイルで焼いてから塩をまぶして、豚肉はしゃぶしゃぶ用に使うことが多いよ。

見た目にはわかりにくいかもしれないけど、じつは今、人生でいちばん太ってるんだよね。ここ半年、ドラマや映画の撮影がなくて欲望のおもむくままに好きなものを好きな時間に食べてたら、怠惰《たいだ》な体になってしまった(笑)。体重は57kgと57・5kgの間を行ったり来たりで、コンサートをやっても全然落ちない！　本番ではかなりハードに動いてるはずなのに、そのあとどれだけ食べてるかっていうことがわかるよね。体重管理に気を配ってた時期は遅くても19時には食事をとるようにしてたけど、気にしなくなってからは21時とか22時から会食の予定を入れたり、夜中にゲームしながらポテトチップスを食べたりしてたから当然か…。さすがに反省して、最近は仕事現場で食べるお弁当を焼き肉から玄米と鶏肉に切り替えて、先にサラダを食べるように。そういう食生活を始めて1週間くらい経つんだけど、ビックリするくらい体が何も変わらない！　さすがにそろそろ変わり始めてくれないと困るんだけどな…。

そんなわけで、今、俺の中の優先順位は、物欲よりも体重を落としたい欲のほうが断然上。ベスト体重は54kgなんだけど、めざすは53kg。そこまでいったら、軽くなりすぎて、重力に反して浮けそうな気がする！　うん、ドラえもんみたいにちょっと浮きながら歩く毎日も、悪くなさそうだな(笑)。

Vol.
072
記憶

JUMPの記憶だけは、絶対消されたくないんだ。

映画『記憶屋 あなたを忘れない』の撮影が始まった。お芝居をするのは、去年の冬に出させてもらったドラマ『もみ消して冬～わが家の問題なかったことに～』以来。ひさしぶりだったから、今回のオファーをいただいたときはすごくうれしかったよ。俺、本読みって、これまであまり経験がなかったんだ。でも、この映画では顔合わせもかねて、クランクイン前にキャストが集まってセリフの読み合わせをする機会があった。最初のセリフは俺から始まるんだけど、本読みの経験が少ないぶん、どれくらいのテンションでのぞんだらいいかわからなくてさ。とりあえず手探りの状態で始めたら、物語の終盤で感情が高まった芳根《よしね》(京子)さんが涙を流したんだよね。その姿を見て、探り探りやってた自分が恥ずかしくなったし、俺も負けてられないなって。気を引き締めて、クランクインにのぞむことができたよ。

俺が演じる遼一《りょういち》は、根は明るいんだけど、心に葛藤を抱えたキャラクター。監督には、「明るい部分は『もみ消して冬』で演じた秀作や、映画『ホーム・アローン』のマコーレー・カルキンみたいなイメージでやってほしい」って言われてる。遼一にとってはいたって普通のリアクションでも、それが少しコメディーっぽく見える感じ。でも、そのいっぽうで、プロポーズした彼女が自分のことを忘れてしまって、その悲しみは計り知れない。だから、ふとした瞬間に〝この人は何を考えてるんだろう?〟って思わせるような表情を見せることが大事。そういう遼一の気持ちの変化をわかりやすく表現するために、髪型にも少し変化をつけて、基本はおろしてるボサボサ気味の前髪を、やる気モードになると分けてみたりもしてる。そんな細かい部分も、映画をより深く楽しむための要素のひとつになったらいいなと思ってるんだ。

記憶力は、自分でいうのもなんだけど、めちゃめちゃいいほうだと思う。1~2ページ分のセリフなら、台本に1回、目を通しただけで覚えられる。ある意味、ちょっとした特殊能力かもしれない(笑)。でも、それが発揮されるのは、あくまで仕事の場だけ。ほかのことになると、てんで覚えられないんだよね。この間、家の掃除機が壊れちゃって、母親に「新しいのを買おうと思う」って相談したら、「まだ半年しか使ってないんだから、メーカーに電話して修理してもらいなさい」って言われて。ただ、そのやりとりがゲームをしながらだったから、すっかり忘れちゃってさ。3日後に母親から「ちゃんと電話したの?」って聞かれて、「あっ!」って(笑)。「ほらやっぱり! そんな調子で、よくセリフ覚えられるわね」って、あきれられたよ(笑)。

劇中に登場する〝記憶屋〟は、忘れたい記憶を消してくれる。でも、俺が絶対に消されたくないのは、Hey! Say! JUMPの記憶かな。だって、俺の人生そのものだから。それに、メンバーやファンの人たち…忘れられたほうのつらさも、遼一を演じて十分わかってるつもり。この間も、楽屋で、大《だい》ちゃん(有岡大貴)、薮(宏太)くん、知念(侑李)と、最近ハマってるゲームで対戦してたんだ。どうやら俺はゲーム中に口が悪くなるらしくて、それを聞いた大ちゃんが「山田、口悪いよ!」って注意してくれたの。でも、俺がそのあと負けて「あ~!」って言っただけでも、大ちゃんは「口悪いよ!」って言ってきて、「待って! 今のは普通じゃない⁉」って笑い合った(笑)。そんな愛すべき他愛ない時間が、これからもずっとつづきますように。

Vol.
073

サークル

1日限定のドライブで、心と体をリセット！

最近は、『記憶屋』の撮影で広島や山梨や栃木…地方のいろんな場所を訪れる日々。広島ロケの2日後に福岡でライブがあったから、共演の佐々木蔵之介さんに冗談で「いらっしゃいます？」って聞いたら、まさかの「行こうかな！」っていう答えが返ってきて。以前に、知念、(髙木)雄也、(八乙女)光くんとも共演したことがあるから、ＪＵＭＰに興味を持ってくれてたみたい。当日は本当に見にきてくださって、「知念くんが大人になってた！」ってビックリしてたよ(笑)。

蔵之介さんは、気さくで、すごくステキな方。ご実家が京都の蔵元《くらもと》だから、「今度京都に行ったら遊びに行かせてください」っていう話をして、連絡先も交換させていただいたんだ。そしたら、蔵之介さんがクランクアップされる日、市場《しじょう》には出まわってないレアな日本酒をプレゼントしてくださって…。俺自身がクランクアップする日か、今年の誕生日か、自分にごほうびをあげたい日に開けるつもり！

広島でのロケが終わったあと、福岡入りするまで1日あいてたから、東京には戻らず、オフを満喫するために尾道《おのみち》に向かったんだ。その移動手段で、ひさしぶりに電車に乗った！高校生のとき以来だから、約7年ぶりかな？俺、タクシーに乗るとき用にＩＣカードを持ってるんだけど、それを電車でも使えることに驚いたね。尾道に着いてからはレンタカーを借りて、助手席にマネージャーさんを乗せてドライブ。たまたま通りがかった、中古の本やゲームソフトを売ってる店にも寄ったよ。そこで、昔、夢中になったカードゲームを見つけて、「今は、こんな新ルールがあるんだ！」って、しばらく見入っちゃった。ほかにも、瀬戸内海に沈む夕日を眺めながらコーヒーを飲んだり、夜ごはんを食べたあと、ホテルまでの帰り道にふと夜空を見上げて「うわ〜、星がキレイだね〜」なんて感動した直後に「男ふたりでこの会話はヤバいな！」って笑い合ったりもして。車の運転のほかに、ホテルのチェックインとチェックアウトもまかせてもらったから、その日だけは俺がマネージャーになったみたいで楽しかった。アイドルや俳優としてじゃなく、ひとりの人間として過ごせた1日。リフレッシュできた、すごくいい時間だったな。

身のまわりにある丸いものといえば、リビングの照明。去年リビングを改造したとき、部屋の雰囲気に合わせて球体デザインの照明をサイズ違いで4つ買って、それを天井からつるしてるんだ。照明の値段なんてたかが知れてるだろうと思って値札を見ずに買ったら、なかなかのお値段でビックリしたけど…（笑）。ほかに、丸いもので思いつくのは、俺の顔かな？　特に、昔は丸かった！　今は、なんでこんなにアゴのラインが鋭利になったのか、我ながら不思議…。19才から20才にかけて、自分でも変化がわかるくらい、日に日に変わっていったんだよね。ちょうどそのころ出演させてもらった『24時間テレビ』のスペシャルドラマの役で、体重をかなり落としたのが大きかったのかも。体内の環境が変わって、食べても太りづらくなった気がするよ。

もし、俺が同じ趣味を持った人たちの集まりを立ち上げるとしたら、ゲームサークルかな。部長は二宮（和也）くんで、俺は指揮官的なポジション。みんなのプレイを見ながら、的確な指示を出すの。目標はでっかく、世界大会に出ること！　遊びじゃなくて本気だから、入部条件は、腕に自信があって、ゲームにストイックに向き合える人のみです！（笑）

Vol. 074

NEW

なぜ俺なのか？ その意味をかみしめて演じたい。

映画『燃えよ剣』のオファーをいただいたときは…正直、物怖《ものお》じした。今まではどんな作品もどんな役も楽しむことが最優先、それで結果もついてきてくれたらうれしいなっていう気持ちでやってきたから、そういう感情になることがあまりなかったんだ。でも、今回はそうそうたる出演者の中で俺が沖田総司《おきたそうじ》という役を演じて成立するのかなっていう不安があった。だけど、いっぽうで原田（眞人《まさと》）監督が俺を選んでくれたことは本当にうれしかったし、何より家族がめちゃくちゃ喜んでくれたんだよね。親父は俺に沖田総司のイメージを重ね合わせてたらしくて、いつか演じてほしいと思ってたんだって。俺も、なんだか親孝行ができたみたいでうれしかったな。

これまでたくさんの俳優さんが沖田総司を演じてきたけど、役作りにおいてそういった過去の映像を参考にすることはなかった。「なぜ俺が選ばれたのか？」を突き詰めていくと、誰かを参考にして作り上げるものじゃないと思ったから。現代に生きる人は誰も動く沖田総司を見たことがないからこそ、思い描く彼のイメージも人それぞれ。だったら、自分が思う沖田総司を全力で演じることが俺の役目なんじゃないかって。そのために、3カ月間殺陣《たて》の練習をして、彼の生い立ちを勉強して、お墓参りもさせてもらって、原作の小説を読んで、できることにはすべて一生懸命取り組んだ。原作を読むのは、めちゃめちゃ時間がかかったけどね（笑）。どれくらいの速さが一般的なのかわからないけど、俺は上下巻の2冊を読み終えるのに2週間かかったから。でも、そんな時間を通してわかったのは、沖田総司がたくさんの人に愛された人物だったっていうこと。新選組の仲間のことを家族みたいに大事に思っていて、子どもたちと遊ぶときは無邪気な笑顔で。剣術がうまくなったのも誰かを斬《き》るのが目的じゃなくて、そんな大切な人たちを守るためだったんじゃないかな。だから、俺はそんな愛にあふれた沖田総司になりたい。俺にしかできない沖田総司を演じたいと思ってるんだ。

今、撮影現場でごいっしょしてるのは、主人公の土方歳三《ひじかたとしぞう》を演じる岡田(准一《じゅんいち》)くんをはじめとする大先輩の方々ばかり。岡田くんのすごさは出演作品を見てたときからわかってたつもりだったけど、いざそのお芝居を初めて目《ま》の当たりにしたときの衝撃はとてつもなかった。岡田くんって、ふだんはすごくほのぼのした雰囲気をまとっていて、食事の場ではギャグとかも言うし、強いイメージとはかけ離れた方なの。でも、刀を構えたときの隙《すき》のなさや殺陣中の素早い動きからは、立ち姿のうしろに鬼が見えた。よくマンガで、対峙《たいじ》した瞬間に相手の強さがわかるシーンが出てくるでしょ? まさにそれ! 現場では、そういう本物の技術をひとつひとつ丁寧に教えていただいてる。岡田くんとのやりとりで印象に残ってるのが、俺が教えてもらったことを反復練習してる最中、できてないところがあったときのこと。岡田くんが「総司、左手!」って俺のことを役名で注意してくれて、山田涼介じゃなく沖田総司として見てくれてるんだなって、すごくうれしかったんだ。

岡田くんは、俺がお芝居でめざすべき位置にいる人。同じ事務所で俳優業をやってる人なら、たぶんみんなそうなんじゃないかな。今回、脇を固める立場として、そんな岡田くんが演じる土方歳三をどれだけ魅力的に見せられるかは課題のひとつ。俺なんかがおこがましいけど、微力ながら、作品としてもよりよいものにできるように全力を注ぐつもりだよ。

Vol.
075

記念日

誕生日、思い出すのは親父手作りのゼリーのケーキ。

子どものころは、誕生日が来ると、家族でケーキを囲んでお祝いするのが恒例だった。当時、牛乳アレルギーがあって生クリームが食べられなかった俺のために、親父がゼリーのケーキを手作りしてくれてたんだよね。そのころは、今でいうアーモンドミルクとかライスミルクとか、牛乳以外のミルクを手に入れるのが簡単ではなかったから。両親からは、毎年プレゼントももらってたよ。でも、それよりも鮮明に記憶に残ってるのは、ゼリーのケーキでお祝いしてもらってる風景。きっと2〜3才のころのできごとだと思うけど、今でもハッキリと覚えてるんだ。

今年の5月9日で26才。20代後半に突入するからといって特に何かが大きく変わるわけじゃないけど、少しずつ将来を見据えるようにはなってきた。それは、年令のせいというよりも、今撮影中の『燃えよ剣』で共演させてもらってる岡田くんの影響が大きいかもしれない。岡田くんは、すごく上手に年を重ねられてる方だなと思うんだ。それはきっと、アイドルとしてだけじゃなく、俳優としての未来設計図もしっかり描いてたからじゃないかなって。たとえば「30才までにこういう役をやりたい」って決めておくと、おのずと今の自分がやるべきことが見えてくる。これは俺の個人的な考えだけど、カメラの前に立ったとき、26才は「アイドルだからＯＫ」っていう言葉が通用しなくなる年だと思ってる。だからこそ、ひとりの男として芯のある人間になりたいし、そのために今しかできない経験をたくさんしていくつもりだよ。

『燃えよ剣』の撮影現場は、毎日が勉強の連続。

ここまで本格的に殺陣と向き合うのは、今回が初めて。クランクインして間もないころは、共演の（伊藤）英明さんからいただいた模造刀を使って、少しでも岡田くんの殺陣《たて》のレベルに近づけるように素振りの練習をしてたんだ。撮影の合間や地方のホテルに滞在してるときも、ずっと。でも、1カ月くらい経ったころからようやく刀を思い通りに振れるようになってきて、そこからは芝居のとき以外いっさいさわらなくなった。たくさんの人がいる現場で必要以上に刀をさわるのは危ないし、作法的にも無礼とされてるんだって。芝居以外の部分でもいろんなルールを学んで、武士道の奥深さを感じてるところなんだ。

大人になった今、自分の誕生日にはあんまり興味がない。いろんな仕事現場でお祝いしてもらえるのはありがたいし、すごくうれしいんだけど、プライベートはもういいかなって。うまく言えないけど、そこに重きを置いてないのかもしれない。去年の誕生日に何をしてたかも、まったく覚えてないくらいだからね。あ、でもここ何年かは、誕生日当日に知念がサプライズで家に遊びに来てくれてるんだった！　今年もわざわざ来てもらうのは申し訳ない気がするから、行き先を告げず、どこかに逃亡しようかな（笑）。

自分の誕生日はおざなりだけど、大切な人が関わる記念日は大事にするタイプ。たとえば家族やメンバーの誕生日にはお祝いのメールを送るし、JUMPの結成日である9月24日もそう。12年前のその日は、横浜アリーナでやってたコンサートを音楽番組で生中継して、グループの結成を発表したんだよね。毎年9月24日が来ると、中継がうまくつながらなかったっていう苦い記憶とともに（笑）、どこか意識はする。そして、俺にとっては〝ここからまたがんばっていこう〟って気を引き締められる、大切な記念日でもあるんだ。

TRADE

Vol.
076
UP

念願だったゲーム部屋で、おうちライフを満喫中♪

〝まだ終わってほしくない、もっとこの場所にいたい〟。それが、映画『燃えよ剣』がクランクアップした瞬間の俺の率直な気持ちだった。殺陣《たて》の練習を始めた時期から数えたら、約半年間。俺にとっては本当に濃厚な日々だったし、何より楽しかったんだよね。だから、もうあの撮影現場に行くことがないと思うと、さみしくて…。物語の悲しい結末も相まって、余計にそう感じるのかもしれない。

俺がクランクアップした日、土方歳三役の岡田(准一)くんは現場にいらっしゃらなかったから、メールで無事に撮影を終えた報告と感謝の気持ちを送らせてもらった。岡田くんは、現場では俺のことを〝(沖田)総司〟って役名で呼んでくれてたんだけど、メールだとそれが〝山田くん〟になるの。2カ月ちょっとの撮影を経て、役としての距離はすごく縮まったと思う。でも、はたして事務所の先輩と後輩としてはお近づきになれたのか…。芝居中は全然そんなことないんだけど、岡田くんってふだんお話しさせてもらったり、食事させてもらうとすごく緊張するんだよね。俳優としても殺陣師としても、俺にすべてを教えてくれた人だから、もはや師範《しはん》みたいな存在なの。だから、同じ先輩でも、仕事より先にプライベートで仲よくなったトモ(山下智久)や大倉(忠義《ただよし》)くんとはまた違う感覚。不用意に名前を呼ぶのも気が引けるほど偉大な存在だけど、やっぱり距離を縮めたい気持ちはあって…。映画の公開が近づいてきて、次にプロモーション活動でお会いしたときに〝涼介〟って呼んでもらえたら、最高に幸せだろうな。

クランクアップしてからは、ずっと会えてなかった友だちと会ったり、仕事関係の方と食事したり…そうそう、ドラマの撮影で東京に来てるみっちー(道枝駿佑)とも、共通の知り合いのプロデューサーさんを交えてごはんを食べに行ったよ。みっちーって、女のコみたいにかわいい顔してるよね。会ったときに、思わず本人にもそう言っちゃったくらい(笑)。きのうは、友だちをふたり呼んで、初めてうちで焼き肉をした。業務用スーパーで男気ジャンケンをして買った肉が安かったのにおいしくて、マジでビックリ！　ただ、想定外だったのは、家中に焼き肉の香りが充満してしまったこと…。〝煙が出ない〟って書いてあるホットプレートを買ったはずなんだけど…焼き方がワイルドすぎたのかも(笑)。

そして、山田涼介、とうとう自宅にゲーム部屋を作りました！　部屋といっても、1畳半くらいのウォークインクローゼットなんだけどね。撮影期間中も、撮影所のある京都から東京に帰ってくるたびにウォークインクローゼットの中の洋服をちょっとずつ衣装部屋に移動させてたんだ。最近のゲームって、モニターを3台並べて置いてパノラマ映像を楽しむこともできるから、それに向けてまずモニターを2台購入。より臨場感を味わうためにスピーカーも準備した。俺が理想とするゲーム部屋は、マンガ喫茶にいるかのように錯覚できる空間だったの。俺が昔よく行ってたマンガ喫茶にはソファじゃなくて座イスが置かれてたから、それにならって俺も座イスと小さいテーブルを買って、最後にゲーム機をモニターにつないで、ついに念願のゲーム部屋が完成！　ウォークインクローゼットの上のほうには本来帽子とかバッグを収納する棚があるから、そこには今の部屋に引っ越してきたとき以来3年くらい段ボール箱に入りっぱなしになってるマンガをズラ～っと並べようと思ってる。これからしばらくは、ゲーム部屋にこもる日々がつづきそうだな(笑)。

Vol.
077
Again

なつかしい会話が、会えなかった時間を埋めてくれた。

『もみ消して冬～わが家の問題なかったことに～』が1年3カ月ぶりにスペシャルドラマとして帰ってくる。連続ドラマを撮影してる最中から共演者やスタッフさんと「いつか続編をやれたらいいね」っていう話はしてたから、実際に決まったときはうれしかったな。台本は、胸を張って「〝もみ冬〟史上最高傑作!」って言えるくらい、本当におもしろい。ひとりで読んでて思わず笑っちゃったし、脚本家の方は天才だなって感動したもん。特に家族が勢ぞろいするシーンは、どうしたらこんな会話が思いつくんだろうって。そして、ゲスト出演してくれる方々も超豪華! 俺にしてみたら〝1時間で撮影が終わっちゃうけどいいの?〟って不安になるような、ちょっとしたシーンに出ていただいてるから、そこも楽しみながら見てほしいな。

クランクインする数日前、番組PR用の動画を撮るために、ひさしぶりに北沢家のきょうだい3人が集結した日があったんだ。ひさしぶり…っていっても、ドラマが終わったあともちょくちょくごはんを食べに行ったりはしてたんだけどね。俺と小澤(征悦)さんで食事してるときに「姉さん、今何してますかね?」っていう話になって、波瑠さんに連絡。仕事が終わったあと、店に駆けつけてくれたことも。とはいえ、役としていっしょにいるのは1年2カ月ぶり。その2週間くらい前まで『燃えよ剣』の世界にどっぷりつかってたし、〝ちゃんと北沢秀作になれるかな?〟っていう不安がなかったわけじゃない。でも、いざ現場でふたりと再会して休憩中に雑談してたら、1年前に俺と波瑠さんがすすめたオンラインゲームに小澤さんがまだ登録してないことが判明！「やり方がわからない」っていう小澤さんに、妹と弟が必死に説明するっていう（笑）。以前と変わらない、そんな他愛ない話で盛り上がるうちに、あっという間に秀作に戻ることができたよ。

そして迎えた、クランクインの日。普通、クランクインはキャストもスタッフさんもまだ手探り状態の部分があるから、だいたい2シーン、多くても3シーンくらいしか撮影しないんだよね。なのに、この現場は初日からいきなり7シーン（笑）。中には、北沢家の庭でゴロゴロしながら「今年の冬は寒くなりそうです…」っていうモノローグのシーンもあったんだけど、体にふれる芝の感覚や冷たい雨降らしのおかげで「そうだ、〝もみ冬〟といえばこれだ…！」って、連続ドラマ中の大変だった記憶が一気によみがえった（笑）。でも、そんなムチャぶりが可能なのは、すでに現場のチームワークができあがってる証拠！

撮影のスケジュールはそんな感じだから、最近はけっこうハードな日々を過ごしてる。きのうも終わったのが23時過ぎで、すぐに帰宅して知念（侑李）と1時間のオンラインゲーム。どんなに遅く帰っても、腕を落とさないように必ずゲームはやる（笑）。そのあと翌日分の台本を覚えて寝るのが毎日の流れなんだけど、昨夜はゲーム中に親友から「今から荷物を取りに行ってもいい？」っていう連絡が。荷物っていうのは、前にそいつから「山田がはいてるようなズボンが欲しい」って言われて、俺がネットで頼んでおいたもの。その日の昼間に「品物が届いたよ」って連絡してあったんだよね。正直〝え、今日？　俺、今朝5時半起きで、さっき仕事が終わったんだけど…〟って思ったのもつかの間《ま》、本当に来て、そこから会話が止まらず、朝まで寝かせてくれなかった…。24時間起きつづけてたおかげで、今日は頭がちょっとボーッとしてます（笑）。

人生初のお買い物で、美しいセミに近づけたかな？

ドラマ『セミオトコ』の1話と2話の台本が手元に届いたのは、スペシャルドラマ『もみ消して冬 2019夏～夏でも寒くて死にそうです～』の撮影真っ最中だった。でも、3冊を同時に読もうとすると何がなんだかわからなくなっちゃうから、まずは目の前のドラマに集中。無事クランクアップした翌日からは『嵐のワクワク学校2019』のリハーサルと大阪公演、終わって東京に戻ってすぐに『セミオトコ』のクランクイン…っていうスケジュールだったんだ。だから、秀作からセミに切り替えるのは、正直大変だった。でも、役を演じるのは大好きだし、何よりドラマを楽しみにしてくれてる人たちにとっては、そんなことは関係ない。特に『セミオトコ』は、見る側に感情をゆだねるんじゃなくて、ひとつの主観にそって同じ感情を共有してもらいたい作品。そのためには、絶対に演じるほうがブレちゃいけない。撮影現場では、毎日プロデューサーさんや監督さんと話し合いながら、丁寧にセミを作り上げていってるんだ。

『セミオトコ』で俺が演じるセミを形容する言葉のひとつが〝美しい〟。セミに向けられるセリフの中には、〝美しい〟っていう言葉がたくさん出てくるんだ。だから、俺自身もちょっとはそう見えるようにならなきゃと思って、生まれて初めて自分でフェイスパックを買ってみた(笑)。ほかにも、光が差さない暗いシーンで髪がぺったんこに見えないように工夫したり、衣装は土を彷彿《ほうふつ》とさせるベージュのズボンや茶色いブーツを選んだり、今までにないくらいビジュアルの細かいところまで気を配って、セミを演じてるよ。

台本を繰り返し読むことは、準備段階において最も大切な作業。岡田惠和《よしかず》さんが書かれる『セミオトコ』の脚本は、抜群におもしろい。でも、演じるとなると、すごく難しい…(笑)。なぜかというと、「ん?」とか「え?」とか「はい?」とか「本当?」とか、似たようなセリフが多いから。しかも、会話がドラマっぽくないんだよね。ドラマでそこまでリアルなやりとりをすることって経験上なかったから、初日から自分でもビックリするくらいセリフをかんでしまって。相手役の由香を演じる木《き》南《なみ》(晴夏《はるか》)さんのほうが圧倒的にセリフ量が多いのに、俺のほうが圧倒的にテイクを重ねちゃって、本当に申し訳なかった…。

セミを演じる上でのもうひとつのとまどいが、由香をセリフや表情でキュンとさせなきゃいけないこと。リアルな会話劇同様、そういう演技をやったことがなかったから、マジで難しい！　カメラの前で「かわいく」って言われても、〝どうしたらいいの?〟って。さらに、セミならではの不思議なセリフでドキドキしてもらわなきゃいけないから、余計に大変。そこは、今回乗り越えなきゃいけない最も高いハードルかなって思ってるんだ。

旅に出る前の準備は、基本適当。6月は、仕事でインドと台湾に行ってきたけど、どっちも荷物はリュック1コだけだったし(笑)。必ず持って行くものとかこだわりはなくて、しいていえば行った先でたくさん買い物したいから、バッグやスーツケースのスペースを半分あけておくくらいかな。次にどこか旅行に出かけるとしたら、やっぱりハワイ。ひとりで行って、ただビーチでボーッと過ごしたい。でも、海を目の前にしたら、やっぱり入りたくなるかな?　足りないものがあったら向こうで買えばいいっていう少荷物派の俺だけど、じゃあハワイに行くときはスーツケースに海水パンツだけは入れて行こうっと(笑)。

Vol.
079
熱量

夢の中でもコントローラーを握って戦う毎日！（笑）

今、俺がいちばん力を注いでるのは、『セミオトコ』。俺が演じるセミオはセミだから、晴れのシーンが多くなきゃいけないの。でも、今年の長い梅雨のせいで、撮影はなかなか順調とはいかず…。しかも、ジメジメしてるぶん、クセっ毛の俺は余計に大変！　シーンによって髪がうねうねしてたり、汗で顔に張りついてたり、けっこうビジュアルが変わっちゃうんだよね。できるだけセミオとして美しくいようとがんばってはいるけど、さすがに湿度との戦いには限界が…。もしそういう瞬間を見つけたら、〝この日は湿気が多くて大変だったんだな〟って、あたたかい目で見てもらえるとうれしいです（笑）。

1話のオンエアに先がけて、ドラマの宣伝でテレビ朝日のいろんなバラエティー番組に出させてもらったのも楽しかったな。『相葉マナブ』とか『バナナマンのドライブスリー』みたいなロケも多くて、新鮮だった。そうそう、『帰れマンデー見っけ隊!!』では、日帰りで北海道まで行って、飲食店を探して20㎞くらい歩いたんだ。次の日も朝からドラマの撮影があったんだけど、あの日のセミオは、さすがに顔に疲れがにじんでたと思う（笑）。

セミオのお芝居は、相変わらず試行錯誤しながら奮闘中。ただ単にカッコよくいればいい役じゃなくて、〝かわいい〟っていうベースがある上で人をキュンとさせるのが難しい…。俺自身、もうかわいいっていう年令でもないし（笑）。見てくれる方に〝うちにもこんなセミオくんがいてほしい〟って思ってもらえるようにがんばります！

そんな中、撮影現場でひそかに楽しみにしてるのが、木南さんの寝てる姿。朝イチから撮影が始まって、夜遅くにお布団に横になるシーンがあると、カメラがまわってない瞬間はどうしても睡魔が襲ってくるんだよね。そういうとき、木南さんは口をパクパクさせながら寝てるから、おもしろい(笑)。そういう俺も、木南さんに「寝ながら両手の親指が動いてたよ」って指摘された。どうやら夢の中でもゲームをやってたみたい(笑)。

夢の中でもコントローラーを握ってるくらい、ゲームには相変わらず熱中してるよ。ドラマがクランクインしてしばらくは、どんなに遅く帰っても、モードを切り替えるためにゲーム本体の電源をオンにしてたからね。撮影が進むにつれて翌日分のセリフを覚えたら寝ちゃうことが増えてきたけど、今でも仕事が早く終わった日はゲーム部屋へ直行！　最近は、(永瀬)廉とよくやってるんだ。『音楽の日2019』のときに会ってしゃべってたら、たまたま同じFPSのゲームにハマってることが発覚して、オンラインでいっしょにプレイするようになったんだけど、あいつはマジで強い(笑)。中学生くらいのときからそっち系のゲームをやってたらしくて、目標物に照準を合わせる〝エイミング〟の技術がめちゃめちゃ高いんだよね。俺はもともとレベルをコツコツ上げて敵を倒していくRPG専門で、FPSは始めてからまだ2カ月くらいだから、廉には驚かされることばっかり。あと、ゲーム中に廉と会話していて思うのは、なんていうか…ジャイアンみたいな人だなって(笑)。俺に対しては、まったくそんなことないんだけど、廉の友だちも交えて3人ひと組で戦ってるとき、友だちが廉の欲しいアイテムを見つけると有無を言わさず、「はい、ちょうだいー」っていう感じだからね。ちなみに、その友だちは廉よりもさらに上手だから、ふたりとやるときはいつも助けてもらってます！

Vol.
080
ひとり

ひとりの気楽さ、大勢の楽しさ。どっちも大好き!

最近ハマってる〝おひとりさま〟といえば、ひとり自転車。じつは今年の夏、猛烈な暑さにバテちゃった時期があって、あんまり食べずに過ごしてたんだよね。そしたらある日、衣装に着替えるときに俺のアバラ骨が目立ってたらしくて、知念に「大丈夫?」って心配されちゃって…。自分では気づかなかったんだけど、このままじゃさすがにヤバいかなと思って、なるべくたくさん食べて、体も動かすように。おかげで、今はちょっとずつ体重が元に戻りつつあるところなんだ。話がそれちゃったけど、最初に話した自転車っていうのは、その〝体を動かそうキャンペーン〟の一環。仕事から帰ってきたら自転車で近所の公園まで行くのが習慣になってて、余裕があるときはそのまま10㎞くらい走ることも。オンとオフを切り替える、リフレッシュの時間にもなってるんだ。

ひとりで出かけたり、外でごはんを食べたりするのは全然苦じゃない。そんなふうに感じてる俺は、〝おひとりさま〟上級者なのかな?何年か前にはひとりで韓国を旅したこともあるし、ふとロマンスカーに乗りたくなって箱根に向かったことも。そのときは、せっかくだから温泉に入って、おそばも食べて、日帰り旅を満喫してきたよ。誰かいっしょにいたほうが楽しいのかもしれないけど、俺としてはロマンスカーに乗るっていう目的を果たせた時点で大満足(笑)。最近は、さすがになかなか時間がなくて、ひとり旅はしてないなぁ。でも、この間めずらしく仕事が夕方5時くらいに終わった日があって、映画『天気の子』を見るために、ひとりで映画館に行ってきた! …のに、上映開始が2時間後だったから泣く泣くあきらめて、ショッピングモードに切り替え。観葉植物を選んだり、インテリアショップで調理グッズを買ったり、ひさびさの買い物を楽しんだよ。その帰り道、よく行くごはん屋さんに寄って、店長さんとしゃべりながらごはんを食べて…。そういえば、誰かを誘おうっていう考えは1ミリも思い浮かばなかったな。やりたいことをやりたいタイミングでできる、そんな〝おひとりさま〟の気楽さにかなうものはないからね。

…と、ひとりの魅力を語ってきた俺だけど、『セミオトコ』の共演者やスタッフさんとは、しょっちゅう食事に行ってるんだ。こんなに頻繁に食事会が開かれる現場は、俺にとっては初めて。最近だと、俺が行きつけのお店を予約しておいて、8人くらいでしゃぶしゃぶを食べたよ。みんなが「段取りしてくれたお礼に」って俺のためにいろんなおみやげを持ち寄ってくれたおかげで、うちの冷蔵庫がパンパン！　甘いものからお酒まで、こんなに充実した冷蔵庫、見たことないっていうくらい(笑)。お店でワイワイ話してるときの雰囲気は、ドラマに出てくるうつせみ荘そのまま。阿川(佐和子)さんと檀(ふみ)さんがドラマのエンディングで流れてる『ファンファーレ！DE 盆踊り』を踊ったり、ほかの人たちがそれを笑顔で見守る光景を目《ま》の当たりにしてると、本当にいいチームだなって思うんだ。

ただ、そんな楽しい時間だったのにもかかわらず、残念ながら俺は、途中から記憶がなくて…。その日、2時間しか寝てなかったせいか、どうやら寝落ちしちゃったみたいなんだよね。目が覚めたらテーブルにはもう誰もいなくて、お店の人いわく、みんな「山田くんは疲れてるから」って、俺を起こさないようにそっと帰って行ったんだって。なんてすばらしい人たちなんだ…！　次の日、撮影現場で会って、ひとりひとりに謝罪したのは言うまでもありません(笑)。

Vol. 081

日常

自分たちの作品には、できるだけ携わっていきたい。

去年12月にクランクインした映画『記憶屋』から始まって、『燃えよ剣』、『もみ消して冬2019夏』に『セミオトコ』。振り返ってみると、この10カ月間は本当に充実した濃い時間だった。撮影現場でふだんなかなか会えないような共演者の方々とお話ししたり、アイドルじゃない自分になったりすること。しかも、それが作品ごとに全部違ったから、より刺激的な毎日だったんだよね。改めて、俺は仕事が大好きなんだなって思ったよ。

9月にクランクアップした『セミオトコ』は、俺にとって初めての恋愛ドラマでもあった。セミが人間の姿になるっていう非現実的な設定だったけど、物語がしっかりしてたから、演じてておもしろかったな。チャンスがあれば、また違ったテイストの恋愛ドラマもやってみたいし、オファーをいただければ、ほかのジャンルにもどんどん挑戦していくつもり。役者の仕事には、自分でストッパーをかけたくないんだ。『セミオトコ』は、ここまで共演者やスタッフさんと頻繁に食事に行ったのは初めてってていうくらい仲のいい現場でもあった。だから、最終回の放送日にみんなでオンエアを見ながら開催した打ち上げも盛り上がったよ。俺は朝までいたものの、途中で寝ちゃって、スタッフさんに起こされたんだけどね。声をかけられた瞬間、「はい！」ってシャキッと立ち上がって帰って行ったらしいんだけど、自分では全然覚えてない(笑)。

映画やドラマの撮影中は朝早くから現場に向かう日々がつづいてたから、全部が終わった今もクセでつい早く目が覚めちゃうんだよね。今日も朝6時に自然と起きたし、夜眠くなるのも異常に早い(笑)。でも、台本を持たない生活になったのは、大きな違い。セリフを覚えなくていいぶん、その時間をボーッと過ごしてると、ぜいたくだなって思うんだ。

濃密な10カ月が終わったからといって、ありがたいことにひと息つく間《ま》もなく、すぐに台湾コンサートのリハーサルが始まった。この号が発売されるときにはコンサートは終わってるけど、今は通しリハーサルもすんで、出発を楽しみにしてる状態。全体の流れを重視したというよりは、1曲1曲をちゃんと見せたいっていう思いが強いセットリストになってる。前回の台湾コンサートが終わってから7年間待っててくれたファンのみんなに、ちゃんと感謝の気持ちが伝わったらいいな。

音楽でも映像でも、自分たちの作品には積極的に関わっていきたい。特にシングル『ファンファーレ!』のころからそういう思いが強くなって、アルバム『PARADE』の初回限定盤に収録される『獣と薔薇』と『パレードが始まる』のビデオ・クリップは、コンセプトもシチュエーションも衣装も、ほぼ俺に決めさせてもらったんだ。『獣と薔薇』に関してはCGを使いたかったから、いろんな資料を見てイメージに合う監督さんを探したし、『パレードが始まる』は曲を聞いて絶対遊園地で撮りたいと思った。アルバムだけじゃなく、11月末から始まるドームツアーの演出もまかせてもらってるから、責任重大！ ツアーは見てのお楽しみだけど、表現したい世界観はハッキリしてるから伝わりやすいはず。今までは、アリーナツアーをドーム用に作り変えてきた。でも、今回はすべてをドームの規模感で考えてるから、演出の幅はおのずと広がるし、見たことのないステージになるんじゃないかな。今は、やりたいことが多すぎて、何を削っていくかっていう作業中。アルバムを聞いて、楽しみに待っていてほしいな。

A2
B1

Vol.
082
ぬくもり

心あたたまる出会いがくれた、たくさんの笑顔。

最近うれしかったニュースは、妹に子どもが生まれたこと！　ねーちゃんの子どもにつづいて、姪《めい》っコがふたりに増えたんだ。ちょうど夏休みをもらってた期間だったから、生まれてすぐに会いに行ったよ。実家で姉と妹とその姪っコたちが集まってる光景を見てたら、俺まであったかい気持ちになった。ねーちゃんの子どもは今1才ちょっとだけど、妹の子どもも、もう少し大きくなったら、きょうだい3人とふたりの姪っコといっしょにテーマパークに行きたい！　俺は、完全に移動手段の車を出すのと財布の係だと思うけど(笑)、日々の子育ては大変だろうから、たまには俺に子どもをあずけてリフレッシュしてほしいしね。おむつは替えたことあるし、あとは離乳食の作り方だけ勉強すれば大丈夫なはず！

7年ぶりの台湾でのコンサートも、楽しくて、心あたたまる時間だった。今回、ライブ全体の演出を(堂本)光一さんにサポートしてもらったんだ。事の発端は、去年のHey! Say! JUMPツアーの長野公演。本番が終わったあと、俺がご機嫌でお気に入りの『愛のかたまり』を口ずさみながら楽屋まで戻ってたら、廊下の奥のほうに光一くんに似てる人がいたんだよね。まさかと思って近づいたら本当に光一くんで、なんと俺たちにナイショでライブを見にきてくれてたことが判明！　そこで、「今後のHey! Say! JUMPのライブで俺に何か手伝えることがあったら言ってほしい」っておっしゃってくださって、台湾コンサートの演出サポートをお願いすることになったんだ。光一くんはあくまで俺たちが考えたものを大事にしてくれて、そこに客観的な目線からいろいろなアドバイスをくれた。『Give Me Love』をセットリストに入れたいって言ったら、「その曲を和のアレンジにしたら、おもしろいんじゃない?」って提案してくれたり、ほかにも斬新でワクワクするアイデアをたくさん出してくださって…。俺と知念(侑李)は舞台『Endless SHOCK』の期間中に梅田芸術劇場まで行って、昼公演が始まる前に光一さんにフライングを教えてもらったりもしたよ。打ち合わせでは、俺たちが緊張せずに意見を言えるように冗談を交えてゲラゲラ笑いながら…っていう空気を作ってくれて、JUMPの空気感に光一さんが入ってきてくれてる感じが大人だなって思った。俺のあこがれてきた先輩はやっぱりすばらしい方なんだなって、改めて実感したよ。

10月には、台風19号の豪雨で被害に遭《あ》われた福島県郡山市の方々のところにボランティアで行かせてもらった。そういえば、集まってくれた人たちとお話ししたり写真を撮ったりするとき、俺のとなりが(中島)健人だったんだけど、その神対応ぶりを見て「こいつはアイドルの鑑《かがみ》だな!」って心から思ったよ。俺も俺なりに「ありがとう」とか「いっしょにがんばろうね」っていう気持ちを伝えてたつもりだけど、健人はレベルが違った。まず、「姫は大丈夫なの?」って女のコのことをナチュラルに〝姫〟呼びしたあと、「俺がいつまでも守ってあげるから、大丈夫だよ。あっちにドリンクあるからとってきな」って。ごく普通の飲み物をドリンクって呼んだときは、さすがに「ここはパーティー会場か!」ってツッコみそうになったもん(笑)。そんな思い出もできつつ、俺たちを見て、喜んでくれる方々がいたことは何よりもうれしかったし、被災地の現状を知っておくことは発信する側にいる人間として必要なことだなって実感した。これからも、できるだけいろいろな場所に足を運べるようにしたいなって思ったよ。

Vol. 083

おめでとう

背中を追いつづける先輩からもらった、お祝いの言葉。

2019年、3年連続で『NHK紅白歌合戦』への出場が決まった。出場歌手が発表された日、俺たちは事務所でそのニュースを聞いたんだ。『紅白歌合戦』といえば、音楽活動をしている人ならきっと誰もが出たいと願う、特別な舞台。しかも、その話を聞いたのが11月14日で、Hey! Say! JUMPにとってCDデビュー12周年の日だったのも、よりうれしかった。ただ、その時点で俺はデビュー12周年の日だっていうことに気づいてなくて…。そのあと、仕事が早めに終わったから、知念と「たまには家でゲームじゃなくて、ほかのことしたいよね」っていう話になって、俺の車でお台場までドライブすることに。行った先でごはんを食べてる途中、知念が「ん？　そういや今日、記念日じゃない？」って思い出したんだよね(笑)。冬になると、あえて寒さを味わいたくなるのが知念で、俺もその気持ちはわかるから、食事を終えたあとは建物の外に出て、ぶらぶら散歩。途中で見つけた大きなハート型のイルミネーションの前で、知念を撮影してみたりもして。家に帰って知念にその写真を送るとき、「うーん…これはただのデートだな…」ってメールしたら、「これはただのデートだね…」っていう返事が来たよ(笑)。

10月には、遅めの夏休みをもらって、念願のハワイに行ってきたんだ。それは、プライベートで起きた、超おめでたいできごと！　向こうでは、男4人で車を借りて映画『ジュラシック・ワールド／炎の王国』のロケ地に行ったり、ノースショアのほうへドライブしたり、とにかくアクティブに過ごした。いろんな海に行くことが目的のひとつで、到着するたびに毎回「海なんか嫌いだー！」って叫んで前フリをしてから、サングラスも帽子もとってTシャツも脱いで海に飛び込む動画を撮影(笑)。ほかにも、サーフィンしたり、船で沖まで行って釣りを楽しんだり、シュノーケリングをしながらイルカと泳いだり…そう、今回の旅で、俺が泳げるっていうことが判明！　ずっとカナヅチだと思ってたけど、何も考えず海に飛び込んだら、スイスイス～イって(笑)。そんなふうにハワイの海でハシャいでた俺。天国にいるんじゃないかと思うくらい、最高の時間を過ごせたよ。

最近、俺が「おめでとう」を言った相手は、(中島)裕翔。ベストジーニストの殿堂入りが決まったとき、ＪＵＭＰのグループメールで、みんなでお祝いしたんだ。これから「おめでとう」を言うのは…数日後に誕生日を控えてる妹かな。俺はその日、遅くまでライブのリハーサルがあるから会えないって言ったら、家族が俺の家に集まって帰りを待ってるから、そこで祝おうっていうことになったんだよね。何かプレゼントを買って帰れたらいいけど…。誕生日パーティーの様子は、またいつか報告します！

今から4年近く前に開催された、『第39回日本アカデミー賞』の授賞式。俺が新人俳優賞をいただいて、岡田准一くん、二宮和也くんといっしょに壇上に上がらせてもらったとき、ふたりから「おめでとう」って言っていただいたんだ。あのお祝いの言葉は、もしかしたら人生でいちばんうれしかったかもしれない。最優秀主演男優賞に輝いたことのあるふたりは、俺の中で別枠なんだよね。事務所の先輩ではあるけど、俳優として尊敬する先輩でもあるから。ふたりの大きな背中を追いかけて、俺もいつかは同じ場所に立ちたい。そう思いながら、お芝居と向き合ってるんだ。

Vol.
084
空間

ライブは、ファンのみんなと楽しめる最高の空間！

「好きな空間は？」。そう聞かれていちばん最初に思い浮かぶのは、ひとりでいるとき。ひとりが好きというか、人と前もって約束するのが苦手なんだよね。「4日後の○時に会おう」とかが無理なの。「あ、今ヒマだな」って思ったら誰かに連絡して、「今から会える？じゃあ会おっか」っていう人だから。仕事柄、先々の予定が見えにくいとか何時に終わるかわからないっていうのも関係してると思うけど、それよりは俺自身の性格によるものが大きいかな。なぜなら、3日後が確実にオフだってわかってても、当日俺が何をしたい気分かは、その日になってみないとわからないっていう考えだから(笑)。でも、そのときの自分の気持ちに正直に行動したほうが楽しくない？ とにかくそういう急な予定の入れ方をするせいで、おのずと誰ともタイミングが合わなくて、結果ひとりで過ごすことも多い。そういうときは、だいたいゲーム部屋という名の自宅のクローゼットにこもって、ゲームの世界に没頭してるよ。

もちろん、友だちとワイワイ過ごす空間も好き。といっても、俺の場合はマックス3人かな。仕事関係の方たちとの食事は別だけど、プライベートでごはんを食べに行くなら定員は3人まで。俺は「盛り上げなきゃ！」って思ってトークを全部拾おうとするクセがあるから、3人以上になると、拾うのに疲れて逆にしゃべらなくなっちゃうんだよね(笑)。

家は、お気に入りの空間のひとつ。俺の家をひと言で表すとしたら…何もない。寝室はシンプルにベッドとテレビしか置いてないし、リビングもソファとダイニングテーブルとテレビラックだけ。あ、12月は期間限定でクリスマスツリーも出してたか(笑)。初めて遊びに来た人は、だいたい生活感のなさにビックリするけど、俺はそっちのほうが好きなんだよね。リビングにいるときはソファの上にいるか、ダイニングテーブルで仕事してるかだから、俺にとってはそれで十分！　逆に、苦手な空間は、暗いところ(家は間接照明だけど)、せまいところ(1畳半のゲーム部屋はいちばん落ち着くけど)、あとうるさいところ！　行ったことはないけど、音楽がガンガン鳴り響いてるようなクラブは本当に苦手。飲食店で流れてる音楽のボリュームでさえ、たまに気になるときがあるくらいだからね。〝食事してるだけなのに、そんな大きい音を聞く必要ある？〟って思っちゃう。だから、家で音楽をかけるときも、生活のじゃまにならないサックスの音を選ぶことが多い。自分が好きでやってる楽器だからっていうのもあって、いちばん心地よく感じるんだ。

ライブは、ファンの人と楽しい時間を共有できる大好きな空間。『Hey! Say! JUMP LIVE TOUR 2019-2020 PARADE』ツアーでは何よりも世界観を大事にしたかったから、新たな試みとして、お客さんが会場に入ってきたところから音や照明を利用して空間作りをしたんだ。そのとき会場に流れるアナウンスをオープニング映像のナレーションと同じ声で統一したのも、そのため。一見何のことかわからないグッズの名称も、みんなでそれっぽくなるように考えたし(笑)。俺自身のことでいえば、本番中に曲の途中で言うセリフを『PARADE』の世界観に寄せたり、普通だったら大きな声でアオるところをあえておさえめにしたり、今までとは意識的に変えたところも多かった。去年から長い時間を費やして作り上げてきたライブ、たくさんの人に楽しかったって思ってもらえてるといいな。

Vol.
085
話す

#あったかいJUMPのファンは最高のファンだよ！

1月、『山田涼介のオールナイトニッポン』に挑戦させてもらった。ラジオは別の局でHey! Say! 7としてもう10年以上お世話になってきたおかげで、緊張せずに進めることができたと思う。しゃべる仕事はラジオ以外にもいろいろあるけど、どれも得意とは言えないかな。中でも、インタビューを受けるのは苦手。アイドル誌の取材は、各誌1カ月に1回必ずあって、CDをリリースするとき、出演した映画が公開されたりドラマが始まる時期になると、1日に10～20誌のインタビューを受けることもある。ものすごい数の質問に答えてると、いくら脳みそを振りしぼっても話すネタはつきてくるわけで…(笑)。そういうとき、俺はインタビューが苦手だなって思うんだ。基本的にプライベートは引きこもりなこともあって、話の引き出しが少ないなって。そう感じるのはつまり、媒体によって話の内容を変えようとしてるからなんだけど、それはお金を払ってその雑誌を買ってくれるファンの方たちがいるかぎり、当然のことだと思ってる。中には、「同じ質問なのに言ってること違わない？」って疑問に感じてる人もいるかもしれないけど、それは意図的にやってることなんだ。そう信じて、俺の言葉を受け取ってもらえたらうれしいな。

ライブのMCや映画の舞台あいさつ。お客さんの前で話すことは、わりと好きなほうだと思う。だから、自分の気持ちに素直でいたいし、普通は言わないだろっていうことも言っちゃうタイプ(笑)。もちろん先々の決まってる仕事とか、本当に言っちゃいけないことは言わないけど、俺が何をどう感じてるかは包みかくさず話したい。そうすることによって、思ってもみなかった受け取られ方をしたり、誤解を招いてしまうこともある。でも、それはこの仕事をしていく上で、つきものなのかなって思うし、どう受け取るかはその人の自由。だけど、そういう誤解が少しでも減らせるように、自分の口で直接真実を伝えられる場所は、これからも大切にしていきたいんだ。

たまに「エゴサはしますか？」って聞かれることがあるけど、俺は普通にする。1日1回必ずとかではないにせよ、ライブが終わったあとなんかは、みんなの感想を見てたよ。特に『PARADE』ツアーは俺が中心となって作らせてもらったこともあって、〝どう感じたかな？〟って気になったから。俺が見た範囲では好意的なものが多くてうれしかったし、もちろん厳しい意見もあったから、そこは今後の参考にさせてもらおうと思ってる。それプラス、SNSに上がるトレンドワードは毎日見るようにしてる。政治的な話題や社会問題…世の中で何が起きてるのかを知っておくためにね。そうやってこまめにチェックしてると、たまに自分やメンバーの名前、グループに関するワードが出てくることもある。だから、今年のあたまにファンの人たちがトレンドに上げてくれた〝山田涼介は最高のアイドルだよ〟のハッシュタグも当然見た…と言いたいところなんだけど、あのときはスマホをさわる余裕がなかったから、後日談としていろんな人から話を聞いた。すでに知ってる人も多いと思うけど、年末年始にライブがあるにもかかわらず、俺は体調を崩してしまって…。ステージ上では持ってる力を全部出したつもりだけど、それでも通常の半分ちょっとだったと思うから、ほかの公演と同じお金を払って見にきてくれてるお客さんに申し訳ない気持ちでいっぱいだった。そんな俺を〝最高のアイドル〟なんていう形で受け止めてくれるなんて、どれだけ心が広いんだろうって。JUMPのファンのみんなこそ、やさしくて、あったかくて、最高のファンだよ！

Vol.
086
余白

台本にない部分をどう演じるかにやりがいを感じる。

最近は、映画『大怪獣のあとしまつ』のクランクインに向けて髪を切ったり、いろいろと準備を進めてるところ。やらなきゃいけないことがたくさんあって、頭の中の余白部分は正直あんまり多くない。そして、そんな余白のほとんどを占めてるのは、〝山田家ゲームセンター化計画〟！　今まで衣装部屋として使ってた一室をゲームセンターに改造するべく、ウォークインクローゼットに置いてたゲーム一式を移動させて、さらにインベーダーゲームの機械も購入。ゆくゆくはテーブルゲームもできるようにしたいし、ジュークボックスも置きたい！　俺だけの理想のゲームセンターが完成したら、家から一歩も出なくなっちゃうかも(笑)。

2月、スケジュールに3日間の余白＝オフができて、大阪旅行をしてきたんだ。大阪に着いて最初に向かったのは、あべのハルカス。ちょっと前に見たアニメの『名探偵コナン』にあべのハルカスが出てきて、それ以来、気になってたんだよね。でも、カフェでお茶したあと展望台にのぼったら、まわりの人にバレて一瞬で退散(笑)。その時点でまだ夕方くらいで、〝このあとどうしようかな…？〟って考えたとき、以前JUMPについてくれてたマネージャーさんが今は関西でJr.を担当してることを思い出したんだ。それで「今、何してるの？」って電話してみたら、「舞台『青木さん家の奥さん』の会場にいるので、山田くんにもぜひ見てほしいです」って返ってきて。俺、その日朝4時起きだったから、〝万が一途中で眠くなったらどうしよう…〟っていう不安を抱えながら行ったんだけど、いざ観劇したらそんな心配は無用！　めちゃめちゃおもしろくて、よくアドリブであんなにしゃべれるなってビックリしたよ。キャストはみんな本当にすばらしかったけど、中でも丈(藤原丈一郎)はピカイチだったね。その日は俺だけ大阪に1泊して、次の日友だちと合流してユニバーサル・スタジオ・ジャパンを楽しんでから帰ってきた。いっぱい笑った2日間、いいリフレッシュになったよ。

台本の余白部分には、何も書き込まないタイプ。監督の指示は、全部頭で覚える。書き込んじゃうと、俺の性格上、それ通りにやることばっかりに力を注いじゃって、枠からはみ出ることができないんだよね。俺は、言われたことをやるだけが芝居じゃない、ときには監督の想像のななめ上をいく芝居をすることも必要だと思ってるから。映画『燃えよ剣』の原田(眞人)監督は、すごく自由に沖田総司を演じさせてくれた。台本に書かれてない余白の部分をどう演じるか。それを考えることは、やりがい以外の何物でもなかったんだ。

忙しかったり、物事が思い通りに進まなかったり…そういうことで心の余白がなくなってイライラすることは、さすがにもうない。事務所では後輩も増えて中堅と呼ばれる立場になってきて、後輩の中には「あこがれの先輩は山田くん」って言ってくれるコがいたりして…そりゃ大人にならざるをえないよね(笑)。今みたいな短い髪、昔だったらセットが決まらないだけでイライラしてたけど、もはやなんでもいいもん。カッコつけたいとか、必要以上によく見られたいっていう気持ちがなくなってきたんだと思う。ファンのみんなにも、「山田くんの新しい髪型が見られた！」って前向きに受け止めてもらえたらうれしいな。心の余白を持って、ね。

苦しい今だからこそ、エンターテインメントを届けたい。

今、俺が最も力を注いで取り組んでること、それは『大怪獣のあとしまつ』の撮影。俺自身はまだ数日しか現場に行ってないんだけど、そのうちの1日は朝4時から茨城の川でスタート。前日まであったかい日がつづいてたのに、よりによってその日だけめちゃめちゃ寒くて、ガタガタ震えながらの撮影だったよ。それがどのシーンかは、完成作品を楽しみにしていてほしいな。ちなみに、その撮影は朝5時半に終了。俺はそのあとオフだったから、トレーニングをすることにした。1カ月くらい前からハマってて、超健康的な生活を送ってるんだよね。朝は6時に起きて、朝ごはんを作って、掃除と洗濯をして、8時から2時間のトレーニング。そのあと仕事に行って、余裕があれば帰ってきてからもう1回トレーニングする日も。筋肉痛がきたら2日間くらい休まなきゃいけないから、その間はほかの部位を鍛えてる。食べるものにも気をつかってて、P＝たんぱく質、F＝脂質、C＝炭水化物をバランスよくとるように。量もたくさん食べなきゃいけないから、夜は焼き肉屋さんで赤身の肉を10人前頼んで、食べ終わるまで帰れないっていう〝ひとり帰れま10〟をやるのがおきまりになってる(笑)。

映画で共演中の(土屋)太鳳《たお》ちゃんは、役への取り組み方やお芝居に対する姿勢がマジメで、誰に対しても腰が低くて、すごく尊敬できる女優さん。以前『スクール革命！』に出てくれたこともあるし、日本アカデミー賞の授賞式のときも同じテーブルに座ってたから、面識はあったんだ。現場では、俺がオススメのマンガを教えたり…そうそう、俺の好きな『今際の国のアリス』っていうマンガがドラマ化されて、太鳳ちゃんも出てるんだけど、俺はひそかにその主人公を演じたかったんだ。でも、山﨑賢人くんがやるって聞いて、〝うん、納得！〟みたいな（笑）。監督の佐藤信介さんは、俺がいつかごいっしょしてみたい方のひとりだから、「撮影はどんな感じなの？」って聞かせてもらったりもしてる。俺が話を聞きながら「うらやましいなー」「いいなー」を連発していて、太鳳ちゃんに「山田さんなら今からでも出られそうですよ」って言われたときは、さすがにツッコんだよ（笑）。

新型コロナウイルス感染拡大の影響で、日常のさまざまな当たり前が失われて、イベントやコンサートも中止になってる今。いろいろな考え方があると思うけど、俺はエンターテインメントを届ける側にいる人間として、こういうご時世だからこそ娯楽は必要だと思ってる。だから、チーム一丸となって全力で映画を撮影するのが、今の俺たちにできること。たくさんの方が何の不安もなく、この映画を心から楽しめる日が来ることを願って。

アイドルを応援してくれてる方の中には、楽しみにしてたイベントやコンサートが中止になったり延期になったりして、悲しい思いをしてる人たちがたくさんいると思う。みんな、きっと、その日を楽しみに勉強や仕事をがんばってきてたんだよね。そういう気持ちを考えると、誰も悪くないとはいえ、申し訳ない気持ちでいっぱいになる。でも、事務所や先輩後輩たちにとっても、時間をかけて準備してきたイベントやコンサートを自粛することは苦渋の決断だったはず。だから、そんな気持ちを尊重するためにも、今はより楽しいものを届けるための準備時間だと思えたらいいよね。いつかまたイベントやコンサートを再開できたとき、待っててよかったなって感じてもらえるような時間にしていきたいと思ってるんだ。

Vol. 088

動き出す

俺から仕事をとったら、きっと何も残らないと思う。

今回の『真紅の音』は、リモートでのインタビュー。

『真紅の音』が始まって丸5年経ったタイミングでも話したけど、この連載をつづけていく原動力の中でいちばん大きいのは、木村拓哉さんが連載していたＭＹＯＪＯのいちばん最後のページを引き継いでるっていうこと。歴史あるこの場所をまかせてもらえるアイドルはそう多くないと思うし、その中でもＭＹＯＪＯが俺を選んでくれたっていうことは本当にありがたく感じてる。だからこそ、いつも素《す》の自分でインタビューにのぞみたいし、これからも包みかくすことなく、そのときのリアルな俺を届けていきたいんだ。

というわけで、今月も最近の俺の話をすると…家にいる時間が長いから、めちゃくちゃ掃除してる！　おそらく部屋にはチリひとつ落ちてないし、この間はお風呂場のカビと鏡についたウロコを全部とってみた（笑）。これだけ長い期間をゆっくり過ごすのは、ひさしぶり。たっぷり休養してることで、自分の体のコンディションがベストなときはどういう状態なのかを知ることもできた。外出自粛期間が始まる前、ジムに通ってたときはベンチプレスで55kgをフガフガ言いながら5〜6回上げるのが限界だったけど、今なら65kgくらい上げられる気がするもん（笑）。そうそう、ニューヨークで同じく外出制限生活を送ってた（岡本）圭人とも電話で話したよ。ある日、圭人があまりのさみしさにHey! Say! 7のグループトークに「みんなでグループ通話しませんか？」ってメッセージを送ってきて、俺はゲーム中だったから返事できなかったんだけど、そのあとすぐにグループ通話がスタート。俺は4人での会話に参加しながら、オンラインゲーム上の会話もつづける状態に…。いっしょにゲームしてた(永瀬)廉を「えっ？なんの話ですか⁉」って混乱させてしまって申し訳なかったけど(笑)、4人で話すのはひさしぶりで楽しくて、けっこう長い時間しゃべってたよ。

好きなときにマンガを読んで、映画やドラマを見て、ゲームをして、週1回のチートデイにはアイスやお菓子を食べて、眠くなったら寝て…。今みたいな、のんびりした生活も悪くないなって思う反面、早く働きたいっていう気持ちも同じくらいある。こういう状況になる前は、仕事があることが当たり前の生活だった。でも、ある日突然それを奪われてしまって、そしたら何をしたらいいか一気にわからなくなっちゃったんだよね。今回の経験を通して、俺から仕事をとったら何も残らないんだなっていうことがわかった。改めて、俺は仕事をしてないとダメな人間なんだなってね。だから、最近はリモートとはいえ仕事をしてると、いきいきしてる自分がいるのを感じるんだ。またみんなで集まって仕事ができるようになったら、早く『大怪獣のあとしまつ』の撮影現場に行きたいし、プライベートでもお店でごはんを食べたりしたい。家で鶏むね肉をゆでたり、出前をとる生活ばっかりだと、どうしても飽きてきちゃって…。今、焼き肉屋さんは、大好きなハワイよりも行きたい場所かも(笑)。

13年間ケンカ知らずの知念は、俺の大事なバディ！

外出自粛期間が明けて仕事が再開した今は、自分の中のスイッチが入った感覚。家でゲームする時間がなくなってイヤだなって感じたりするのかと思ってたけど、やっぱり仕事をしてるときのほうが比べものにならないくらい楽しい！　そして、そんな中で始まったのが、ドラマ『キワドい2人－K2－池袋署刑事課神崎・黒木』の撮影。お話をいただいたときは、連続ドラマへの出演が決まったことも、今をときめく田中圭さんとごいっしょできることも、すごくうれしかった。田中さんの印象は、お芝居の仕事だけにとどまらずバラエティー番組にも出ていて、とてつもないレベルで忙しい方。お会いして最初のころは、「寝る時間ないいんじゃないですか？」とか、そんな話ばっかりしてたもん。でも、ご本人いわく、ちゃんと休む時間もあるらしくて、それを聞いた俺は安心した(笑)。実際にお仕事してみると、田中さんにはすごくおちゃめな一面もあることが判明。俺、ドラマの現場で長めのあき時間ができるとジムに行ってるんだけど、田中さんはそういう俺を見るたびに「マジかよ～」ってビックリしてたんだよね。それがある日、田中さんが笑顔で近づいてきて、「山田くん！　俺、今からあき時間があるんだけど、何すると思う⁉　パーソナルジム、行ってきます！」って(笑)。そんなかわいらしいところもありながら、お芝居に対してはもちろんストイックで、「ここのシーン、どうしようか？」って声をかけてきてくれることも。主演は俺だけど、現場での振る舞いは田中さんのほうがずっと主演っぽくて、日々勉強させてもらってるよ。

俺がバディに求めるのは、俺のことをちゃんとわかって、立ててくれる人。後先考えず突っ込んでいく特攻隊長タイプの俺が、1歩下がって援護射撃するのは無理。だからこそ、うしろから状況を判断して、ときには止めてくれる人が必要なんだよね。そんな俺にとって、いちばんバディと呼べる存在に近いのは知念。知念には物事を客観的に見られる面があるし、何よりも俺のことをよくわかってるから。こんなことをしたらイヤがるだろうなとか、逆に好きだろうなとか、そういうところを察して動いてくれる知念は、いっしょにいてラク。知念とガッツリ仕事をするようになったのは、Hey! Say! 7が結成されるちょっと前。だから、もう13年くらいのつき合いになるんだけど、今までケンカしたことはほとんどないっていうのが、ふたりの関係性を物語ってるんじゃないかな。

ほかのメンバーをバディに選ぶとしたら…目的によって相手は変わってくるかも。薮(宏太)ちゃんとは、またライブの演出を考えたいし、ゲームをするなら大《だい》ちゃん(有岡大貴)。彼は、初めてのゲームでもできちゃうセンスを持ってるんだよね。いっしょに旅行するなら、(髙木)雄也か、いのちゃん(伊野尾慧)。特にいのちゃんとは食の趣味も合うし、気楽な旅ができそう。俺は旅先で何も考えたくない人なんだけど、いのちゃんも行き当たりばったりの旅を楽しむタイプだと思うから(笑)。漫才コンビを組むなら、八乙女(光)さん。俺はどっちかというとツッコミだから、何も言わなくてもボケてくれる彼となら、おもしろくなるんじゃないかなって。そして、もしメンバーと刑事ドラマをやるなら、裕翔。お芝居に関しては、どんなジャンルであれ、やっぱり裕翔とやりたい。きっと俺が田中さん演じる黒木みたいな破天荒なキャラで、裕翔は俺が演じてる神崎みたいなマジメな刑事をやることになりそう。そんなもうひとつの『K2』も、いつか実現できたらいいな。

Vol.
090
Various

圭ちゃん&涼ちゃんの絆は、いい感じに深まり中♪

『キワドい2人-K2-池袋署刑事課神崎・黒木』の撮影は、長くつづいた梅雨のせいでロケ部分がなかなか思うように進んでないっていうのが現状かな。雨で撮れなかったシーンがどんどんあとまわしになっていって、結局第1話を撮りきるのに約1カ月かかったからね。それに加えて、新型コロナウイルス感染予防対策の一環で、今は休憩時間やリハーサル…本番以外はフェイスシールドの着用が必須。とはいえ俺たち役者陣は本番は外せるけど、スタッフさんは常に外せないから、これから暑くなるにつれて体調が心配。みんなで力を合わせて乗りきっていきたいね。

撮影現場の雰囲気は、本当にいい感じ。俺も(田中)圭ちゃんも今すごく忙しいから、撮影現場で会うと、おたがいの体調を気づかって励まし合ってる(笑)。そうそう、呼び方は「田中さん」「山田さん」から「圭ちゃん」「涼ちゃん」に変わったよ。YouTubeチャンネルの撮影のときに、俺から「〝圭ちゃん〟と〝涼ちゃん〟でいきたいです!」って提案させてもらったんだ。それ以来、ふたりの距離も順調に縮まってきてるんだけど、今のご時世、以前みたいになかなか気軽に食事に行ったりはできないからね。一度コロナが落ち着いた時期に圭ちゃんのほうから3回くらい食事に誘ってくれたんだけど、俺は歌番組の収録があったりでタイミングが合わず…。そうこうしてたら、また世の中的に会食できる状況じゃなくなってきちゃって。できれば撮影期間中に1回くらい、それが難しそうならクランクアップして時間が経ってからでも、共演者のみなさんとの食事会を実現できたらいいなって思ってるよ。

神崎の上司役を演じる八嶋《やしま》（智人《のりと》）さんとは、2008年に放送されたドラマ『スクラップ・ティーチャー～教師再生～』以来の共演。でも、その後、俺が19才くらいのとき、プライベートで1回ごはんを食べに行ったことがあるんだよね。八嶋さんがそのとき出演してたドラマの共演者の方との間で俺の話になったらしくて、誘ってくれたんだって。お会いするのはそれ以来だから、約8年ぶり。でも、見た目も性格も全然変わらなくて、相変わらず現場の空気を盛り上げてくれる頼もしい先輩なんだ。

神崎を演じる上でいちばん苦労してるのは、セリフの量。ドラマ『金田一少年の事件簿』シリーズに比べれば少ないんだけど、俺も、はじめちゃんを演じてたころの年令じゃないからさ（笑）。特に犯人を問いつめるときの犯行状況を説明するセリフは、似たような言いまわしが多くなるから大変。「昔の俺なら、これくらいの量、もっと速く覚えられてたよな…。セリフの入れ方は何も変えてないのにな…」なんて脳の衰えにショックを受けながら、悪戦苦闘してるよ。

プライベートでのできごともいろいろ語りたいところなんだけど…残念ながら、そんな時間はいっさいない（笑）。しいていえば、ジムに行ってるくらいかな。ドラマの撮影って、夜9時とか10時に終われば早いほうなんだけど、そういう日は帰りにジムへ直行。今の体型をキープするために、どうにか自分を奮い立たせてトレーニングしてるよ。あとは、ちょっとしたすきま時間にゲーム実況動画を見ながら、「俺は次いつゲームできるかな」って思いを馳せたり、ハワイの雑誌を見て「休みができたら絶対行くぞ！」って決意を固めたり。プライベートでもいろいろなことを話せる日が待ち遠しいな。

過去の自分をいい意味で裏切る。それが、俺の使命。

常に違う自分を見せていきたい。これは、俺が仕事をしていく上で頭の片隅に置いていることのひとつ。ずっと同じ姿ばかりを見せてたら、きっとすぐに飽きられちゃう。日々、新しいものが目まぐるしく出てくる今の時代においては、特にね。じゃあ、そうならないために自分には何ができるのか、どういうふうに立ちまわればいいかを考えることは、俺たちみたいな仕事をしている人にとっての使命なんじゃないかな。でも、ファンのみんなの中には、今までに見たことのない山田涼介像に出くわしたとき、「こんな姿は見たくなかった」って思う人もいるのかもしれない。ただ、俺の率直な気持ちを話すなら、そういうふうに受け取られてしまうことはすごく悲しい。新しい自分を見せつづけようとしているのは、ファンの人に喜んでほしいから。そのポジティブな気持ちを悲観的に受け止められるのはいちばんさみしいことだし、そう言われてしまうと俺は何にも挑戦できなくなってしまう。もちろん応援してくれてる人たちにもそれぞれの想いがあるから、仕方のないことなんだけどね。自分はファンの人があって初めて成り立ってることを十分理解してるつもり。そんな大切な存在を悲しませたり裏切ったりするつもりで仕事とは向き合ってないから、これからもそこは信じて、ついてきてもらえたらうれしいな。

Jr.として活動し始めたころは、「誰に対してもいいコでいなきゃ」っていう思いが先行して、なかなか本当の自分を出すことができなかった。でも、それって本来の俺じゃないし、あるとき応援してくれてる人たちを裏切ってるような気がしたんだ。それ以降はバラエティー番組で素《す》の自分を出すようになったし、ファンの人にもそんな姿を受け入れてもらえたらいいなって思うようになっていった。大事なのは、いいコでいることじゃなくて、自分の意見を述べて、間違ってることは間違ってるって言える勇気。そう思えたのは、この仕事1本でやっていくんだって覚悟を決めた瞬間でもあったかもしれない。

自分らしくいることによって、ラクになったり、環境がよくなったかって聞かれたら、答えはわからない。この『真紅の音』を読んだファンの人がどう思うかわからないのと同じでね。でも、こんな俺の活動を応援してくれたり、ライブに足を運んでくれる人がいるわけで、俺はそういう人たちを全力で大切にしたい。なんでもかんでも包みかくさず話しちゃうようなやつのことを好きでいてくれるなんて、本当の愛だなって思うんだ。

殻を破る…というと大げさだけど、これまで経験したことがない分野で新たに挑戦してみたいのは、ゲーム実況の生配信。実現すれば、ファンの人だけじゃなくて、ゲームが好きな人にも動画を見てもらえて、もしかしたらHey! Say! JUMPのことを知ってもらえるきっかけにもなるかもしれない。ゲーム好きを満足させられるかはわからないけど、ある程度プレイできる自信はあるよ。芸能人がちょっと始めてみましたっていうレベルじゃないのは、たしかだから(笑)。そういえば、昨夜はゲーム内で新しいイベントがあって、ひさしぶりにやったんだけど、新しいキャラクターでいきなりすごい記録を出すことができた！　2試合目で、いきなり3000ハンマーっていう数字をたたき出した俺、まぁ…上等かな(笑)。なんのことだかわからない人がほとんどだと思うけど、これはぜひ自慢したい記録だから、『真紅の音』に残させてもらいます(笑)。

Vol.
092
%

俺の頭の中は、仕事、高級マットレス、グルメツアー！

今の俺の脳内を円グラフで表すとしたら、70%くらいを占めてるのが仕事。残り30%の中だと、いちばん大きな割合は『櫻井・有吉THE夜会』の企画で買った高級マットレスのことかな。もうすぐ家に届くから、単純に待ち遠しいんだよね。あの寝心地はマジでヤバい！　一度寝転がったら、はたして俺はここから起き上がれるんだろうかって(笑)。次は、ベッドサイドに置くミニテーブルをねらってるところなんだ。

%っていう記号を見て思い浮かぶのは、スマホの充電。俺の場合、だいたいいつも電池のマークが赤くなってるから、20%を切ってる状態が当たり前。仕事中、特にドラマの撮影現場だとほとんどさわらないから、寝る前に30〜40%残ってたら充電せずに次の日そのまま出かけちゃう。もし出先でバッテリーが切れたら…近くにいるメンバーやスタッフさんのモバイルバッテリーを拝借。俺のスマホは、基本、誰かに依存して生息してます(笑)。

今の体脂肪率は、10%か11%くらい。一時期はひと桁台までいったんだけど、鍛えつづけてたら『キワドい2人ーK2ー池袋署刑事課神崎・黒木』で着てたスーツが入らなくなってきちゃったんだよね。それでスタッフさんにトレーニングを止められて、休止してたところ(笑)。2010年の『SUMMARY』のときは、5%くらいまでしぼったこともあるよ。しぼったっていうか、高校に通いながら仕事に行って、筋トレして…っていう生活をつづけてたら、自然とそうなっていった。理想の7%に向けて、そろそろまたトレーニングを再開させたいな。

毎日の降水確率は、わりとチェックしてる。特に今回のドラマはロケのシーンがほとんどだったから、スタッフさんに「明日の降水確率どれくらいなんですか?」って聞いたりもしてたかな。80%だったらさすがにロケは中止になって屋内で撮影可能なシーンに変更になるだろうから、そっちのセリフを覚えておこう…とか、臨機応変に対応するためにね。でも、逆にプライベートでは、天気予報はほとんど気にしない。外でバーベキューする予定があるとかだったらさすがに見るけど…あと車を出す日もね。俺、雨の日は絶対自分の車に乗りたくない人なの。なぜなら、洗車に出すのが面倒だから(笑)。

2020年も、残すところあと2カ月。今年のあたまにプライベートでやりたいと思ってたことの達成率は、0%かな。もともと今年は映画とドラマの撮影で忙しくなるってわかってたから、最初からそういうことを考えないようにしてたかも。でも、もし実現できるなら、おいしいごはんを食べることを目的にしたツアーをしたいね。最近友だちとそういう話になって、福岡にある有名なお寿司屋さんの話題で盛り上がったの。そこは予約が半年先までいっぱいの人気店なんだけど、その友だちがたまたま予約をとっててさ。結局こういうご時世だし…っていうことで泣く泣くあきらめたんだけど、まずはそのリベンジで福岡に行くでしょ。そのあと下関でふぐを食べて、沖縄へ。そこから韓国に飛んで、最後は中国! 去年の10月ハワイに行ったとき、日本に台風が直撃して急遽《きゅうきょ》上海経由で帰ることになるっていうハプニングがあったんだよね。そのとき、上海の空港で友だちと「せっかく中国に来たなら超高級なお店で食事しよう!」っていうことになって行った中華料理店が最高においしかったの。あそこで締めくくれたら、最高のグルメツアーになるはず!

Vol.
093
ルーティン

決まりごとにとらわれず常にベストな自分でいたい。

仕事がある日の朝は、どんなに早いスタートだとしても家を出る1時間半前にスマホのアラーム一発で起床。ベッドから出たら、すぐにキッチンへ。その理由は、体作りの一環で朝昼夜のごはんを自分で作るようにしてるから。作るっていっても、卵10コを割ってスクランブルエッグにして、鶏のむね肉400gを低温調理器に1時間入れておくだけ。その間にシャワーを浴びて、スクランブルエッグと小さく切ったむね肉を3つの保存容器にわけて入れたら完成。それを持ち歩いて食べてるんだけど、夜はほかにも仕事の現場で用意してくれたものの中から高タンパク低カロリーなものをいただいてる。糖分も塩分もほとんどとってないから、味覚が研《と》ぎ澄《す》まされてるみたいで、今日MYOJOの現場で食べた銀だらの西京焼きは、体に染みわたるおいしさだった(笑)。そんなわけで、これが最近の俺のモーニングルーティン。我ながら、よくやってるなって思う。今まではまわりから「ストイックだよね」って言われてもピンとこなかったけど、今回は初めて自分でも「俺ってストイックなんだな」って思ったよ。

仕事のあとはジムに寄ってトレーニングして帰るから、家に着くのはだいたい0時くらい。次の日も朝早くから仕事の予定が入ってることが多いんだけど、そんな中でもゲームは必ず1回やるようにしてる。そのときの調子によっては2分で負けて終わっちゃうこともあるから、そういうときはさすがにもう1回やるけどね(笑)。そのあとは、お風呂に入って就寝。ちょっと前までは寝る前にスマホを枕元で充電しながらいじってたけど、それをやると寝られなくなっちゃうから、今はあえて足元のほうで充電してるんだ。そうすれば目覚めたときもアラームを止めるために1回起き上がらなきゃいけなくて、二度寝防止にもなるしね。そういえば、『櫻井・有吉THE夜会』の企画で買ったマットレスが届いたんだけど、起きたときの疲れのとれ方が全然違う！　良質な睡眠をとることがどれだけ大切かっていうことに気づかされた、いい買い物だったよ。高かったけど(笑)。

そんなストイックな毎日を送ってる俺の理想の1日を発表するなら…。朝は10時に起きて、出前で頼んだオムライスを食べて、おなかいっぱいになったら昼寝して、起きてからもベッドの上でダラダラしながらスマホをいじって、15時くらいから真夜中まで家から1歩も出ずにゲーム！　部屋着のまま1日を過ごすっていうぜいたくが、今の俺には必要なのかなって。よくおしゃれなモーニングルーティンやナイトルーティンを動画サイト上に公開してる人がいるけど、俺のこんな自堕落な1日は絶対お見せできないね(笑)。

仕事においてのルーティンは、ほとんどないかも。たとえばドラマや映画の撮影に入る前だと、どんな役を演じるかによって準備するかしないか、準備するにしてもその内容が違う。ライブの本番前に絶対やるのは、ヘアメイクとトイレに行くくらい(笑)。ルーティンっていうのは、毎回同じことを繰り返すっていうこと。俺は忍耐強くないから、仕事にそういう決まりごとを持ち込むのはつまらないって思っちゃうんだよね。いつも一定のテンションで仕事にのぞみたいっていう気持ちもわかるけど、俺の仕事は常に同じテンションじゃ、つとまらないとも思ってるから。むしろ、この仕事は挑むものも求められることも日々違うのが魅力。ルーティンにとらわれて、最大限のパフォーマンスを発揮できない…なんていうことにはなりたくないんだ。

Vol.
094

2020

みんなに会えない時間、もっともっと埋めていきたい。

2020年は、日本だけじゃなく、世界が流動的に動かざるをえなかった年。さみしい1年にはなってしまったけど、Hey! Say! JUMPとしては新しいことにチャレンジできた年でもあった。新型コロナウイルスの影響で多くの人がインターネットにふれる機会が増える中、その環境をいかさない手はない。そう考えたメンバーがスタッフさんと何度も話し合いを重ねて、アルバム『Fab! -Music speaks.-』の発売に先がけてYouTubeチャンネルで新曲のミュージックビデオを公開することにしたんだ。ファンの人に直接会えない状況でもJUMPの姿を届けることができたし、結果的にはJUMPのファンじゃない人たちにも見てもらえたからこその再生回数を記録することができて、すごくいい試みになったと思う。

山田涼介個人としては、2020年はめっちゃ働いた年(笑)。毎年、1年の終わりに「今年がいちばん忙しかった」って感じるけど、結局はそれを更新しつづけてる気がするんだ。2021年もそう思える年になったらいいなって思う半面、正直これ以上の忙しさってなんだろうって思う気持ちもあって、ちょっと複雑(笑)。そんながんばった自分にごほうびを贈るとしたら…そういえば、この間、知念(侑李)と「スーツケースの形をしたクラッチバッグって、マジで使えるよね」っていう話になって、その場の勢いでそれぞれショッピングサイトから色違いを注文したんだよね。その数時間後、『ベストアーティスト2020』の現場でメイクしてるときに、よくよく考えたらポチっていい値段じゃなかったなって思ったりもしたけど、それが2020年の自分へのごほうびっていうことで！
そんな1年を振り返ってのいちばんのニュースは、俺の大好きな元プロゲーマーのＳｔｙｌｉｓｈＮｏｏｂさんといっしょにゲームをできたこと！　もともとは俺の親友とＳｔｙｌｉｓｈＮｏｏｂさんが仕事で関わりがあって、ＳｔｙｌｉｓｈＮｏｏｂさんもご自身が配信されてる動画の中で俺とコラボできたらいいなって言ってくださってたんだ。それを見て、だったら失礼に当たらないんじゃないかと思って、親友にお願いして紹介してもらうことに。俺にとって最高にあこがれの人だったから、めっちゃ緊張したけどね。でも、動画で見てた通り、プレイ中はずっとしゃべりながらすごく楽しそうで、足元にもおよばないレベルの俺に対しても寄り添ってくれるやさしさがあって、改めて人としても魅力的な方だなって思った。その後もしょっちゅうメールのやりとりをさせてもらってるんだけど、内容は基本的にゲームの話ばっかり。「今のランクどれくらい？」とか「今はこの武器とキャラが強いね」とか、ときどき俺から「あの場面は、どうしたらいいんですかね？」って、ぜいたくな質問をさせてもらったりも。同じゲームをプレイしてる方々からしたら「山田ずるいな！」って感じると思うんだけど、そこは本当にすみません…。

２０２０年の心残りは、ファンの人たちに会えなかったこと。２０２１年はどういう状況が待ち受けてるのか、まだわからない。でも、もし会えなくても、その時間の埋め方をＪＵＭＰも事務所も少しずつ見出《みいだ》してるところだから、みんなに喜んでもらえるコンテンツは引きつづき考えていくつもり。コロナに負けず、おたがいが健康で会える日を願って、２０２１年もよろしくお願いします！

Vol. 095 惹かれる

変わらないことを大事にできる人に惹かれるんだ。

ちょっと前の話なんだけど、ひさしぶりに丸1日のオフがあって、親父と母親と過ごした。親父から、妹が子どもの荷物を入れて持ち歩いてるバッグがボロボロだから新しいのを買ってあげようと思ってるって聞いて、俺も半分お金を出すことに。そういえば妹から「バッグを受け取った」とか、お礼の連絡は特になかったな…。もしかしたら、親父が自分だけの手柄にしてるのかもしれない(笑)。そのあと3人で軽く食事をして…お店の器がものすごく大きかったから、親父が店員のお姉さんに「運ぶの大変だね」って話しかけてて、お会計のときなんて「俺と息子、払わせたいと思うほうの前に伝票を置いてください」とか言っててさ。俺はずっとそんな親父に「若い学生のノリじゃないんだからやめてよ!」ってツッコんでて、母親がそのやりとりを見ながら笑ってるっていう。家族水入らずで過ごす、なんてことのない時間は、やっぱりいいものだなって思ったよ。

最近は、配信開始を楽しみにしてたドラマ『今際の国のアリス』を見るのが、ワクワクする時間。もともと原作のマンガが好きで読んでたんだけど、ドラマもおもしろい! そして、もうひとつハマってるのが、お笑い芸人のハリウッドザコシショウさん。仕事のあき時間に動画サイトを見てたら、たまたまハリウッドザコシショウさんの動画が出てきて、腹抱えながら爆笑しちゃった。それ以来、名前を検索して、いろんな動画をチェックしてるよ。でも、俺がずっと動向を追ってるいちばんお気に入りの存在は、やっぱりアインシュタインの稲ちゃん(稲田直樹)。それは、もうブレないね。稲ちゃんは、ワードチョイスのセンスが抜群で、発するひと言の爆発力がすごいの。だって、ナンパするときは、背中をトントンして振り返った女性に対して「遊んだろか?」って言うんだよ。あの稲ちゃんが…って考えたら、思わず「お前、何言うとんねん!」ってツッコみたくなるでしょ(笑)。コロナが収束して以前みたいに出かけられるようになったら、いちばんいっしょにごはんを食べに行きたい人かも。プライベートの稲ちゃんのこと、もっと知りたい!

今、俺の近くにいるのは、自分のことよりも相手のことを思いやれる人たち。俺がそういう人に惹《ひ》かれるのか、単純に似たタイプが集まったのかはわからないけど、気がつけばそういう人ばっかりが残ってるなっていう感じ。…っていっても、俺の頭の中にはふたりの男の顔しか思い浮かんでないんだけどね(笑)。そのうちのひとりは、俺がこういうインタビュー取材で、よく親友っていって話題に出す人。そいつは芸能界にいるわけじゃなくて、普通の会社員だから、友だちとかに「俺、山田涼介知ってるんだ」って自慢してもおかしくないと思うんだよね。でも、もう出会って8年になるのに、今までそういうことはいっさいなし。それどころか、親友の会社の人も交えて食事をすることになったときも、俺のイメージを崩すようなことは絶対言わないの。ふたりでいるときは、いつもバカなことで笑い合ってるのにね。そんな信頼できる親友は、もともと(岡本)圭人の友だちで、圭人が日本にいたころは毎日のように3人で遊んでたんだ。出会ったころから印象は全然変わらなくて、それは向こうも同じらしい。よくふたりでそういう話になって、「いいのか悪いのかわかんないけど、まぁいっか」っていうところに落ち着いてる(笑)。だけど、大人になっていく中で、人は変わらないことのほうが難しいはず。ありのままの自分でいられる間柄《あいだがら》だからこそ、いつまでも笑い合えるんだ。

Vol. 096 With

ひとりでいる今だからできること、見つけてほしい。

2020年から2021年になる瞬間は、家でテレビをつけて収録したカウントダウンコンサートを見てたんだ。0時と同時にJUMPのグループトークであけおめメッセージを送り合って、オンエアを見ながら「俺たちが歌ってるときの照明、なんか暗くない？」「たしかに(笑)」っていうやりとりをしたり。今までの大みそかみたいに東京ドームのステージで先輩後輩やファンのみなさんと盛り上がれなかったのはさみしいけど、離れていてもメンバーとはつながってる感じがして、特別な年越しになったよ。

お正月休みは、ほぼ家に引きこもって、ひとりでずっとゲームしてたね。ゲームと向き合う時間がたっぷりあったおかげで、ゲーム部屋が充実。ネットで買ったオットマンと駄菓子の100コ入りセットを置いて、好きなときに駄菓子をつまみながらゲームするっていう生活。いや〜、娯楽の極みだったね(笑)。いつか自分の家を買ったら、一見壁にしか見えないところの奥にかくし部屋を作って、ちょっとしたバーカウンターとゲーム部屋をかね備えた最強の娯楽空間を作りたい！　そんな妄想がふくらんだ時間でもありました(笑)。

俺が肌身離さず持ち歩くものといえば、スマホ、お財布、リップクリーム、目薬、お守り。例年、元日はカウントダウンコンサート後に事務所のみんなと初詣に行くのが恒例で、毎年そこでお守りと御札をいただくんだよね。今年はコロナの影響で初詣は自粛したけど、スタッフさん経由でお寺にお守りをあずけて新しいものに変えてもらったんだ。スマホでいちばん使うのは、メッセージ機能。マンガも、よく読むね。『ちるらん 新撰組鎮魂歌《レクイエム》』っていう新選組を描いた作品が好きで、映画『燃えよ剣』で沖田総司を演じる前からずっと読んでるんだ。もちろんＪＵＭＰのオリジナルＭＶやメイキングが見られる『smash.』のアプリもチェックしてるよ。縦型の動画だから、実際に見るまでどういう感じになるのか想像しにくい部分もあって、「こういうふうに映るなら次はここを気をつけよう」とか思ったり。アプリをインストールしておけばいつでも見られて、便利！

新型コロナウイルスと共存していかなければいけない、ｗｉｔｈコロナ時代のエンターテインメント。ドラマや映画の撮影ひとつとっても、リハーサルでフェイスシールドをつけてお芝居しなきゃいけないのは多かれ少なかれストレスを感じる。それに、俺たちに会えるのを楽しみにしてくれてるファンの人のことを考えると、対面のライブがしばらくできないのが何よりも心苦しい。その上、俺は公式サイトのブログを上げる頻度も高くないし…。自覚はあるのよ。でも、こういうインタビューで話した内容をのぞくと、とりたてて書くことがなくて。なんてことないひと言でよければ書けるけど、俺個人の考えとしては、ブログをそういう場所にはしたくないんだよね。何かお伝えしたいことができたらすぐにアップするので、気長に待っててください(笑)。

日常生活においても、今の状況がつづいてうれしい人なんていない。だから、やっぱりそれぞれが感染予防に気をつけなきゃいけないし、ｗｉｔｈコロナの生活を見つめ直す必要があると思うんだ。家の中でできる趣味を見つけたり、おうち時間を充実させるためのアイテムをそろえたりするのも楽しいよ。ただ、俺が言うのもなんだけど…ゲームは生活リズムが乱れない範囲でほどほどにね(笑)。

Vol.
097
POWER

仕事、ゲーム、お菓子、買い物、ハワイが俺の元気の源!

最近は映画『大怪獣のあとしまつ』の撮影が再開して、いい感じに忙しい日々が戻ってきた。年明けのゲーム漬けだったオフが恋しいっていう気持ちもなくはないけど(笑)、三木(聡)監督との現場では今まで感じたことのなかった刺激を味わってるよ。たとえば、台本に書かれてるセリフは一字一句間違えちゃいけないし、セリフに「…」があったら、しっかり間《ま》をとって含みを持たせなきゃいけない。監督があるキャストの方に「俺が1年も2年もかけて考えた台本とセリフをその場の思いつきやアドリブが超えられるとは思えない」って話してるのを見て、めちゃめちゃカッコいいなって思った。最後まで信じてついていこうって、心に決めた瞬間だったよ。

今回の作品は自然豊かな場所で撮影することが多くて、ふだんなかなか外に出られないぶん、いいリフレッシュになってるんだ。この間は栃木に行って、実際におばあちゃんが住んでるおうちを借りて撮影したんだけど、そのおばあちゃんが庭で甘夏を育ててたの。それをもがないかって、俺と(土屋)太鳳ちゃんに声をかけてくれて、休憩時間に突然の甘夏狩りタイムが始まったことも(笑)。「まだすっぱいから1週間待ったほうがいい」って教えてもらったから、家に持って帰って食べるのを楽しみにしてるところなんだ。

そんな俺にとってパワーの源になってるのが、ゲーム中に食べるチーズ味のスナック菓子。買いすぎたから処理しなきゃっていう気持ちで食べつづけてたら、いつのまにかハマっちゃった(笑)。あとは、ネットショッピングかな。俺、今まで出演させてもらったドラマや映画の台本は全部とってあるんだけど、その日撮影するシーンだけを抜粋した割本《わりぼん》や紙資料も捨てたことがなかったの。でも、さすがにそれがとんでもない量に増えて引き出しに入りきらなくなってきたから、紙類を裁断するシュレッダーが欲しくて、プリンターつきのちょっといいやつを購入。それがきっかけで買い物熱に火がついたみたいで、ゲームまわりの機材もいろいろ買っちゃった。パソコンにつなぐUSBケーブル、それとは別にディスポートケーブル…ディスポートケーブルはパソコンにつなぐことによってフレームレートっていう1秒間の動画で見せる静止画の枚数をマックスの240Hzにするために必要なもの。ほとんどの読者の方は、きっと俺が何を言ってるかわかんないと思うけど(笑)。この間は知念からいいシャンパンをもらって、そういえばうちにシャンパングラスがないことに気づいたから、それもGET。今挙げたのはまだごく一部っていうくらい注文しちゃって、自分でも把握できなくなってるから、はたしてこれから何が届くのかワクワクしてる(笑)。

俺にとってのパワースポットは、やっぱりハワイ。いるだけで元気が出てくるし、ハワイにいるときの俺はいっさい怒らない(笑)。心が寛大になってるから、日本だったらムカつくことも「そんなこともあるよね」ですんじゃう。ハワイで怒った唯一の記憶は…空港に置き去りにされたとき。初めての海外旅行だったのに(中島)裕翔と俺だけなぜか取り残されたんだよ。当時は小学5年生だったから、もちろん英語も全然しゃべれなくて。たしかメールで送られてきた住所をタクシーの運転手さんに見せて、なんとかたどり着いたけど、振り返ってみると我ながらよく乗りきったなって思う。あのときだけは、ハワイの青空の下でさすがに絶叫したよ(笑)。

Vol.
098
チャンス

新しい自分に出会えるきっかけが、本当のチャンス。

今回の『Hey! Say! JUMP Fab! -Live speaks.-』は、大《だい》ちゃん(有岡大貴)と知念が中心となって作り上げてくれた、配信に特化したライブ。セットリストひとつとっても、俺には思いつかないような勝負した曲の並びになっていて、カッコいいJUMPを見せられるんじゃないかな。公演は3日間あって、3日ともオープニングが違うのも配信ライブならでは。そのほうがライブ感も伝わると思うし、何よりも全公演見てくれる方に楽しんでもらえるようにね。このMYOJOが発売されるころにはもうライブは終わってるけど、俺は3日間のためだけに髪色をド派手に変える予定! メンバー全員、最後までファンのみんなと直接会ってライブをしたいっていう気持ちは強かった。でも、お客さんの安全を考えると、こればっかりは仕方のないこと。デビュー15周年のときには万全の状態で会えると信じてるから、みんなにも今回の決断を理解してライブを楽しんでもらえたらうれしいな。

ライブリハーサル以外の時間にやってるのは、相変わらずゲーム。最近、家庭用ゲーム機のCS版からPC版に完全に移行したんだよね。これはあくまで俺の体感だけど、ランクが上位になればなるほどPC版のほうが敵が強いから、そういう人たちと戦いながら動きを勉強してるところ。そんなわけでCS版でいっしょにプレイしてた(永瀬)廉とは、今は全然やってなくて。廉は「山田くん、ゲームしてないな」って思ってるだろうけど、そういうわけなのよ(笑)。廉といえば、日本アカデミー賞の授賞式で、俺が新人賞を受賞したときのスピーチを引用してくれたっていう話をスタッフさんづてに聞いて、かわいいし、ありがたいなって思った。チャンスが飛び込んできても、それをものにできるかどうかは自分次第。映画『弱虫ペダル』でチャンスをつかんだ廉には、これからも強い心を持って走りつづけてほしい。俺も、チャンスをつかみつづけられるようにがんばるから！　すごく生意気に聞こえるかもしれないけど、俺は仕事のオファー数＝チャンスの数だとは思ってない。本当のチャンスっていうのは、今の自分に必要なもののこと。そして、それをどれだけ正確に選べるかが大事だと思ってるんだ。いただいたオファーがどれも自分にとって未知の世界で、なんでもやらせてもらってた時期もあった。でも、経験を積めば積むほど新しいことは当然減ってきて、30才を前にした今は、どこかでシフトチェンジして変化を見せていきたいっていう思いが強い。そうなると自分を自分でプロデュースすることが必要になってくるし、それはグループに関しても同じ。今は特に後輩たちの勢いがすごいし、先輩グループもたくさんある中で、その中間にいるHey! Say! JUMPというグループをどう進化させていくかは、常に考えてること。今は準備したり撮りためたりするものが増えてるぶん、メディアに出る回数は減るし、ファンの人たちが楽しめる機会も減ってしまってると思う。でも、自分たちがものにするって決めたチャンスに対しては全責任を負って向き合う。それは俺たちがアウトプットするものを見てもらえばわかるはずだし、少ない回数でも満足してもらえるように最大限の努力をつづけるつもりだよ。

細かい話でいうと、映画『燃えよ剣』や『大怪獣のあとしまつ』…公開前の作品ごとの役で自撮りした写真も、来るべきときが来たらみんなに見せようと思って、ためてあるからね！

Vol.
099
アイドル

俺にとってアイドルという仕事は天職だと思う。

「山田涼介にとってアイドルとは?」。そう聞かれたら、俺の答えは「想像の世界で生きてる人たち」。多かれ少なかれ美化されてるという意味では、宇宙人とか神様と同じかもしれない。でも、応援してくれる人の数だけ違った理想があるし、全員のそれに応えることは無理。だったら、ありのままの自分でいて、そんな俺を好きになってくれる人だけが好きになってくれればいいって思ってる。それに、自分の軸をしっかり持ってないと、仕事の選び方も、仕事への向き合い方も、いろんなことがブレ始めちゃう。じゃあ、どうやったら自分らしくいられるのかと聞かれたら…11才から仕事してれば自然とこうなるのかな(笑)。負けず嫌いで一度やると決めたことはとことんやる性格もきっと影響してるし、そうやって積み重ねてきた自信のひとつひとつが今の俺を作ってると思うんだ。

アイドルでよかったと思うことは、正直わからない。でも、この事務所でよかったっていうのは、しょっちゅう感じてる。早い段階から夢を見させてもらえて、この事務所だからできたこと、選ばれたこともたくさんある。ライブをやって、バラエティー番組に出て、お芝居をして…って、こんな経験ができる職業はなかなかない。基本的に常にふたつ以上の仕事をかけもちしてるから、毎回ドラマや映画の共演者に「大丈夫?」って心配されるもん(笑)。俺がアイドルに必要だと思うものはいろいろあるけど、そのひとつが想像力。時代の移り変わりとともにアイドルに求められるものが多岐にわたるようになってきたからこそ、求められるものに応えていくためには想像力を働かせることが必要不可欠。自分ではその力が低いほうじゃないと思ってるし、いろんなことに挑戦できるのはシンプルに楽しい。俺は、アイドルという仕事が天職だと思ってるんだ。

今月からMYOJOを含めて毎月出させてもらってきた雑誌にHey! Say! JUMPとして全員で登場するのは、いったんお休みに。いわゆる〝アイドル誌〟と呼ばれる雑誌は、俺たちが小さいころから載せてもらってきた特別な場所。誌面を通して、その成長を見つづけてきてくれた方たちも少なくないと思う。特にJUMPは載せてもらった期間が長かったぶん、そこから突然8人そろった姿が消えることをさみしく感じるかもしれない。でも、これはけっして悲しいことじゃないから。JUMPが大人への階段をのぼる、ひとつの進化だと考えてもらえたらうれしいな。その決断をしたのと同じタイミングで、俺には『真紅の音』はどうするのか？」っていう打診もあった。『真紅の音』は、木村拓哉さんが長年つづけてこられた連載を受け継いだ、大切な場所。この連載が決まるときにはMYOJOのスタッフさんたちの「やまちゃんでやりたい」っていう熱い気持ちも聞かせてもらった。たくさんいるタレントの中から俺を選んでもらって、自分で引き受けると決めたからには最後までまっとうする責任がある。だから、それをグループの連載が終わるタイミングでやめてしまうのは違うんじゃないかっていう話をした。もちろん、いつかは俺もこの場所を後輩の誰かに渡す日が来ると思う。それまでは、木村さんから受け取ったバトンをつなげるように、基盤をしっかり作っていきたい。この連載でハワイに行くっていう俺の目標も、まだ達成できてないし！というわけで、MYOJOさんが飽きるまで、もしくは読者のみなさんが「山田はもういいよ」って思うまで(笑)、引きつづきよろしくお願いします！

守りつづけてくれた雑誌という居場所、大切にしたい。

「もう１００回なんだ！」。それが、連載１００回目を迎えた今の率直な気持ち。自分の中でカウントしながらつづけてきたわけではなかったから、そこまで回数に重きは置いてないけど、この連載があることでＭＹＯＪＯに出つづけられるのはすごくうれしいこと。編集部のスタッフさんを通して『真紅の音』がつづくことを喜んでくれてる読者の方もいたって聞いて、素直にうれしかったしね。最近は、雑誌のほかにもＳＮＳを中心に俺たちが発信できる場所が増えつつある。だからこそ、俺は昔からある雑誌っていう媒体も大事にしていきたい。Jr.のころから連載をつづけてきてくれたスタッフさん、そしてそんな雑誌を手にすることで守ってきてくれたファンの人たちの想いに少しでも応えられるようにね。

この連載みたいにずっとつづけてきたものもあれば、新しく始まったこともあって、そのひとつがニノさん（二宮和也）、（菊池）風磨、中丸（雄一）くんとやってるＹｏｕＴｕｂｅ。俺にとってＹｏｕＴｕｂｅはあくまで見て楽しむもので、携わることはないと思ってたもの。世間のイメージ的にも、俺とＹｏｕＴｕｂｅってあんまり結びつかなかったんじゃないかな。だから、声をかけてくれたニノさんには本当に感謝してるんだ。動画のコメント欄を見てると、それぞれのグループのファン同士でおたがいの推しグループを称《たた》え合ってるのが、あったかくていいなって思うんだよね。「嵐のことが好きで動画を見始めたけど、このチャンネルをきっかけにＪＵＭＰにも興味を持った」っていうコメントを見ると、心からうれしくなるし、ステキな人たちに応援してもらえてるんだなって自然と口元がゆるんでくる(笑)。ほかにも、ありがたいことに「顔がキレイ」とか「輝いてる」って書いてもらえたりもしてるんだけど、俺はそんないいもんじゃないですよっていうことは伝えておきたいね。今後どんどん心を許していくにつれて後輩の風磨には普通に口が悪くなるだろうし…そのときは引かないでもらえたらうれしいです(笑)。ニノさんは言わずもがなすべてを指揮する司令塔、中丸くんは動画の編集面を完全に担《にな》ってくれていて、風磨は頭が切れるし先輩にも物怖《ものお》じせず発言できるキャラ。ぶっちゃけていうと、メンバーの中で唯一何もしてないのが俺なんだよね。ニノさんと中丸くんは「山田は、いてくれるだけでいい」って言ってくれるけど(笑)、その言葉に甘えるわけにはいかない。参加するからには何かしらの形で貢献できるように、自分の立ち位置を見つけていかなきゃと思ってる。それに、このチャンネルでやりたい企画はたくさんあるから、これからが楽しみ！　念願のゲーム実況企画が実現できたときには、第1号ゲストとして昨夜もいっしょにオンラインゲームをやってた知念を呼びたいな。知念にその話をしたら、「がんばるわ！」ってその気になってくれてたよ(笑)。

テーマの〝メモリアル〟にちなんで、最近の思い出に残るできごとを話すとしたら…。この間、お世話になってるプロデューサーさんの誕生日プレゼントを買いに行った帰り、俺の大好きな『僕のヒーローアカデミア』の展覧会をやってる場所の近くを通りかかったの。ひとりで20分くらい列に並んでいざ入ろうとしたら、係の人に「チケットは予約しましたか？」って聞かれて…。よくよく確認すると、事前に販売サイトでチケットを予約した人しか入れないシステムだったんだよね。何も知らない俺はもちろん手ぶらだったから帰るしかなくて、めちゃめちゃ恥ずかしい思いをした…っていう記念日ができたよ(笑)。

Vol.
101
原点

この街が俺に強さを教えてくれたんだ。

俺が幼少期を過ごした、この街に住み始めたのは、物心つく前のこと。きょうだい3人とも喘息《ぜんそく》持ちで体が弱かったから、両親が空気のキレイなところで子育てをしたいと思ったらしくて、自然がいっぱいある場所に引っ越してきたんだよね。木を見上げればカブトムシがいるし、池をのぞけばウシガエルがいて、子どものころの俺にとってはすべてが遊び場だった。大きなタコのすべり台が目印の公園では、いつもサッカーをしてたな。広かったから、遠くに転がったボールを誰が取りに行くかでよくモメたし(笑)。友だちも、今の何倍もいた気がする。コミュニティーがせまいぶん、どこに行ってもだいたい知り合いみたいな感じだったから。学校帰り、家族でよく行ってた焼き鳥屋さんで50円の焼き鳥を買おうとして財布に20円しかないと、おっちゃんが「いいから持って行きな!」って1本くれたりもして。街の人がみんなやさしくて、街全体があったかいところも大好きだったんだ。

ここは、まさに俺の原点。幼少期をこの場所で過ごしたからこそ、今でもたいがいのことは乗り越えられてるのかなって思う。小学生とか中学生にとっては、電車で何時間もかけて都心の仕事場に通うだけでも相当ハードだったからね。長い行き帰りの時間を同じマンガ…『地獄先生ぬ〜べ〜』だけで何年も耐えてた俺、すごくない? 常に7冊くらい持ち歩いてたから、カバンがめっちゃでかかったもん(笑)。

学業と仕事の両立は、本当に大変だった。特に、俺がJr.だったころは今ほどメディアに出られるわけでもなかったから。『ザ少年倶楽部』や『Ya-Ya-yah』に出ることができたのは、レッスンに集まった100人のJr.の中で踊れる数人だけ。だから、俺は次のレッスンでやるであろう曲を予想して、親に全身が映る鏡を買ってもらって家で練習して、いざレッスンに行ったときには完璧に踊れるように準備した。寝る時間なんてほとんどなかったから、電車ではよく寝過ごしてたよ。都心に向かう電車に乗ったのに、終点まで行って折り返して自分の最寄り駅を過ぎたところで目が覚めたこともあったくらい(笑)。当時は「今の自分にできることはなんだろう?」って考えて、それをやるだけっていう感覚だったけど、きっと同じオーディションで受かったやつらがテレビでマイクを持ってるのに、自分がそこにいないのがイヤだったんだろうね。この世界は、運やタイミングも大事。でも、それだけじゃないっていうのはたしかだから。努力は絶対報われるし、見てくれてる人は必ずいる。与えられた時間はみんな平等で、その時間をどう使うかは自分次第っていうことは、今がんばってる後輩のJr.たちに伝えたいな。

気分の浮き沈みが激しくて、テンションが上がると子どもみたいに無邪気になるところは、この街に住んでたときから変わらない。だから、今も好きな人とはよく話すし、「もう一度仕事がしたい」ってハッキリ言う。最近はありがたいことに、そういうありのままの山田涼介を受け入れてもらえる場が増えつつあるから、だったら俺はこれからも好きな人たちと好きな仕事をしていきたい。親父とふたり、いつまでも飽きることなくカブトムシをつかまえてた、あのころと同じようにね。

俺は、やらないで後悔するより、やって後悔したい。

「意外と普通なんだね」。これは、俺が仲よくなった人から、よく言われる言葉。アイドルとして長きにわたって活動してきてるし、たくさんの作品で主演もさせてもらってるから、最初はつんけんしたイヤなやつっていうイメージを持たれるんだろうね（笑）。でも、〝普通〟の定義って人によってそれぞれだから、そう言われてもうれしいともイヤだとも感じない。唯一、言われたときに俺がなんとも思わない言葉かもしれない。とにかく会う前と会ったあとで、よくも悪くもイメージが変わることは多い。今のは〝よくも〟のパターンと言えるけど、「こんなにアホな人だと思わなかった」っていう感想も、同じくらいもらうから（笑）。その人にとってはほめ言葉なのかもしれないけど、「はたして…？」って首をかしげてるよ（笑）。

普通の定義は、人それぞれ。だから、ここからはあくまで俺が思う〝普通〟に基づいて話すけど、普通なのは自分でも感じてること。だって、ささやかな幸せを感じる瞬間は、めちゃくちゃおなかがすいてるときに、大好きな牛丼屋さんで違うメニューを3つ頼んで、それを並べて食べてるときだからね。あと、家でひとりしゃぶしゃぶをするのも好きなんだけど、お手ごろな豚バラ肉をまとめ買いして、冷凍保存用に1食分ずつ小分けしてラップでくるんでる時間はけっこう楽しい（笑）。金銭感覚の面でいうと、俺は人にプレゼントするものを買ったり食事をごちそうするときって、それが高いとは1ミリも思わないの。でも、同じ金額を自分のためにつかうとなると、とたんに「はぁ？」ってなる（笑）。華やかな世界にいてもまわりに流されることなくそういう感覚を持ちつづけていられるのは、家族の影響が大きいんじゃないかな。俺、昔から高い買い物をするときって、まず母親に相談するんだよね。人前に出る人間として、服とかバッグはいいものも身につけるようにしてるから相談せずに買うって伝えてあるんだけど、それ以外のジャンルに関しては母親のアドバイスを参考にして、買ったり買わなかったりする。そんな俺が母親に相談するまでもなく買わないと決めてるのは、『遊☆戯☆王』のカード。めっちゃ集めてるんだけど、俺が欲しいやつは買おうとすると高すぎて手が届かない…。ネットで値段を調べては、ため息をついてるんだよね(笑)。

子ども心を忘れてなかったり、気取ってなかったり、男っぽかったり。俺のまわりには、普通の感覚を持ち合わせた魅力的な人がたくさんいる。メンバーだと、(高木)雄也に対しては、特にそう感じるかな。逆に、全然普通じゃないのは知念(侑李)。だいぶ前に男4人でテーマパークに行って「次、どのアトラクションに乗ろっか」って盛り上がってたときに、「涼介の車がいい」って帰りたがったようなやつだからね(笑)。普通、ひとりでもノリの悪い人がいると場の空気がシラけると思うんだけど、俺は知念がそういう性格だってわかってるし、いいところもたくさん知ってるからなんとも思わない。それに、我《が》の強さでいったら、俺自身もなかなか普通じゃないっていう自覚があるから。基本、仕事のことになると、自分が正しいって信じてるものに関しては絶対に考えを曲げない。そういうとき、物怖《ものお》じせずに意見を言えるところも、普通ではないのかも。やらない後悔より、やって後悔するほうがいいっていうのが、俺のモットーだからね。ここまできたら、この性格はきっともう変わらないんだろうな。これからも、ワガママで負けず嫌いな自分とうまくつき合っていこうと思ってるよ。

Vol.
103
カルチャー

ゲームを通して、JUMPを知ってもらいたかった。

俺の好きなカルチャーといえば、マンガとアニメ。『僕のヒーローアカデミア』は相変わらず好きだし、最近は主人公が超能力で除霊していく作品やシュール具合が最高なアニメにもハマってる。マンガやアニメの魅力を聞かれても単純に「おもしろいから」としか答えられないんだけど、あとはアニメに登場する女のコに魅力的なコが多いっていうのも理由のひとつかもしれない。かわいくて強くてやさしいキャラクターは、完全に俺の理想のタイプ(笑)。

4月から始まったニノさん(二宮和也)たちとのYouTubeも、もうすぐ半年。あの場ではアイドルじゃない山田涼介を提供できたらいいなと思ってるから、「しゃべんなきゃ！」みたいな気持ちはなくて、基本的にずっと素《す》で出てる。キャンプに行った回では突然川に飛び込んだりもしたけど、俺、プライベートでも奇行に走るタイプだから(笑)。そういうありのままの姿を受け入れて楽しんでもらえてるのは、ありがたいよね。YouTubeは、見るほうだとゲーム実況が8～9割。残り1割は、マサルさんっていう素潜り漁師の方が自分でつかまえた魚を食べる動画を楽しそうだな～って思いながら見てる。ちなみに、俺がいまだにカナヅチだと思ってる人がいたら、もう泳げるから！　数年前にハワイに行ったとき、船で沖のほうまで行ったらイルカが泳いでて、なぜかわからないけど自分が泳げないことを忘れて、フィンをつけて海に飛び込んだ結果、イルカとほぼ同じスピードで泳げたんだよね(笑)。だから、俺もいつか素潜りして魚をつかまえてみたい！

8月に『エーペックスレジェンズ』っていうゲームのカスタムマッチ『VCC APEX』に出られたことは、俺の中で大きなできごとだった。もちろんゲームが好きで出てみたいっていう気持ちもあったけど、それだけならプライベートでひっそりやればいいこと。それ以上に、俺が出場することでゲーム界隈の人にHey! Say! JUMPを知って、少しでも興味を持ってもらえたらっていう思いがあったんだ。俺はStylishNoobさんと葛葉《くずは》くんの配信チャンネルにおじゃまする形だったんだけど、おふたりのファンの方や配信を見てた方たちが「山田くんのファンはマナーがいい」って言ってくれてたって聞いて、自分のことのように、ものすごくうれしかったんだよね。もしも今後またこういう機会があったときには、俺が誰とコラボすることになったとしても、あたたかく見守ってもらえたらうれしいな。

今回のカスタムマッチは、個人成績でいうと全然ダメで何もできなかったけど、同じゲームをプレイする人たちと同じ時間を楽しむことができたのは貴重な経験になった。ゲームの前では、アイドルとか関係ないんだよね。対戦前は「山田くんとやるなんて緊張します」って言われることはあっても、1試合終わるころにはゲームが好きな友だち同士みたいになれちゃうのが楽しくて。配信中、俺が離席したときには「アイドルなのにトイレに行くのか…」っていうコメントがあって、とっさに「星空見ながらちょっと歌詞書いてました」って答えたりもして。ユーモアを交えたほうがおもしろいし盛り上がると思ったから、あのやりとりでは俺が今まで培《つちか》ってきたものをちょっとは出せたんじゃないかな(笑)。そうやって、今までなかなかふれ合う機会がなかったゲームファンの方たちと交流できたのも、いい思い出になってるんだ。

Vol.
104
PLAY

扉を開けた俺にしか見えない光があると信じてる。

ゲームが〝eスポーツ〟と呼ばれるようになってひさしい今は、実力さえあれば仕事としても成立する時代。「山田はどうやらゲームがうまいらしい」。プロゲーマーの方たちとのゲームを重ねるうちにそんなウワサがだんだんひとり歩きするようになっていって、だったら俺のプレイを直接見てもらったほうが早いんじゃないかと思ってたところに、事務所から「ひとりでゲームチャンネルを持ってみたらどうか」っていう話があったんだよね。そこから開設に向けて動き始めて、コラボする方を決めたり、スポンサーさんをリストアップしたり、イチから準備することに。そんなとき、『中居正広の金曜日のスマイルたちへ』を見てたら、中居さんがゲストのKis－My－Ft2に向けて「誰も開けたことのない扉を開けるのは怖い。だけど、扉を開けた者にしか見えない光がある」って、おっしゃってたの。その言葉を聞いて、本当にその通りだなぁって思った。事務所内で前例がなくてどうなるかもわからない新しいことを始めるのはめっちゃ怖かったけど、その先にはきっと俺にしか見えない景色が待ってる。それに、動ける人が動かないと、何も変わらない。俺の根源にあるのはずっとHey! Say! JUMPだから、もしかしたら『LEOの遊び場』にメンバーが遊びにくるかもしれないし、俺の姿を見た後輩にとって「ゲームが仕事につながることもあるんだ」って何か行動を起こすきっかけになるかもしれない。自分の趣味や特技を仕事にいかせるって、すごくいいことだと思うんだよね。だから、そうやってHey! Say! JUMPの可能性もアイドル全体の可能性も広がっていったらいいなと思ってるんだ。

実際に配信を始めて、コメント欄を見てると、海外の方が多いなっていう印象が強いかも。男性の方に「今のプレイ最高！」って言ってもらえると単純にテンションが上がるし(笑)、ゲームにくわしくない俺のファンのコたちががんばって理解しようとしてくれてるのもすごくうれしい。俺が朝4時まで配信をつづけても3万人くらいの方が残ってくれてたりして、「みんな学校とか仕事とかあるから寝て！」って思いつつも、ありがたくて。このチャンネルを通してゲームファンの方とJUMPのファンの方が仲よくなって、おたがい自分たちの好きなものの魅力を伝え合って、みんなで楽しくリラックスして過ごせる空間になったら、それがいちばんの理想かな。

〝PLAY〟には〝演じる〟っていう意味もあるけど、最近見たお芝居といえば(中島)裕翔がピーターパンを演じた舞台『ウェンディ&ピーターパン』の千秋楽。俺、舞台は千秋楽に見に行くのが好きなんだよね。その理由は、カンパニーの空気感がいちばん伝わってくるから。カーテンコールではすがすがしい表情で笑ってる人も泣いてる人もいて、舞台にかけてきたひとりひとりの想いを知ることができる。それが楽しみのひとつなんだ。裕翔はもちろんすばらしかったし、勝手にだけど裕翔がこの作品に出会えてよかったなって思った。俺は毎日同じことを繰り返すのが苦手なタイプだから舞台には向いてないって自己分析してるんだけど、『ウェンディ&ピーターパン』みたいな作品なら、こんな俺でも幸せを届けられるかもしれない。初めてそう思ったくらい、本当にステキな舞台だった。それと同時に感じたのが、やっぱり俺はエンタメが大好きなんだなっていうこと。無条件にワクワクできる、そんなエンターテインメントの世界でこれからも生きていきたいって、改めて思った瞬間だったんだ。

Vol. 105
推し

みんなの前で歌って踊れることが、すごくうれしい。

映画『燃えよ剣』が公開されるタイミングで岡田(准一)さんとお話しできる機会がつづいて、それは最近のすごくうれしいできごとだった。岡田さんは、撮影現場では常に土方歳三という鬼の副長としていてくださったからストイックな印象だったんだけど、そのほかの場でお会いすると変わらず後輩思いなお兄ちゃんなんだよね。自分のお話もされつつ「山田が演じた沖田総司がすごかった」って俺のことを立ててくれて…事務所の先輩とかそういう次元を超越して、心から尊敬してる人。お会いするたびに背筋がピシッとなる方なんだ。

俺が今推してるものは、言わずもがなゲーム。以前は娯楽のひとつととらえてたけど、仕事になって大会にも出るようになってからはマジでスポーツなんだと思うようになった。小さいころから仕事をしてきた俺は、学生時代に部活や学校行事を通して味わえる、いわゆる普通の青春を知らないんだよね。でも、大会に向けて3人でチームを組んでコーチについてもらって毎日のように練習をして、試行錯誤を繰り返しながら1日1日を乗りきって…そんな時間を通して青春を体験できた気がする。最終的には10月に開催された『CRカップ』で総合3位っていう好成績をおさめることができたんだけど、その日の大会前にTwitter(※現在はX)に手料理の写真をアップしたのは、叶《かなえ》くん、渋谷ハルくんとチームを組むため。プレイヤーにはそれぞれランクによってポイントがあって、3人で合計24ポイント以下になるようにチームを組まなきゃいけないっていうルールがあったの。俺たちは、叶くんが6ポイント、渋谷ハルくんが12ポイント、俺が10ポイントだから、合計28

ポイント。そこで、ポイントを下げるために大会運営側から出された〝本気で作った料理の写真をTwitterに投稿するとマイナス2ポイント〟っていうルールに従って、料理を作ってその写真をアップしたんだ。俺としてはわりといつも通りに自分の食べたいものを作ったつもりだったけど、予想以上に俺の料理が本気だって感じた人もいたみたい(笑)。料理の写真だけだと本当に俺が作ったって信じてもらえない可能性もあるかなと思って、作ってる最中の写真もいっしょに上げてみた。コンロの奥に並んでる瓶の中身は、調味料とかオリーブオイル。ラベリングしてあるんだけど、全部英語表記だから、寝起きだとたまにベジタブルオイルが一瞬何かわかんなくなることが…。サラダ油って日本語で書いておけばよかったって、ちょっと後悔してる(笑)。

Hey! Say! JUMPや俺のことを推してくれてる方に対しては、純粋で情熱的な人が多いっていう印象がある。俺が配信してるゲームを知らなくても必死でついてこようとしてくれたり、応援してくれてる姿はめっちゃかわいい! 少しずつくわしくなり始めて、コメント欄でゲームの専門用語を使ってやりとりしてるのを見ると、「いいぞいいぞ!」って思ったりもして(笑)。そんなファンの人たちと2年ぶりに会える有観客ツアーが、もうすぐ始まる。会えない間もなるべくみんなが飽きないようにYouTubeチャンネルやゲーム配信を始めて、いろいろ考えながら過ごしてきたけど、俺にとってはやっぱり歌って踊ることが本職だからね。ようやくHey! Say! JUMPの山田涼介として多くの人の前に立てるのは、本当にうれしいこと。まだ声を出せる状況ではないから今までとまったく同じというわけにはいかないけど、来てくれる方にはその中で全力で楽しんでほしい! 2年ぶりの俺たちを穴があくほど見つめちゃっていいからね!(笑)

Vol.
106
15

15年目も、肩肘を張ることなく、自分たちらしく。

最近はテレビ番組や雑誌の取材でデビューからこれまでを振り返る機会が多くて、言われてみれば14年も経ったのかとは思うけど、俺たちがやるべきことは何も変わってないからね。だから、この14年間は長かったような、あっという間だったような、不思議な感覚。とはいえ、変わったこともたくさんあるよ。何より全員がおじさんになった（笑）。14年も経つと、当たり前だけどメンバー同士で話すことも変わってくるんだよね。この間なんか、「人間ドックの結果、大丈夫だった？」っていう話ばっかりしてたし（笑）。デビュー当時の中学生とか高校生だったころからすると、考えられない！　メンバー個人でいうと、（高木）雄也とか（中島）裕翔は、特に変わったたんじゃないかな。雄也は、おだやかになったよね。昔はトガっていて一匹狼っていう感じだったけど、メンバーとよく話すようになったし、つるむようになった。裕翔はもともとの冗談が通じないマジメな性格が思い出せないくらい、いつからか率先してふざけて場の雰囲気を盛り上げてくれるように。そういう姿を見てると、みんな見た目だけじゃなくて内面的にも大人になったんだなぁって思うんだ。

そんな変化の中で、メンバーの仲のよさはデビュー当初からずっと変わらないところのひとつ。14年経った今でも、全員がそろう仕事現場のあき時間に大勢でちっちゃいスマホの画面をのぞき込みながら騒いでる姿は、ちょっと特殊かもって思う（笑）。みんな忙しいからプライベートで遊ぶことはなかなかないけど、連絡はとり合っていて、最近も薮（宏太）と裕翔がふたりで『燃えよ剣』を見に行ったらしく「すばらしかったよ」っていう感想メールをくれたばかり。ただ、俺たちの場合そういうふだんのわちゃわちゃ感が、ちゃんとしなきゃいけない場でも出てしまうことがあるんだよね。そのせいでバラエティー番組の流れやライブのMCが崩壊してしまって、誰がボケていて誰が仕切ってるのかわからなくなっちゃったり…。あとあとみんなで「さっきのは俺ら、やりすぎだったんじゃない？」って話し合うし、変わったほうがいいのかなと思う部分ではあるけど、14年つづけてると逆にそれが〝らしさ〟だったりもするのかなって。もっと多くの人にグループのことを知ってもらいたいって考えて、そこを優先するなら排除しなきゃいけないところかもしれないけど、そういうわちゃわちゃ感を楽しみにしてくれてる方が一定数いるのは事実。仕事においてそれがいいか悪いかはいったん置いておいて、今ファンでいてくれてる方々が違和感を覚えてしまうくらいなら、このままでいいんじゃないかなっていう結論にいたった。

全員が30才を超えたら、1回落ち着いてみようかと思ってるけど（笑）。

単純に、14年間何かひとつのことをつづけるって、すごく難しいこと。だけど、それができたのは、今日まで応援してくれる人がいてくれたから。最近のHey! Say! JUMPは個人個人がいろんなことにチャレンジしていて、活動を追うのが大変かもしれない。でも、そのすべてがファンの人に喜んでもらうため。だから、これからもできるだけついてきてほしいし、俺たちも今のありがたい環境が当たり前だと錯覚しないようにしなきゃいけないと思ってるんだ。

15周年イヤーだからといって肩肘張らないのがHey! Say! JUMPであり、俺でもある。どんどん勢いを増してる後輩たちに負けないように、おじさんたちもがんばっていきます！（笑）

3人きょうだいを育て上げた両親は、カッコいい存在。

映画『大怪獣のあとしまつ』のオファーをいただいて、台本に目を通したときにまず驚いたのが、キャストの方々の豪華さ。「これまでいろんな作品で主演をつとめられてきたみなさんに対して、そんなぜいたくな使い方する?」ってツッコみたくなるシーンがたびたび出てきて、本腰を入れてふざけるんだなっていう制作側の決意みたいなものを感じた。松竹と東映がタッグを組んで世に配給作品を送り出すのは、長い歴史の中で初めてのこと。たくさんの方たちの本気を感じながら、やらない理由はないと思って、帯刀《おびなた》アラタ役を引き受けさせてもらったんだ。

俺が演じたアラタは、首相直轄組織・特務隊の特務隊員で、政府から命じられた巨大怪獣の死体処理という任務を、マジメに遂行しようとする人物。この作品は、普通に見たらスケールの大きい映画だけど、ところどころに、わかる人にはわかる笑いが散りばめられてるんだよね。大臣を演じられた、そうそうたるキャストの方たちがふざけるお芝居をするそばで、アラタもそっち側に流されると、コメディーに寄りすぎてしまう可能性がある。政府と特務隊のコントラストを際立たせるために、常に全体のバランサーとして、その場にいること。アラタを演じる上で意識してたのは、ほぼそれだけ。見た目的な役作りも、髪を切って黒くしたくらいだったし…。今、改めて当時の写真や映像を見ると、やっぱり短いなって感じるけどね。あと、シャンプーがラクだったことを思い出す(笑)。

『大怪獣のあとしまつ』は、空想特撮エンターテインメント作品。いわゆる〝特撮モノ〟

と呼ばれるジャンル…戦隊ヒーローが活躍するドラマや怪獣映画って、男の人なら子どものころに誰しも一度は夢中になったはず。でも、振り返ってみると、俺はあまり見てこなかったほうかもしれない。レンジャーが出てくるスーパー戦隊シリーズは、さすがに見てた記憶があるけど…。ただ、大変申し訳ないことに、その理由はヒーローがカッコいいからじゃなくて、イエローとピンク役の女のコがかわいかったから。当時まだ幼稚園児だった俺からすると、年上のお姉さんっていう感じがして、あこがれてたんだよね。ふたりが登場するとテレビにかじりついて見てたの、めっちゃ覚えてるもん(笑)。それ以外の、たとえばウルトラマンとか仮面ライダーは通ってないはず…。あ、でも子どものころ病院にウルトラマンの人形を持って行って、治療が痛すぎるあまり、それを思わずかみちぎっちゃった場面は鮮明に覚えてる(笑)。どこかに展示されてたウルトラマンといっしょに撮影した写真も見たことがあるから、覚えてないだけで意外と好きだったのかもしれないね。

俺にとってのヒーロー的存在は誰かって聞かれても、答えは特に思いつかない。我が道を行くタイプだから、昔から誰かにあこがれるっていうことがなかったんだよね。でも、家族、特に両親に対してはカッコいいなって思うよ。3人きょうだいを育てるのは、きっと想像を絶する大変さだっただろうから。母親は忍耐強くて、父親は自由奔放《ほんぽう》。俺は、その両方の性格を受け継いだハイブリッドなのかな(笑)。ヒーローとはちょっと違うけど、すごいなって感じるのは岡田准一さん。はたから見たらストイックさの塊みたいな方だけど、本人にしてみたら好きなものを突きつめてるだけなんじゃないかな。もしもそんな岡田さんが俺と同じようにゲームに夢中になって追求し始めたら…とんでもない成績をたたき出しそうな気がする(笑)。

Vol.
108
ゼロ

アイドルでも俳優でもない自分に戻れる時間が大切。

人生って本当にあっという間。最近、よくそういうことを考えるんだよね。今年は29才になる年で、きっとこのまま仕事をつづけていくんだろうけど、そんなせわしない日々の中で自分のやりたいことを思い浮かべると時間はかぎられてるなって。別にストレスがたまってるわけじゃなくて、むしろ毎日充実感しかないから、そこに関しては安心して(笑)。ただ、素《す》の自分でいる時間がないことに気づいて、今は意識的にそういうタイミングを作るようにしてるんだ。それで始めたのが、コーヒーを淹《い》れること。朝起きたら、まずお湯をわかして、正しいかどうかわからないけど自分なりの方法でドリップして、コーヒーカップをのせたソーサーにチョコレートを添えて、ベランダでジャズを聞きながらコーヒータイム。さすがに冬は朝6時前だとまだ暗いから、仕事が7時以降からの日限定だけどね。そういう時間を持つようになったからといって何か劇的な変化があったわけじゃないけれど(笑)、1日を有意義に過ごしてるっていう意味での幸福度は上がってる気がするな。

去年から絵を描き始めたのも、無心になれる時間を作るため。できあがった絵は公式サイトのブログに載せてるから見てくれてる人もいるかもしれないけど、基本的にポップな感じ。そういえば〝だ〜やまの連載〟のトップページにいる恐竜も、俺が描いたんだよ。手描きよりタブレットを使ったほうが色がキレイに塗れるかなと思って挑戦してみたら、慣れてなくて線がガタガタになっちゃった。でも、結果的には味が出たから、よかった！ ふだんは、何も考えずキャンバスの上にカラーペンを走らせてるんだけど、いちばん最近描いた絵はついに目が血走ってしまった…。知念（侑李）には「涼介が描く絵の目が血走ると疲れてる証拠だ」って言われていて（笑）。そういうキモかわいい絵が好きなだけで、別に疲れてるわけじゃないのよ（笑）。その日は姪《めい》っコがうちに遊びにきてたから、姪っコの似顔絵も描いてみた。肖像画を描くのは初めてだったんだけど、海外の子どもが描いたようなアメコミっぽい仕上がりに。本人にプレゼントしたものの、喜んでたかどうかはわかんない（笑）。

今回は車の中で撮影したけど、プライベートではもう売ってもいいかなって思うくらい車には乗ってない（笑）。あ、でも今度親友がひとり暮らしを始めることになって、俺の車で家具を買いに行こうっていう話になってるから、近々乗る予定はあるよ。親友に「ハンドル握るの、どれくらいぶり？」って聞かれて、「わかんないくらい昔」って答えたら、怖がってたけど（笑）。今思えば、ＹｏｕＴｕｂｅチャンネルの撮影で乗って以来だね。あのときはニノさん（二宮和也）も最初俺の運転を怖いって言ってたけど、途中から「超安全運転だからいいわ」って安心してくれたし。ただ、駐車はマジで下手です（笑）。

身近にいる人で運転がうまいなって思うのは、雄也。運転してる姿もカッコいい！　昔、雄也の車でサバゲーに行ったときは、助手席に座ってる俺に「寝てていいよ」って言ってくれて、「やさしい…キュン…♡」みたいな感じだった（笑）。助手席のやつは絶対寝ちゃいけないってわかってたから、俺は「大丈夫だよ」って返したんだけど、その5分後には寝てたな。全然寝る気なんてなかったのに、それくらい運転がうまくて心地よすぎたんだよね。当時すでにあれだけうまかったら、今は大進化を遂《と》げて、とんでもないドライビングテクニックを発揮してそう（笑）。

Vol. 109

かわいい

努力を重ねている後輩は、無条件で応援したくなる。

ドラマ『俺の可愛いはもうすぐ消費期限!?』の出演オファーをいただいたときは、まず土曜の夜っていう放送枠にビックリした。過去には(生田)斗真くんや横山(裕)くんといった先輩方も主演をつとめられてきたけど、最近は後輩たちが活躍してる場所っていうイメージが強かったから、「俺でいいのかな?」って。でも、脚本家の方も共演者のみなさんも含め、すごく魅力的な布陣で撮影に挑めるのが楽しみ! 脚本が本当におもしろくて、設定も斬新で、1話30分だからこそ展開が早くて見やすいドラマになるんじゃないかな。

俺が演じる丸谷《まるや》康介は、〝可愛い〟を最大の武器にして29年間生きてきた主人公。ドラマのポスター撮影をする前に、こんな感じで撮りますっていうイメージの資料をもらったら、そこに貼られてたのが俺の19才くらいのときの写真だったんだよね。でも、当日は撮っても撮っても、その顔にはならなくて(笑)。そりゃもう10年近く経ってるんだから、当時のかわいさを出せないのは当たり前だよね。……っていう話で現場では盛り上がりつつ、今はかわいいについて模索してるところ。俺自身は見た目でかわいい人っていう印象を持たれがちだけど、性格的には真逆だし、容姿を武器にしようと考えたこともない。自分のことをかわいいと思うのは、部屋着のパーカがモコモコしてるところくらい。最近は30才を前にして、毎日、より元気に仕事をするために体の中からケアしようと思って、サプリメントを飲み始めたのが現実(笑)。そんな自分とのギャップを楽しみながら演じて、康介が、かわいい大人の男の象徴になればいいなって思ってるんだ。

俺のまわりにいる人でかわいいなって思うのは、岸（優太）。彼は、愛すべきバカ。俺が『VS魂』に出させてもらったときなんて、天の声から質問されてるのに、「なんか言ってますよね?」って言い出して、そんなこと言う人を初めて見た（笑）。「そりゃ天の声なんだから、なんか言うでしょ!」って涙が出るくらい笑っちゃったもん。岸にかぎらず、King & Princeにはみごとに変わってるメンバーしかいなくて。（永瀬）廉とジンちゃん（神宮寺勇太）はまだ普通なんだけど、（平野）紫耀は言わずもがなでしょ、あと（髙橋）海人もダンスのすごさでうまいことカモフラージュされてるけど、「妖精さんかな?」って思うくらい言動がフワフワしてる（笑）。

後輩でいうと、Travis Japanもかわいい存在。俺のことをナメてる（松田）元太以外は…っていうのは冗談で（笑）。俺と7人で作ったメッセージアプリのトークルームがあるんだけど、（中村）海人はゲームのデバイスのことで頼ってきてくれたり、ほかのメンバーも何かあるごとに、そこに「ライブ見にきてください」とか「ごはん行きましょうよ」って連絡をくれるんだ。残念ながらライブは予定が合わなくてまだ見に行けたことがないけど、Travis Japanとだったら、何の抵抗もなくプライベートでも交流の場を持ちたい。かわいいとか、しゃべっていておもしろいだけじゃなくて、実力がともなってるところもいいなって思う。前にもMYOJOで話したけど、YouTubeの撮影で朝めっちゃ早く事務所に行くと、7人が激しいダンスを踊ってるの。見えないところでも努力を積み重ねてることが伝わってきて、応援したくなるんだ。

俺を突き動かすのは、いつだって「好き」の気持ち。

最近は、『俺の可愛いはもうすぐ消費期限!?』の撮影が始まって、忙しい毎日。クランクイン前は「1話30分だから、スケジュールもちょっとゆったりしてるのかな?」なんて甘い考えが頭をよぎったりもしたけど、いざスタートしたら全然そんなことなくて、ドラマってやっぱり大変なんだなっていうのを実感してるところ。去年、コロナの影響を受けて、ゆっくり過ごしてしまったことも大きいかも。ひさしぶりのドラマならではのハードさに、体がビックリしてるもん(笑)。毎朝、うちに迎えにきてくれるマネージャーさんと「今日もがんばろうぜ!」ってエールを送り合うところから1日が始まるからね。しかも、俺は現場に着くまでの時間に寝られるけど、マネージャーさんはその間も運転してくれてるわけだから、ありがたい。俺が今がんばれてるのは、そうやって支えてくれる人たちのおかげ。それに、いざ撮影が始まると楽しくて、やっぱり俺はお芝居が好きだなって思うんだ。

ドラマで演じてる丸谷康介は、29年間〝可愛い〟だけを前面に押し出してきた人生だったけど、あることをきっかけにその武器には消費期限があるっていう事実に気づく役どころ。そこから自分に足りないものを模索しながら、どうやって生きていくかを考えるんだよね。でも、俺からしてみたら、早い段階で自分の武器に気づけるって、すごいことだと思っていて。俺はこの世界に長くいるほうだけど、自分がまわりの人と比べて何に秀《ひい》でてるのか悩んで、答えが出ない時期もあったから。しかも、康介の自分の魅力を武器にできる精神力の強さは、どこに行っても通用するはず。ただ〝可愛い〟だけじゃなくて、そんな強い部分と弱い部分の対比をうまく演じていきたいと思ってるんだ。このＭＹＯＪＯが発売されるころには1話の放送が終わってるけど、康介と芳根京子さん演じる和泉の不器用な恋の行方はもちろん、後輩の一ノ瀬くん(大橋和也)とどこまでバチバチしていくのかにも注目してもらいたいな。一ノ瀬くんの元気いっぱいの〝可愛さ〟はどれくらいねらって出してるものなのか、はたしてその顔には裏があるのか…？　俺自身も先のほうの展開は知らないから、わからない部分も多いんだけど、そのあたりは視聴者のみんなといっしょに順を追って探っていくのが楽しみ！

あわただしい日々を過ごす中で、俺がリラックスできるのは家にいる時間。といっても、ここのところは帰ったらお風呂に入って、台本を開いて次の日に撮影するシーンのセリフを確認して、寝るだけ。ベッドに入った瞬間は、「長かった1日が終わる〜」ってホッとする。余裕があるときは寝る前にいい香りのアロマを焚《た》いてたけど、今はもう寝られればなんでもいいっていう状態(笑)。ドラマの撮影が始まる前までは、観葉植物を育てたり、食器にこだわったり、日々の生活も大事にしてたんだけどね。家に観葉植物があると、外に出なくても緑にふれられるのがいい！　次は寝室に置く大きいのが欲しいなって思ってるから、落ち着いたら探しに行きたいな。

時間ができたらやりたいことは、ほかにもいろいろある。友だちやメンバーとおいしいごはんを食べに行きたいし、ひとりでゆっくり飲みに行くのもいいかも。ゲームも、もちろんやりたい！　最近はちゃんとできてないけど、感覚を忘れないように10分とか20分でもいいから1日1回はさわるようにしてる。ゲームをしてるときの俺は、康介に負けないくらい、いい笑顔を見せてる自信があるよ(笑)。

Vol. 111
現場

現場の数だけ、自分のことを求めてくれる人がいる。

ドラマ『俺の可愛いはもうすぐ消費期限!?』の撮影に、映画『鋼の錬金術師 完結編 復讐者スカー／最後の錬成』のプロモーション、そこにYouTube撮影やグループ活動、発表された『24時間テレビ』のメインパーソナリティーとしての仕事も加わって、最近はいくつもの現場をあわただしく行き来する日々。俺は仕事が大好きだから、そのひとつひとつを全部楽しく感じる。ただ、1日の中で現場ごとに俳優モードからアイドルモードに切り替えて、映画の宣伝をするときはそうそうたる大先輩たちがいらっしゃる場に座長として立って…ってなると、たまに何をやってるのか、わかんなくなるときがあるんだよね(笑)。でも、そんな自分を奮い立たせるのは、やるしかないっていう気持ち。何よりも、現場の数だけ求めてもらえているということだと思うから、その事実に感謝を忘れない自分でいたいんだ。

ドラマの現場は、キャストもスタッフさんも含め、わきあいあいとした雰囲気。お酒が好きなメンバーが多いから「落ち着いたら飲みに行きたいですね」っていう話をしてるよ。芳根(京子)さんとは二度目の共演だから気をつかわずいられるし、ドラマ『マイファミリー』にも出演されている迫田《さこだ》(孝也)さんとはニノさん(二宮和也)の話題になることも。かず(大橋和也)は…いつも楽しそうにしてるから、ほっといても大丈夫(笑)。そういえば、この間、常に元気なかずが休憩中にめずらしく寝ちゃったから、その姿をこっそり撮ったよ。

映画の撮影をしたのは、約2年前。クランクインに向けて体作りをしてた期間がドラマ

『キワドい２人-Ｋ２-池袋署刑事課神崎・黒木』の撮影時期と重なったから、当時はめちゃめちゃハードで…。夜遅くまで撮影してから事務所のジムで１〜２時間汗を流して、次の日はまた朝からドラマの現場に向かうっていう生活を３カ月間ほぼ毎日繰り返してた。映画の撮影が始まってからも、ディーン（・フジオカ）さんを筆頭に鍛えている人が集まっていたから、現場ではそれぞれが持つ筋肉の知識を共有し合ったんだ。今作で初めて共演したマッケン（新《あら》田《た》真《まっ》剣《けん》佑《ゆう》）は、クールな見た目とのギャップがすごくて、かわいらしい人っていう印象。自分のクランクイン前に、わざわざ撮影現場に見学をかねてあいさつに来てくれたんだよね。そのとき「ボクは日本でいちばん山田くんの顔がキレイだと思ってます！」って言われたんだけど、「どの顔が言うとんねん？」って思ったよ（笑）。

いろいろな想いを乗り越えて撮影した『鋼の錬金術師 完結編 復讐者スカー／最後の錬成』が、いよいよ公開される。俺はひと足先に完成作品を見させてもらったんだけど、スケール感もお芝居も、それぞれの正義のもとにひと筋の光に向かって歩きつづける希望の物語も、全部ひっくるめて、見たかった〝ハガレン〟の世界がここにあるって思った。ＣＧがすべてではないけど、そこに関しても『スター・ウォーズ』をはじめとする海外の有名な作品を手がけたスペシャリストたちが参加してくださって、撮影現場の状況を知ってる俺でもどこがＣＧでどこがそうじゃないかを１００％当てるのは無理な仕上がりに。なんなら、俺が演じるエドそのものがＣＧのシーンもあるからね。Ｈｅｙ！ Ｓａｙ！ ＪＵＭＰのメンバーにも、映画館のスクリーンで見てもらいたい。自分が出演しているとかは関係なく、エンターテインメントを届ける立場として、それくらいふれておいて損はない作品だと思ってるんだ。

Vol. 112

光

「好き」を仕事にしてるから、輝けるのかもしれない。

自分のことを発光してるなんて思ったことは一度もないけど、ライブのステージ上で歌ってるときとか好きなことをやってるときは、いつもより輝けてたらいいよね。プライベートだと、俺が楽しくて笑顔になるのはやっぱりゲームをしてるとき。ひさしぶりに第9回『CRカップ』に出場することが決まって、今は毎日どんなに仕事から遅く帰ってきても本番に向けて練習を重ねてるところ。今回チームを組ませてもらったのが、Wokkaさんとふわっち（不破湊《ふわみなと》）。リーダーのWokkaさんは、ほかのゲームで世界No.1プレイヤーになったこともある、マジで強い人。前回の大会でバチバチにぶつかり合った人でもあるんだけど、いっしょにやれたらおもしろそうだなって思ってたから、それが実現してうれしい！　ふわっちは、前回俺がチームを組んだ葛葉くんや叶くんと同じ、にじさんじっていうグループに所属してるVTuber。彼の、のほほんとした雰囲気のおかげで、いい意味で緊張感を持たずにプレイできるんだよね。Wokkaさんもしゃべり方がやさしくて、練習で俺が失敗しても「ドンマイドンマ～イ」って声をかけてくれるから、チーム自体の向上心はあるんだかないんだかっていう感じ（笑）。でも、もちろん戦略について話し合うときはすごく真剣。このMYOJOが発売されるときには大会はもう終わってるけど、優勝をねらってがんばりたい！

最近も相変わらず忙しくさせてもらってるけど、今、時間ができたらやりたいのは爆買い！…って言っても、特に物欲はないんだよなぁ（笑）。そう考えると、やっぱりハワイに行きたいかな。ただ、俺はハワイに行くと、絶対スムーズには帰れないイメージがあって。小5のときに仕事で初めて行ったハワイは、台風が来て2日くらい延泊したんだよ。小学生のわりには大金を持って行ってたつもりだったけど、もう帰ると思って全部使いきっちゃってたから、残りの2日をどう過ごしていいかわかんなくて、外には出ないで部屋にこもってたな。3年前、プライベートで友だちと行ったときは、帰るタイミングで日本に台風が直撃。幸い、すぐに仕事が入ってなかったから延泊することになって、めちゃめちゃラッキーって思った♪　お店をはしごして、お酒を飲んで…最高にぜいたくな時間だったな。でも、さすがにスケジュール的に意地でも帰らなきゃいけない日がせまってきて、仕方なく上海経由で名古屋の空港に着く便で帰った記憶があるよ。

旅行するときは、楽しい時間を過ごすための手間やお金を出し惜しみしたくないって思うタイプ。だから、食事する店は事前にめちゃめちゃ調べるし、長く滞在するときはいろんなホテルに泊まれるように2泊ずつで変えることが多いんだ。ただ、旅にハプニングはつきもの。俺、飛行機のチケットをとったりホテルを予約したりするのは全然苦じゃないし、できるんだけど、ミスも多いんだよね。昔、知念(侑李)ともうひとりの友だちとタイに行ったとき、3人で「このホテルに泊まろうね」って決めて、それぞれ自分たちのぶんを予約したの。…なんだけど、なぜか俺だけ隣接してるホテルの部屋を取っちゃって。現地では、みんなで夕食を食べたあと、「じゃあな」って俺だけ別のホテルに帰ってた(笑)。たしかその前にタイに行ったときも、ひと部屋取ったつもりが、間違えてふた部屋取っちゃってて、気づいたときにはキャンセルもできなくて。現地に住んでた友だちに「家あると思うけど、せっかくだから泊まって」って言って、使ってもらったよ(笑)。

Vol. 113

食事

あったかいから愛される。そんなお店に惹かれる。

俺は、地元の人たちに愛されているような大衆的なごはん屋さんが好き。そういうところって、店主の人柄が料理の味とかお店の雰囲気に出ると思っていて。そんなあったかさも含めて、俺の性格に合っているというか、魅力的だなって感じる。よく行く焼き肉屋さんも、都会のど真ん中にあるのに、肉だけで15人前頼んでも2万円くらいの良心的なお店。そこはロースが特にめちゃくちゃおいしいから、いつも男ふたりで行って、タンを平らげたあとにロースを10人前頼んで、さらにハラミを3人前追加。そのお店に行くときはいつも「いっぱい食うぞ！」って気合が入ってるぶん、とにかく食べちゃう。サイドメニューのナムルとかキムチもいただきつつ、ロースを焼くタイミングでライスを投入。ちなみに、俺は食べながらお酒を飲むとすぐに酔っ払っちゃうから、食事のときは基本飲まないタイプ。おなかいっぱいになって、2軒目で飲みのスイッチを入れるのが好きなんだよね。

元気を出したいときに食べるのは、焼き肉か焼き鳥が多い。焼き鳥屋さんは、ご夫婦で切り盛りされているすごい好きなお店があって。映画『燃えよ剣』の撮影がクランクアップして、京都から東京に戻ってきて最初に食べに行ったのもそこだった。あのときは役作りで極限まで体重を落としてたから、「これでようやく好きなものが食べられる！」って思った瞬間に頭に浮かんだのがそのお店だったんだよね。ひさしぶりに会ったご夫婦は、ガリガリになった俺を見て「どうしたの？」ってすごい心配してくれて、俺が「役でやせただけだから大丈夫だよ」っていう話をしても、食べ終わったあとに「今日はもうお代はいいから」って払わせてくれなくて。「息子みたいなコがこんなにがんばったのに、お金なんてもらえない」って言われたときは泣きそうになっちゃって、やっぱりステキなお店だなって、しみじみ感じたんだ。

ここのところ、撮影で毎日のように同じ場所に通ってるんだけど、共演者の方が現場から5分くらいのところにあるファストフード店のフライドポテトが異常においしいって教えてくれて。それを聞いた日、さっそく帰りに寄ってテイクアウトして食べてみたら、たしかにめちゃめちゃうまかった！　その理由を探ってみると…お客さんがあんまり多くないから、オーダーが入るたびに揚げてるんだって。そりゃおいしいよね。それ以来、撮影が終わるとフライドポテトを食べるのがお決まりに。今めずらしくニキビができちゃってるのは、そのせいかもしれない(笑)。

いつかもう1回食べたい。俺にとってそんな忘れられない味が、イタリアで出会ったトリュフパスタ。映画『鋼の錬金術師』の撮影で2週間くらい滞在してたときのことなんだけど、毎日朝から夜まで撮影があったから、食事はずっと現場でとってたんだよね。かといって向こうはお弁当文化でもないから、朝ごはんはリンゴ丸ごと1コとヨーグルト、昼は生ハムをはさんだフランスパン、夜はフランスパンの中身が変わっただけ…。たまにアルミホイルに包まれたラザニアが出たときは、天国だった(笑)。さすがにアゴが痛いなって思いながら、かたいフランスパンをかみつづけて2週間、すべての撮影が終わった最終日にようやくお店で食事できることに。そこで食べたトリュフパスタが本当においしくて、感動したのを覚えてる。もちろんそれまでのフランスパン生活で美化された部分も多少はあったと思うけど(笑)、今度イタリアに行く機会があったら絶対食べに行くつもりだよ。

Vol. 114

価値

いいと思ったものが何気ない日常を彩ってくれる。

「本物を見て刺激を受けろ」。映画『燃えよ剣』で岡田(准一)くんと共演させてもらったときに、そう言われたことがきっかけで、絵画に触れたり、岡田くんの家にあるワイングラスと同じものを買ったりしてるうちに、ここ1年くらいで、和食器に興味が出てきたんだよね。単純に年令を重ねて趣味趣向が変わってくるにつれて、そういう渋いものに魅力を感じ始めたっていうのもあるかもしれない(笑)。俺が惹《ひ》かれるのは、ありきたりじゃない独創的なデザイン。実際に使うことを考えて、安定した形かどうかも大事。仕事の合間が1時間あくとギャラリーに足を運ぶこともあって、今日の撮影でおじゃましたお店でもグラス4客とお皿、さらに徳利とおちょこもセットで買っちゃった。お皿は焼き魚や煮魚をのせる用で、徳利とおちょこは晩酌で日本酒を飲むとき用。グラスは、家にお客さんが来たときに冷たいお茶を入れて出すのにピッタリだなと思って。うちはダイニングテーブルが4人がけで、人がたくさん来るときはその席が全部埋まるから、グラスは同じものを4客ずつそろえるって決めてる。食器がだんだん集まってきて、そろそろ専用の棚が欲しいなと思いながら探してるところなんだ。

ちょっと前に、人間国宝の職人さんが作った湯呑《の》みが手に入った。値段的にはそんなに高いものではないんだけど、もうこの世にいない方の作品だから、すごく希少で。よく行くお寿司屋さんで使われてたものっていうこともあって、お店の人に酔った勢いで「どうしても欲しい」ってわがままを言ったら、買わせてもらえることに。最近は、家でそれをひたすら眺めてる時間が幸せ。俺は、自分が価値を見出したものであれば、それが安くても高くても、たとえまわりの評価がよくなくても、気にせず手に入れる。そうやっていいなと思ったものが日常にひとつ加わることで、人生がちょっと彩られて、華やかになる感覚があるんだよね。それに、どんなに忙しくても、そういうものにふれる時間は心がおだやかになる。和食器ひとつとっても、職人さんの手で一から作り上げられたものって、あたたかみがあって、その人ならではのクセも感じられて、とにかく奥が深い。…っていう話を、同じく和食器が好きな母親とよくメールでやりとりしてる(笑)。

俺が価値を感じるのは、ものだけじゃなくて、たとえば人との出会いもそう。今まで何千人、もしかしたらそれ以上の人たちとの仕事を通して、居心地がよくて、やりやすいなって思える人とたくさん出会ってきた。俺にとって、そういう人はみんな、人生のパートナーと呼べるくらい大切な存在。中には、ごくたまにあまり合わないなって感じる人もいるけど、それが映画とかドラマの撮影現場だったら数カ月はいっしょにひとつの作品を作り上げていかなきゃいけない。だったら、俺は相手とどうやったら楽しく仕事ができるか、その方法を模索する。そういう経験によって自分自身がステップアップできて、財産のひとつにもなってる気がするんだよね。人を成長させてくれるのは、人。それは、お金じゃ買えない価値のあるものだと思ってる。

山田涼介というタレントの価値は…イマイチわからないというのが正直な気持ち。それって他人の評価によって作られるものだと思うけど、俺はそういうことを気にしたことがないから。もちろん、いい評価をいただけるのはありがたいこと。でも、まわりの声を気にする余裕があるなら、そのぶん自分がやるべきことに集中したい。それが俺の考えなんだ。

俺が信頼できるのは、どんな約束も守る表裏のない人。

ドラマ『親愛なる僕へ殺意をこめて』の原作マンガに出会ったのは、2年近く前。手にとったきっかけは、ジャケ買い！　マンガを買うときはいつもそうなんだけど、実際に読み始めたら展開が予測できなすぎて最終巻まで一気に読んじゃった記憶がある。そんなすごいマンガの実写化作品のオファーをいただいたときは、〝ドラマでどこまで描けるのかな？〟っていうのが最初の率直な気持ちだった。マンガには過激な描写もあるから、そこはひとりの原作ファンとして疑問だったんだよね。

今、実際に撮影していて、そのあたりは正直マイルドにはなってる。でも、ストーリーが本筋から外れることはまったくないから、そこは安心して見てもらえたらと思ってるよ。


今回、俺が演じるのは、ふたつの人格を持った浦島エイジ。現時点ではまだひとりの人格を演じるシーンのほうが圧倒的に多いから、どう演じ分けていくかは手探りだけど、自分の中ではエイジのオドオド感を前面に出すことで、連続殺人鬼の父親の血を引くもうひとりの人格の怖さが際立《きわだ》つようにしたいとは思ってる。監督の松山（博昭）さんは、ものすごくこだわりが強い方で、ひとつひとつのシーンにじっくり時間をかけながら撮影してるところ。カット割りも今まで経験したことがないくらい細かくて、台本1ページのシーンが40カットに分かれてることも。その40カットがどうつながれて、物語が展開していくのか…俺も仕上がりを見るのが楽しみなんだ。

もしも、もうひとつの人格を持てるとしたら。俺は、人格だけじゃなくて、まったく同じもうひとりの自分が欲しい。そしたら、単純に今ある仕事を半分ずつ分担できるから(笑)。そのぶん自由な時間ができたら、心ゆくまで寝て、ゲームして、旅行もしたいな。今の気分だと、行き先は石垣島。一度も行ったことないんだけど、キレイな海でスキューバダイビングをして思いっきり遊びたい!

俺のまわりにいる友だちは、なんでも本音で話し合えるから、二面性とはかけ離れた人ばかり。そして、みんなに共通してるのは、約束を守れること。これが当たり前にできる人って、意外と多くないんだよね。俺が昔、海外に住んでる友だちに会いに行ったとき、いっしょにお酒を飲んでる場で向こうの誕生日が近いっていう話になって、「じゃあ、帰ったらプレゼント送るわ!」って約束したことがあったの。この業界の人じゃないからウィキペディアに誕生日が載ってるわけでもないんだけど、帰国後も約束と日付を覚えていて、手紙を添えて日本からプレゼントを発送した。どうでもいいことは1日で忘れるし、よく「きのうと同じ話してるよ」って言われる俺だけど、約束はたとえそれがどんなにささやかでも絶対守るって決めてるんだ。

7年ぶりにメインパーソナリティーをつとめさせてもらった『24時間テレビ』は、1回目に比べるとリラックスしてのぞむことができた。番組が終わってからの裏話をすると、帰宅したのは23時ごろ。番組自体は8月27日の18時半スタートだったけど、当日11時半に会場入りしてリハーサルをしてたから、帰ってきた時点で36時間くらい起きてたんだよね。だけど、そのあと俺が向かったのはゲーム部屋。そこから3時間くらいゲームをつづけて、でもさすがに何も考えられずただ親指を動かしてるだけだったから、当然1回も勝てなくて。いっしょにやってた友だちに「下手すぎるから今日はもう寝ろ」って言われて、その日はひさしぶりにゆっくり寝たよ(笑)。

支えてもらってる、その感謝の気持ちを忘れずに。

Hey! Say! JUMPとして15年、Jr.のころから数えたら17年間、毎月出させてもらってきたMYOJOを2022年12月号で卒業することになった。JUMPはデビューが早かったから、本当に長い期間お世話になったなって思う。MYOJOは、アイドル誌の中でもちょっと特別な存在で、たとえば撮影で海外に行くってなったらそこには必ずいてくれたし、俺らがちっちゃかったときからスタッフさんの顔ぶれがほとんど変わらないのもMYOJOだけ。だから、クソガキだった俺も、物静かだった俺も、大人になった俺も、全部見てくれていて、いっしょに成長してきたなっていう感じがすごくしてる。誌面に出させてもらってるっていうことは、支えてもらってるっていうこと。そのぶん、タレントもちゃんと編集部を支えて、助けて、歴史を刻んでいかなきゃいけない。今、MYOJOに登場してる後輩たちも、最近デビューしたグループも、これからMYOJOに出ることになるJr.たちも含めて、スタッフさんたちといい関係を築いていってほしいな。

ありがたいことに、俺は今後も『真紅の音』でMYOJOに出つづけることができる。だから、さみしい思いをしてるほかのメンバーのファンのみんなに向けて、このページを通してできるかぎりグループやメンバーの近況も伝えていけたらと思ってるんだ。MYOJOの最後のページは、長年連載をされてきた木村(拓哉)さんから受け継がせてもらった場所。俺もいつかは卒業して、後輩にバトンを渡す日が来る。そのときみんなに「よくここまでやってくれたな」って思ってもらえる連載になるように、つづけていくつもり。

10月には『FILMUSIC!』ツアーを無事完走することができた。すごく楽しかったぶん、早くお客さんに好きなタイミングで歌って声を出して気持ちよく帰ってもらえるライブをしたいとも思ったかな。ステージから見ていて印象的だったのが、客層の変化。家族とかカップルで来てくれる方がものすごく増えたんだよね。男性の中にはゲーム用語が書いてあるうちわを持ってる方もいたから、俺のゲームチャンネルの影響も大きいのかも。ほかにも、結婚してお子さんといらっしゃってる方がいたり、15年つづけてるとこういうステキな光景にも出会えるんだなって、うれしかったな。12月から始まるドームツアーは、俺がオープニングブロックの曲目と演出を考えさせてもらった。奇をてらったことはやりたくなくて、みんなが絶対に聞いたことのある曲で始めたいっていう明確なイメージがあったんだよね。15年の歴史を感じてもらえるオープニングになったと思うから、いっしょに15周年をお祝いできるのが今から楽しみ！

ドラマ『親愛なる僕へ殺意をこめて』の撮影は、いよいよ佳境に入ってきた。SNS上で誰でも簡単に「好き」や「嫌い」を発信できる今の時代にこういう攻めたドラマを届けるのは、すごく意味のあることだと思ってる。単純にキャストもスタッフさんも技量が試されるから、日々みんながいろんなことに葛藤しながら撮影に挑んでるよ。俺は10代からたくさんの作品に参加させてもらってきて、カッコいいヒーローだけじゃなく、今回みたいなひと筋縄ではいかない役も演じさせてもらえたことを事務所に感謝してる。クライマックスまで衝撃の展開がつづくし、誰でも見られる環境でここまで挑戦的なドラマにはなかなか出会えないはず。いったい誰がLLなのか、考察しながら楽しんでもらえたらいいな。

Vol. 117

いっしょ

無理をしないこと。それが、長くつづけていく秘訣。

最近は、15周年のドームツアーに向けて8人でリハーサルを重ねてる。その輪の中にヒカ(八乙女光)がいてうれしいっていうのは、もちろんある。でも、絶対帰ってくるってわかってたし、待ってたし、だから日常に戻ったっていうのがいちばん正直な気持ちかな。休んでる間にちょくちょく会えてたことも大きかったのかもしれない。何より本人がすごい元気だから、本当によかったなって。そんなわけで、リハーサルの合間もひさしぶりに8人でわちゃわちゃ…っていうよりは、わりとそれぞれがやるべきことを淡々とやってる感じ。まぁみんな十分大人だしね(笑)。俺は、前回の連載でオープニングブロックの構成や演出を担当したって話したけど、じつはそこ以外にも本編ラストの曲と、あとはやりたいことがあって、あるコーナーもまかせてもらってるから、スタッフさんとそのあたりに関する打ち合わせをしてることが多いんだ。

『親愛なる僕へ殺意をこめて』がクランクアップしてからは、自分の時間ができて、つかの間《ま》の休息を楽しんでる。この間は、髙地(優吾)が誘ってくれて、(松田)元太とちゃかちゃん(宮近海斗)、長尾(謙杜《けんと》)くんといっしょにサッカーもしたよ。俺は小学生のころにサッカーをやってたから、当時と同じ感覚でボールに追いつけると思ったら全然ダメで、試合開始5分くらいで後輩たちの前で足がもつれて転んだけど(笑)。もう、おじさんですな…。でも、途中から筋肉がサッカーしてたときの記憶を思い出したみたいで、3試合目と4試合目は得点王！ ただ、その代償がヤバくて、次の日は動けないくらいの筋肉痛…。自分の体力のなさにちょっと引いたから、ゲームばっかりしてないでジョギングでも始めてみようかなって思ってるよ。

ちょっと前には、プロゲーミングチームのオーナーとそこに所属するゲームプレイヤーとディズニーシーへ。ふたりに「キャラクターの耳の形のカチューシャをつけないとアトラクションに入れないんだよ」って嘘《うそ》をついて、男3人でおそろいのカチューシャをつけて満喫したよ。ふたりにはふだんゲームでボコボコにされてるぶん、乗り物に乗ってシューティングゲームが楽しめるアトラクションで俺がダントツ高得点を出した瞬間は、ここぞとばかりにドヤ顔しておいた(笑)。パーク内には、キャラクターたちとダンスできるプログラムもあるんだよね。焼き肉屋さんで姪っコたちとごはんを食べたとき、その曲でいっしょに踊りたいってせがまれて、120%で踊って疲れたことを思い出した(笑)。

2022年を振り返ると、俳優業が充実した本当に忙しい1年だった。そういう時間を経て、2023年は事務所と話し合いながら自分がやりたいこと、そしてファンのみんなが喜んでくれることをしっかり選択していく必要があるなって思った。ぜいたくを言わせてもらえるなら、仕事が6、プライベートが4くらいのバランスが理想かな。30才になる年でもあるから、落ち着いて自分自身を見つめ直す時間も持ちたい。2022年は、継続することの難しさを感じた年でもあった。俺は、つづけることも、つづけないことも、どちらの判断も間違ってるとは思わない。いちばん大事なのは、それぞれの人生だから。でも、つづけていくのなら、無理をしないことが大切だし、それが長つづきさせる秘訣《ひけつ》。だから、Hey! Say! JUMPとしては、2023年も引きつづき自分たちのペースで活動しながら、のんびりゆったりグループを育てていけたらいいなって思ってるんだ。

Vol.
118

らしさ

本当の自分を失ってまで、誰かといたくはないんだ。

「山田涼介ってどんな人?」。そう聞かれたら、答えは「自由」。プライベートは全部その日の気分で動くから、前日までやりたいと思ってたことを当日キャンセルするパターンもよくある。俺のまわりにいるのは、この自由さにつき合うことを苦だと感じない人だけ。だから、友だちが少ないんだろうね(笑)。でも、そういう性格は直るものでもないし、直すつもりもない。本当の自分を失ってまで、誰かといたいとは思わないから。俺が自分らしくいるために心がけてるのは、無理をしないこと。思ったことは言うし、態度にも出す。だけど、なんでも言えばいいっていうものじゃない。相手に〝お前はできてないのに、何言うてんねん?〟って思われないような基盤作りをしておくことは大事なんじゃないかな。

俺がいちばん自分らしくいられるのは、ゲームをしてるとき。ゲームって、性格がそのままプレイに出るんだよ。積極的な人はゲームの中でも攻めるし、慎重な人は手堅いプレイをする。俺は、〝イチかバチかいっちゃえ!〟っていうタイプ。負けたら負けたでいったん反省して、同じ局面が来たときに別の選択をすればいい。そういう考え方は、現実の世界でもたしかに同じだなって思うんだ。

俺がJr.のころは、絶対的な振付師さんがいて、アイドルとはこうあるべきっていう〝らしさ〟みたいなものを肌で感じながら育ってきた。その人から学んだのは、言われる前にやる、言われたときにはできてなきゃいけないっていうこと。だから、完璧人間でいるための努力を重ねたし、俺の場合はそうしないと生き残る術《すべ》がなかったっていうのもある。でも、今はJr.のためのステージがあって、YouTubeのチャンネルがあって、テレビ番組があって、固定観念にとらわれる時代ではなくなってきたよね。これまでも何度も話してきたけど、それはすごくステキなことだし、いいことだと思う。そして、だからこそ、あきらめないでほしい。誰でもスターになれる世の中だから、ほかの道に進みたくなる気持ちもわからなくはない。でも、うちの事務所でしかできないこともあるし、うちの事務所だから守られてる部分もある。後輩たちには、そんな恵まれた環境で何ができるのかを考えて、自分だけの武器を見つけていってほしいんだ。

12月から、15周年のドームツアーが始まった。初日は緊張しすぎて震えたけど、お客さんの歓声がすごくて、しかもそれが思わず出ちゃった声っていう感じがしてうれしかった。前回の連載で、俺がまかせてもらったコーナーがあるって話したのは、Hey! Say! 7の『ただ前へ』。本編の締めくくりに『White Love』を選んだのも、俺のアイデアだった。『White Love』は、個人的にJUMPを象徴する曲だと思っていて。だから、キレイに見せたくて、バラードにアレンジしたんだよね。そして、ツアーに関してもうひとつここで話しておきたいと思ってたのが、名古屋公演2日目のこと。停電で新幹線が止まってしまった影響で、コンサートに間に合わなかった方がたくさんいた。開演時間を15分遅らせて、できるかぎりの対応はしたんだけど、それ以上はどうしても待つことができなくて…。チケットを買って遠くから来てくれたファンのみんなにつらい思いをさせてしまって、本当に申し訳なかったと思ってる。コンサートを見られなかった人たちのために何か形に残るものを作れたらって考えてるところだから、今はとりいそぎ「ごめんなさい」の気持ちだけ伝えさせてね。

ひさしぶりに8人だけで過ごした、あったかい時間。

1月1日の東京ドームでのライブが終わったあとは、うちに来た親友とお酒を飲んで、ふたりで2日に俺の実家に帰った。その時点でけっこう二日酔いだったんだけど、実家に着いて家族とまた飲み始めたら、さすがに夕方眠くなって1回ダウンしたんだよね。で、しばらくして「遊んでくれない涼ちゃんは嫌い！」って言いながら起こしてきた姪っコとガチゲンカ（笑）。あとから、ねーちゃんと妹に「マジでおとなげないんだけど！」って怒られた…。そのあとはみんなでカルタをやったり、姪っコたちはもちろんねーちゃんと妹と親にもお年玉を渡したりして、これぞ正しいお正月の過ごし方っていう時間を楽しんだよ。

カウントダウンコンサートの日は、シャッフルメドレーで同じグループだった、ふっか（深澤辰哉）と千《せん》ちゃん（千賀健《けん》永《と》）としゃべってた。千ちゃんには「やまちゃんはなんでそんなにアゴのラインがシャープなの？」って聞かれたから、「わかんないけど、骨格じゃない？　あとライブ期間中だからやせてるのかも」って言っておいた（笑）。佐久間（大介）とも、ゲーミングPCの話をしたな。俺がゲームするときに使ってるデバイスを紹介した動画を見てくれたらしくて、「やまちゃんが持ってるやつなら間違いない」って、同じのをひと通り買ったんだって。でも、PCはどれを買えばいいかわかんないって相談してくれて、「YouTubeでゲーム配信もやってるし、そこにお金を惜しまなくてもいいんじゃない？」って高スペックな最新機種をおすすめしておいた。そんな話をしてたら舘《だて》様（宮《みや》舘《だて》涼太）が優雅に現れて、しかもそのとき着てた衣装にゴールドのチェーンがいっぱいぶら下がったネックレスみたいな飾りがついてたの。それは、ふっかとかほかのメンバーの衣装にはなかったから、「なんでそんなおっきいのつけてるの？　重くないの？」って聞いたら、「いやこれ、自分でこうしてほしいって発注したんですけど、踊ってると顔に刺さって痛くて、つけたことマジで後悔してるんです」って真顔で言われてさ。おもしろすぎて、爆笑しちゃったよ。

ドームツアーの最後は福岡で2日間の公演だったんだけど、せっかくの15周年だし、1日だけみんなでごはんを食べようっていう話になって、1日目の公演が終わったあとメンバー8人しかいない空間で食事したんだ。半年に1回開いてたグループのごはん会はコロナ禍になってからずっと開催されてなかったから、8人そろってごはんを食べたのは本当にひさしぶり。最初にお店に到着した第1陣が俺を含めた4人、2陣目が『らじらー！』終わりのふたり、3陣目が体のメンテナンスを終えてから来たふたりで、1陣と3陣の到着時間には2時間くらいのズレが。なのに、俺は3陣が食べ終わったあともひとりで注文しつづけて、全員に「どんだけ食べるんだよ！」ってツッコまれた(笑)。でも、8人だけで過ごせたその時間は、すごく楽しかったな。その証拠に、次の日のライブはみんないつも以上にテンションが高かったもん。JUMPって、決めるところは決めるけど、自由にやっていいところはとことん自由にやる人たちの集まり。俺も、客席に向かって「もっと声出せー！」ってアオりまくったよ。お客さんの声出しが解禁されて、でもみんなどこか遠慮してる感じもあったから。ライブって歓声があって初めて成立すると思うし、おたがいのボルテージが上がることで会場が一体になるんだよね。あとは、マスクをつける必要がなくなって、ファンのみんなの表情を見られるようになったら完璧！

Vol. *120*
目

昔の自分みたいにがむしゃらな姿には、心が惹かれる。

『王様に捧ぐ薬指』は、俺にとって初めての要素が多いドラマ。そのひとつが、原作が少女マンガだっていうこと。実家で暮らしてたころは姉とか妹が持ってるのをなんとなく手にとることはあったけど、今回オファーを受けて、ひさしぶりに少女マンガを読んだんだよね。こんな胸キュンストーリーの登場人物を俺に演じられるのかなぁって心配になりながら(笑)。クランクインして数日後には、俺自身だったらできないなっていうことをする、1話のあるシーンを撮ったの。監督には「山田くんだから成立するよね」って言ってもらえたけど、はたして見てくれる方をちゃんとキュンキュンさせることができるのかなっていう不安と日々闘いながら撮影してるよ。

既婚者の役を演じるのも、今回が初めて。左手の薬指に指輪をしてることには、違和感がすごくある。ふだんは指輪を中指につけるから、小指と中指に異物が当たってる感覚が新鮮で、なんかムズムズするんだよね。主演の橋本(環奈)さんとは『スクール革命!』でも共演してたから明るいキャラクターだっていうことは知ってたけど、いっしょにお芝居してみたらすごく勘のいい方で、改めて、さすがたくさんの作品に出演されてるだけあるなって思った。共演することが決まって、橋本さんの主演映画『カラダ探し』を見てみたの。でも、ホラー作品があんまり得意じゃない俺にとってはめちゃめちゃ怖くて…。本人にも「ひとりで見て、ちょっと後悔しました」って伝えさせてもらった(笑)。

最近は、あいた時間でアニメとか映画をいろいろチェックしてる。動画配信サービスで、たまたま出てきた後輩が出演してる番組も途中まで見た！　自分がJr.のころと比べたら、やっぱり場数を踏んでるだけあって堂々としてるコが多いよね。俺はもっとしゃべれなかったし、自分の見せ方もわかってなかったもん。だからなのか、個人的にはこのチャンスをものにしようってなりふりかまわず一生懸命やってるコに目がいった。関西のJr.のコたちは特にオリジナリティーがあって、やっぱりおもしろいなって思ったよ。

今持ってるメガネとサングラスは、全部合わせて8本。視力が左0・3、右0・6くらいであんまりよくないから、家ではずっと度入りのメガネをかけてるんだ。フレームは、細くて、できるだけ存在感がないほうが好き。今日の撮影で行ったお店で試着して買ったサングラスは、とうとうフレームがないものを選んだくらいだし（笑）。そんな自分の目で見たいものは、海外の景色。もうずっと行けてないからね。最後に旅行したのは、知念（侑李）ともうひとりの友だちと訪れたタイ。ちょうど日本でコロナが流行《はや》り始める直前だったから、3年以上前になるのかな。現地ではトラの赤ちゃんとふれ合ったり、タイ料理を食べたり、楽しかったな〜。船でキレイな海に囲まれた離島まで行って、バナナボートにも乗ったよ。海に入りたくない知念も無理矢理いっしょに（笑）。いちばん記憶に残ってるのは、ワニの肉を食べるか食べないか問題！向こうでは串焼きにして屋台で普通に売られてて、人生経験として必要かもしれないってことで、ジャンケンで負けた人が食べようっていう話になったんだよね。でも、絶対負けたくないし、なんか自分が負けるような気がしたから、イヤだって言ってやめたっていう思い出（笑）。次にどこか海外に行けるなら、南国がいいな。あったかい気候に、透き通った海！　それさえあれば、ずっとご機嫌でいられるのは間違いない♪

Vol. 121

癒やし

無邪気に笑い合う姿から、いつも元気をもらってる。

『王様に捧ぐ薬指』で俺が演じてる新田東郷《にったとうごう》は、大企業の後継者で絶対的王様キャラ。世間から見たら、家柄に恵まれていて、裕福で、何不自由ない生活を送ってると思われがちだけど、じつは孤独を感じてる部分もある。そんな東郷の前に、心のよりどころになるかもしれない綾華が現れて、彼がどう変わっていくのか…。そこは東郷のいちばんの見どころだから、綾華とのテンポのいいかけ合いを丁寧に演じていきたいと思ってる。東郷は結婚式場の社長っていうことで、必然的にそういう場所で撮影するシーンが多いんだよね。結婚式場にいると、自分自身がいつか結婚するとなったらどんな式を挙げようかなっていうのは自然と想像しちゃう。俺としては、身内でこぢんまりやれればいいんだけどね。それ以外の具体的なことは、お嫁さんになる人の希望をかなえてあげたいな。

結婚願望は、人並みにある。この仕事をしてなかったら、きっともう結婚してたんじゃないかな。ドラマの中で「あなたにとって結婚とは？」って聞かれた綾華が「考えただけでも地獄」って答えるんだけど、俺にとってはどうなんだろう？　想像の範疇《はんちゅう》でいうなら、楽しいこともあればつらいこともあるっていう感じ。結婚生活であこがれるのは、家に帰ってきたとき、部屋の電気がついてるっていうシチュエーション。さらにあったかいごはんとお風呂が用意されてたりしたら、最高だろうね。…って結婚に対して理想ばかり持っていても意味がないから、奥さんにはとりあえず癒《い》やしでいてもらえたらいい。黙ってそばにいてくれるだけで、幸せだと思うよ。

ドラマ撮影期間は忙しくて誰かと会ったりごはんを食べに行ったりする時間がなかなかないんだけど、そんな中での最近のできごとがマネージャーさんに誘われてTravis Japanのデビューコンサートを見に行ったこと。俺が行ったのは神奈川公演。ちょうどその日、横浜のほうでドラマの撮影をしていて、早く終わったから駆けつけたんだ。コンサートの感想は…みんなほぼずっと踊りっぱなしで、シンプルに大変そうだなって(笑)。終演後に一瞬メンバーと会う時間があったんだけど、関係者の方がたくさんいらっしゃってたから「早くあいさつに行ってきな」って言ったくらいで終わっちゃった。でも、そのあとTravisとのグループトークには、わざわざお礼のメッセージが届いたよ。

もうひとつのニュースは、好きなアーティストさんの絵を買ったこと。ゲーム部屋に飾るつもりだから、いずれYouTubeチャンネル『LEOの遊び場』で見られるんじゃないかな。YouTubeといえば、今ハマってるチャンネルがあって、その動画、特にショートを見るのが、ささやかな楽しみ。会社員の男の人同士がイタズラし合うっていう平和な内容なんだけど、ふたりともずっと笑ってて、見てるだけで幸せな気持ちになれるし、俺もドッキリをしかけたくなる(笑)。自分もYouTubeに出るようになってから、何かヒントになるものがあればと思って、いろんなチャンネルを見るようにしてるんだ。

5月9日で30才。心境的には28才から29才になるときと何も変わらないけど、仕事面では将来について今まで以上に考え始めるはず。だから、もっと自分に目を向けて、やりたいことに正直になってもいいのかなって。これぱっかりは実際に30才になってみないとわからないけど、30代も自分らしく進んでいけたらと思ってるよ。

Vol.
122

チャージ

時間の流れをちゃんと感じる。それが日々の力になる。

今月号のMYOJOは、Hey! Say! JUMPメンバーがひさしぶりに全員そろって撮影した。『真紅の音』の現場はいつもひとりだから、8人いるとやっぱり騒がしいなって思ったよ。俺が食べてた焼き鳥弁当の中に見たことのないおかずが入ってただけで、みんなで「なんだこれ⁉」って盛り上がったからね(笑)。撮影の前日が『王様に捧ぐ薬指』の1話のオンエア日だったんだけど、大《だい》ちゃん(有岡大貴)は「きのう見たよ!」って声をかけてくれた。『バチェラー・ジャパン』をオマージュした『バトラー・ジャパン』のシーンがめっちゃおもしろかったって(笑)。そんなわけで、今日は、オンエアを見てくれた大ちゃんとドラマにちなんだ〝王ささポーズ〟で写真も撮ったよ。

公式サイトのブログにも書いたけど、1話の放送当日は朝から電波ジャックがあったのに、マネージャーさんが迎えにくる5分前に目が覚めたんだよね。いつもはどんなに朝早い時間に出発する日でも、1時間前には起きて、歯を磨いてシャワーを浴びてストレッチをして、できるときは掃除もしてる俺にとってはめずらしいこと。2本目に出演させてもらった『ラヴィット!』では、俺が後世に残したいものとして紹介したイタリアで食べたトリュフパスタをミシュラン一つ星のシェフに再現していただいたんだ。もちろんめちゃめちゃおいしかったけど、食べながら「あれ、こんな味だったっけ?」って思う自分がいて…。現地で撮った料理の写真を見返したら、見た目からして違ったから、どうやら俺の事前の説明がよくなかったみたい。あの味に再会するためには、もう1回イタリアまで食べに行くしかなさそうだな。

俺自身は、家でお酒を飲みながら1話のオンエアを見た。ひとりで晩酌するのにすごいハマってるんだよね。前までは親友をうちに呼んでワイワイしながら飲むお酒が好きだったけど、ひとりだと自分のペースを崩さずにいけるから次の日に残らないのがいいなって。ジャズを聞きながらゆったりした時間の流れをちゃんと感じて、ちょっと早いけど余生を楽しむみたいな気持ちで過ごしてる(笑)。おいしいビールで冷蔵庫の中がいっぱいになってるのも幸せで♡　今日も仕事が早く終わったら、1～2缶飲んで寝ようかなって思ってるよ。

今は『親愛なる僕へ殺意をこめて』のときほどハードなスケジュールではないから、自分の時間を楽しむ余裕がないわけじゃないんだよね。家で料理することもけっこうあって、パスタとかアクアパッツァみたいなこじゃれたイタリアンに挑戦するのが楽しい。今まで和食を作ることが圧倒的に多かったけど、それ以外のジャンルもできるようになりたいなと思って。俺の感覚では、和食は味の調整が繊細で、イタリアンは工程が繊細。パスタひとつとっても、ゆでる分数によって食感がガラッと変わる、その奥深さがおもしろい。ゆで汁をスープに使うときは塩をちょっと多めにするとか、ちょっとした技も含めてね。誰に振る舞うわけでもないから、レシピを見ながら〝この調味料をもうちょっと足したら自分好みの味に近づきそうだな〟って試行錯誤を重ねてるよ。でも、どの料理も絶品って呼ぶにはまだ何かが足りない…。これからもっと突き詰めていきたいね。

Vol.
123
香る

理屈じゃなく香りで恋に落ちる瞬間って、あると思う。

お香や入浴剤…家で使ってるものの香りはヒノキがほとんど。もう何年も変えてない理由は、気分が落ち着くからなんだ。香水はいろいろ持ってるけど、夏はさわやか系かクール系をつけてて、それ以外の時期は基本的に甘い香り。新しい香水と出会うのは、だいたい海外に行ったとき。10代のころみたいに張りきってブランドショップをまわりたいっていう気持ちも欲しいものも特にないんだけど、まぁ記念に何か買っとくか…みたいな感じで香水を選ぶことが多いんだよね。そうやって購入したお気に入りのひとつが、5年くらい前にHey! Say! 7でニューヨークに行ったときの自分へのおみやげ。そのブランドは俺の記憶だと海外の数カ所にしか店舗がなくて、たしかにそう言われてみれば身近で同じ香りがする人に会ったことがないの。店内にはたくさんの種類が並んでたんだけど、俺が買ったのは、別のタイミングで買いに行ったスタッフさんがまったく同じものを気に入ってたくらい、いい香り。ただ、嗅《か》げば誰でも確実に欲しくなる、その魅力を言葉で説明するのは難しい！　しいていえば、甘さの中にさわやかさもあって、とにかく色気がすごい。波瑠さんには、共演したときに「人を引き寄せる力のある匂いだね」って言われたもん。で、「ほめたから私も欲しいな」ってお願いされて、何本かまとめて買ってあったから、使いかけだったやつをプレゼントした(笑)。でも、ストックしてたぶんもついになくなっちゃって…。今度また行く機会があったら、絶対に買いたい！

あとにも先にも1回だけ、無条件に引き寄せられる香りを持った人に出会ったことがある。

なんていうか…自分の脳に直接訴えかけてくる感じ？　俺以外にもそういう体験をしたことがある人、けっこういるんじゃないかな。それがどんな匂いかは人それぞれだと思うけど、香りで心が動くことってあるんだなって肌で感じた瞬間だった。どんなに見た目や性格に惹《ひ》かれても、香りが好きじゃなかったら恋には落ちないのかもしれない。それくらい、香りって人を彩《いろど》る大事な要素なんだと思う。

海外に行くときって、空港に降り立った瞬間、その国特有の香りがすることがある。俺は、それがけっこう好きなんだよね。特にタイ！　香辛料のスパイシーな空気が鼻をかすめると、外国に来たんだなっていう感じがしてワクワクする。タイ料理が好きっていうのも、大きいと思うけど（笑）。もっと日常的な場面でいうと、海、金木犀《きんもくせい》…あとは雨が降る前の独特の匂い。朝起きて、窓を開けてその匂いがすると、ベランダに出てしばらくボーッとしちゃうんだよね。

俺自身は、香りで自分の存在を知らせたいタイプ（笑）。よく行くバーはお店に入る前に階段があるんだけど、俺が仲のいい店員さんよりも先に着いて飲んでると、あとから来たその人が階段の残り香《が》で「おい山田、来てるだろ〜！」って言いながら入ってくるの。それが、ひそかにうれしい（笑）。昔の亀梨（和也）くんは、まさにそういうイメージ。当時すっごい甘い香水をつけてたんだけど、俺を含めたJr.はみんな、亀梨くんを思わせるその香りにあこがれてたんだよね。1回、KAT-TUNのコンサートのバックにつかせてもらったとき、ステージ裏で香水をつけてる亀梨くんを目撃したことがあって。その瞬間の姿は、香水をつけてるじゃなくて、浴びてるっていう表現のほうが正しかった（笑）。そりゃ亀梨くんが通ったあとはステキな残り香が漂《ただよ》うわけだって、妙に納得した記憶があるよ。

新しいものにふれることで、視野を広げていきたい。

『王様に捧ぐ薬指』が終わって以降は、めちゃめちゃ自由な時間を過ごしてる。1年半以上前から、何本もの作品を立てつづけに撮影してきたから、無事に完走できた今はホッとしたっていう気持ちが大きい。映画『BAD LANDS バッド・ランズ』は記録的大雪が降った冬の滋賀県で撮影してたな…とか、撮影現場の数だけ思い出ができたよ。怒涛《どとう》の期間を振り返ると、本当にいろいろなことがあって、自分の気持ちが落ちた瞬間もわかった。忙しくても、感情の浮き沈みはしっかり感じてたなっていう印象かな。

ドラマがクランクアップした次の日には、京都まで（髙木）雄也と（中山）優馬と髙地（優吾）が出てる舞台『星降る夜に出掛けよう』を見に行ったんだ。とはいえ、現地に滞在したのは舞台を見てた時間だけ。京都駅に降り立った瞬間、盆地だから想像してたよりも暑くて、しかもパーカで行っちゃったもんだから、これは無理だと思って早々に退散した（笑）。でも、優馬と会うのはひさしぶりだったから、ちょっとしゃべったよ。これはあとから共通の知り合いのメイクさんに聞いたんだけど、優馬が俺のほかに（中島）裕翔や知念も来たのを見て「JUMPって本当にいいグループやな」ってビックリしてたらしい。（岡本）圭人とは、観劇した日がたまたまいっしょだったんだよね。せっかくだから京都でふたりでごはんを食べて帰りたかったんだけど、俺がその日の夜にゲーム関係の仕事をしなきゃいけなかったから、仕方なく断念。同じ新幹線に乗って、東京まで帰ってきたよ。

ほかにも最近は、忙しくてずっと実現できてなかった人との食事会をひとつずつ楽しんでるところ。当たり前だけど、人としゃべりながら食べるごはんは、やっぱりおいしいね。おかげで順調に太っていってる(笑)。きのうは、親友とふたりで予約が半年待ちのお寿司屋さんに行ってきた。この時期ならドラマもクランクアップしてちょうど落ち着いてるだろうって予想して、ずいぶん前に予約しておいたんだ。ひさしぶりに行ったけど、やっぱりうまかったなぁ。そのまま2軒目に行って、2時くらいまで語りつくしたよ。そんな日々の中には、楽しくなってつい飲みすぎちゃって、店で寝て起きるっていうハプニングもあったけど(笑)。目が覚めたら外はすっかり明るくて、いっしょに飲んでた人たちもいなくなってて…。スマホに「1時間ずっと起こしつづけたけど、起きなかったので置いて帰ります。じゃあね!」っていうメールだけが残ってた(笑)。そういう日々を過ごしてると、人にはある程度の自由な時間が大事なんだなっていうのをすごく感じるね。精神的な余裕を持つことができて、心がどんどん健康になっていってる気がする!

今の自由な時間を使ってこれからやりたいのが、国内の行ったことのない場所に足を運ぶこと。俺は、南だと四国、北のほうだと秋田にはまだ行ったことがないんだよね。日本人として一度は訪れておきたいっていう気持ちもあるし、知らない土地で新しいものにふれて、自分の視野を広げたい。俺は、知ってる世界だけで生きようとしちゃう人だから、余計にね。しかも、初めての景色を見たり、初めてのものを食べたりすると、この『真紅の音』で感じたことや思い出を話せる。もしかしたら、俺が行った土地の人がその記事を読んで、喜んでくれるかもしれない。ささやかなことだけど、そうやって好循環を生んでいけたらいいなって思ってるんだ。

Vol. 125

再会

もう一度出会えた、刺激的でかけがえのない時間。

『ＢＡＤ ＬＡＮＤＳ バッド・ランズ』で原田眞人監督からオファーをもらえたときは、本当にうれしかった。俺にとって、原田さんはいちばん怖さを感じる監督。撮影中、主人公のネリ（安藤サクラ）と俺の演じる弟のジョーがテンポよく話すシーンで「涼介の間《ま》が悪い」って注意されたことがあったんだ。気心の知れた人同士の日常的な会話って、片方が話し終わらないうちに、もう片方が話し始めたりするでしょ。だったら、ネリとジョーもセリフの言葉じりに次のセリフをかぶせるのが正解だって。俺はそう言われて一気に焦っちゃって、ＮＧを連発。ふだんはそんなふうになることってないんだけど、原田さんはやっぱり特別な存在なんだよね。無事ＯＫが出たあとに平謝りしたら、「めずらしいなぁ！」ってゲラゲラ笑われたよ（笑）。

原田さんは厳しくもあり、同時に作品や役者に対する愛情がものすごく深い方。アドリブを求められることが多かったのも、俺を信頼してくれてた証拠なのかな…って勝手にいいほうに解釈してる（笑）。俺はわりとフィーリングで芝居をするタイプだから、基本的にはどんなムチャぶりをされても困らないんだよね。でも、今回の役はセリフが全部関西弁で、アドリブも当然関西弁じゃなきゃいけなくて。そういうときは、事前に自分が言いたいことを大阪出身の共演者の方に伝えて訳してもらってた。台本に書かれてるセリフに関しては、声に出して言って、音で覚える…の繰り返し。英語とかに比べると中途半端になじみがあっただけに、いわゆる〝エセ関西弁〟のイントネーションで覚えちゃっていて、そこを修正するのがとにかく大変だったな。たとえるなら、間違ったお箸の持ち方を大人になってから正すような感覚。撮影期間は滋賀に泊まりっぱなしだったんだけど、ほかの仕事のために週に1回か2回は東京に帰ってきてたんだよね。でも、毎日のように関西弁を聞いてしゃべってたから、その時期にやってたゲーム配信中の発言はもしかしたら、なまり気味だったかもしれない(笑)。

安藤サクラさんとは、昔プライベートで偶然お会いしたことがあるんだ。俺が20代前半のころにひとりでバーのカウンターに座って軽く飲んでたら、となりにたまたま安藤さんがいらっしゃって。「これは後輩の俺があいさつしないと…!」って思って、流れでちょっとだけお話もさせてもらった。その後も日本アカデミー賞の授賞式とかでお会いしてはいたけど、共演したのは今回が初めて。安藤さんは、芝居に対する姿勢がプロ。撮影現場で昼休憩中にみんなでごはんを食べてると、安藤さんが突然大きな声でセリフを言って、俺やまわりがそれにつづいて自然と芝居が始まる…っていうことが何度もあったんだ。そんなすごい方なのに、インタビューに答えるときは緊張するらしくて。公開に先がけていっしょに受けた取材では、質問にすぐ答えを返せるようにって、俺の印象についてびっしり書き込んだメモを持参してたんだよね。しかも、うれしいことをたくさん書いてくれていて…人としてますます大好きになったよ。

『BAD LANDS バッド・ランズ』は、普通に生きてると聞きなじみのない言葉が飛び交う作品だから、初見で細かいところまで理解するのは難しいかもしれない。でも、最後には点と点がきちんとつながるはず。新しい山田涼介も見られるし、映画『燃えよ剣』を彷彿《ほうふつ》とさせるような原田さんの遊び心も散《ち》りばめられてるから、そういった部分も楽しみながら見てもらえたらうれしいな。

Vol. 126

克服

嫌いなものは、嫌いなままでもいいんじゃないかな。

今まで俺がふれてこなかったものって、なんだろう？　ふとそんなことを考えたとき、思い浮かんだのがホラー作品だった。子どものころに見た映画『エクソシスト』がトラウマで、ホラーはずっと避《さ》けてきたジャンルだったから。それで、最近になって有名なホラー映画やドラマをひと通り見てみたんだ。もちろん怖くて、たまに手で顔を覆って指のすきまから画面を見てたけど(笑)、それ以上におもしろくて！　特にドラマの『エクソシスト』は起承転結がハッキリしていて「ここ絶対来るぞ来るぞ…はい来た～！」って予測できる展開が多くて、すっかりハマっちゃった。神父役の俳優さんのお芝居もすばらしくて、あっという間《ま》にシーズン2の最後までたどり着いたくらい。ただ、めちゃめちゃつづきがありそうなところで終わったからワクワクしながらシーズン3を探したら、どこにもなくてさ。調べた結果、打ち切りになったらしくて、ショックだった…。

これは、苦手なものにチャレンジしてみて、よかった例。でも、俺は克服する必要がないって判断したものに関しては克服しないって決めてる。だって、それが食べ物だとしたら、〝苦手なものをイヤイヤ食べるより、同じ時間で好きなものを食べたほうが楽しくない？〟っていう考えだから。仕事で乗り越えなきゃいけないことはがんばるけど、たとえば高所恐怖症なところとかはバラエティー番組に出たときに怖がってる姿を楽しんでもらえてるから、そのままでいいのかなって思うんだ。

人見知りは、年を重ねるにつれて自然となくなってきた。相変わらず、事務所の後輩は苦手だけど（笑）。別の事務所の年下のコは、全然平気なのにね。そう考えると、食事とかに行ったとき、仕事のことをいろいろ質問されるのがイヤなのかな。俺はプライベートに仕事を持ち込みたくない人だから、ふだんはそういう話をしない人といるほうがラクなんだよね。まぁ、俺が唯一かわいいなって思ってるみっちー（道枝駿佑）も、仕事の話はめちゃめちゃしてくるんだけど（笑）。みっちーの場合は、本気で俺の考えが知りたくて、あこがれてくれてるんだなっていうのが伝わってくるのよ。結局は人柄なのかも。みっちーって、本当にいいコじゃん。だって、先輩のHey! Say! JUMPのライブに差し入れを持って見にくるからね。本来そんな必要はまったくないし、毎回「気をつかわなくていいよ」って言ってるんだけど、持ってきてくれる。そういうところに人間性が出るよね。なんであんなに純粋なコが俺みたいなやつにあこがれてくれているのか、マジで謎（笑）。

8月に個人のインスタグラムを始めたけど、もともとはSNSも得意ではなかった分野。ライブに行かないと会えない、雑誌とか公式サイトの有料のコンテンツでしか写真や文章が見られないっていう状況が、インスタをやることで変わってしまうと思ってたのが、その理由。だけど、それぞれで見せる顔は違うから、楽しんでくれる人がいるならアリなのかなって、少しずつ考えられるようになっていったんだよね。ライブに来てくれる人にはもっと特別な姿を見せられるようにするし、しゃべってる内容で言えばインスタよりもブログのほうが濃いはず。『真紅の音』は、設けられたテーマの中で語ってるっていうのがインスタやブログとの大きな違い。自分じゃ思いつかないような角度で、感じていることを話す。それは、この連載の付加価値みたいなものだと思ってるんだ。

Vol.
127

バランス

自分の物差しだけで他人を判断しちゃいけない。

仕事とプライベートの理想のバランスは5対5。最近は、まさにそれくらいの感じで毎日を過ごせてるんじゃないかな。そうすると、おのずと人としての余裕が持てるし、ひとつひとつのパフォーマンスも上がる。あきらかに変わったなと思うのは、歌のクオリティー。今は新曲のレコーディングをしてるところなんだけど、我ながらいい声で歌えてる自信があるから、楽しみにしていてほしいな。

『BAD LANDS バッド・ランズ』の公開前には、大阪でイベントや舞台あいさつに出席。イベントは、雨の屋外っていうバッドな環境だったにもかかわらず、お客さんが盛り上げてくれて、ありがたかった。向こうではいろんな番組にも出させてもらったんだけど、情報番組なのにバラエティー番組みたいなテンション感っていうのが新鮮だったよ(笑)。

最近のプライベートはというと…じつはある爬虫類《はちゅうるい》を飼い始めたんだよね。実家には常にいろんな動物がいたし、俺はカエル以外の全生き物が好きだから、いつかは自分でもペットを飼いたいって考えてたんだ。それで最初は犬かネコかサルで探してたものの、自分ひとりで完璧にお世話できるっていう責任が持てないんだったら家族として迎えるべきじゃないと思って、たどり着いたのがその種類だった。数は1匹じゃなくて、たぶん今これを読んでるみんなが想像してる以上にたくさんいるんだけど、1匹1匹の性格も表情も全然違うから、おもしろいなって思いながら愛《め》でてる日々(笑)。ショップに見に行ったときも、1匹だけ俺のことをじっと見つめてくるコがいて、目が合ったあとも、実際にさわらせてもらってる間も、いっさい視線を逸《そ》らさなくてさ。「お前はもう家族になろう！」って言って、家に連れて帰った。今でも相変わらず見てくるし、かと思えばケンカを売ってくるやんちゃな子どももみたいな性格のコもいて、あとなぜか左右にステップを踏みながらにらんでくるコもいる（笑）。でも、そういうコたちが成長するにつれてなついてくれたりもして、それがまたうれしいんだよね。いつかどこかでペットの写真をお披露目することもあるかもしれないけど、今のところその予定はないかな。爬虫類が苦手っていう方もいることは、重々承知してるつもり。ただ、俺にとっては大切な家族。もし公開して、「気持ち悪い」っていう否定的な反応をされるのは耐えられないと思うから。

〝バランス〟という言葉を聞いて思い浮かぶのは、人間関係。人づき合いのバランスを上手に保とうとしても、それは相手あってのこと。こっちが何かを心がけたからといって、必ずしもうまくいくとはかぎらないと思う。だったら、俺は多くなくていいから、自分が無理をせずいっしょに過ごせる人たちを大切にしたい。俺のまわりにいる友だちは、せかせかしてなくて、悪口を言わない人ばかり。プライベートでは何かにイライラすることもないし、のほほんとしてるから、そういう人たちといると本当に居心地がいい。俺がインスタライブで芸能界の友だちの話をしたり、ストーリーズに2ショットの写真を載せたりすると、「友だち少ないって言ってたのに、いっぱいいるじゃん！」って思う人もいるかもしれない。でも、20年近くこの世界にいて、友だちの数は両手で十分足りるくらいだからね。それを多いと感じるのか少ないと感じるのかは、人それぞれ。もっと言えば、友だちの定義も人によって違う。だから、自分の物差しだけで他人を判断してほしくはない。それだけは伝えておきたいんだ。

Monologue in Seoul
［モノローグ・イン・ソウル］

『真紅の音 -Think Note-』は、10年以上にわたって、毎月そのときのテンションでひとつのテーマについて語ってきた連載。文章としては読むときちんと落ち着いてるけど、正直に言えば心に余裕がなくて感情を込めずに話してた回もあった。改めて読み返してみると、当時の自分が考えてたことや気分が手に取るように伝わってきて、なんていうか…いろいろあった時間だったなって思う。ただ、そういう浮き沈みみたいなものも含めて、全部俺。プロとしてはどうかと思うけど、俺にとってありのままの姿を表現する場所が『真紅の音』なんだ。

『真紅の音』の取材現場では、スタッフさんたちと「いつか連載を1冊の本にまとめたい。そのときは海外で写真を撮り下ろしたい」っていう話をずっとしてたんだよね。実際に単行本化できることになって、今行きたい国はどこだろうって考えたとき、頭に浮かんだのはプライベートでもよく訪れてた韓国だった。今回の撮影では、大勢のお客さんと船に乗って漢江《ハンガン》っていう有名な川をクルージングしたり、川沿いでインスタントラーメンを食べてみたり、夜の街を散歩したり…。日本で同じことをしたらさすがに何人かには気づかれるだろうから、どれも海外でしか実現不可能なシチュエーションだなって思った。おかげで終始、素《す》で過ごしてるところを撮ってもらえた感覚。長年いっしょに仕事をしてきて気心の知れたスタッフさんたちの前だから見せられた自然な笑顔がたくさん載ってるんじゃないかな。

2012年に当時のMYOJOの編集長から「MYOJOで山田涼介の連載を始めたい」って言われたときは、俺の記憶だと、たしか1回断らせてもらったはずなんだ。それは、ここまで読んできてくれた人はわかる通り、最初は連載に対してあまり前向きな気持ちじゃなかったから。だけど、編集長がどうしても俺でやりたいっていう熱い気持ちを伝えてくれて、そこまで言ってもらえるなら期待に応えたいっていう気持ちが大きくなっていって…。そして、2013年4月号から『真紅の音』として連載が始まったんだ。

Ｖｏｌ．１の写真（※Ｐ５の写真）は、自分のサックスを家から持ってきて、お台場エリアにある公園で撮影したことを今でもよく覚えてる。ひさしぶりに文章を読み返してみた感想は…本気でがんばってる姿は人の心を動かすことができるんだっていう事実を、俺はかなり早い段階で学べたんだなっていうこと。Jr.時代の俺は、毎日がまわりとの、自分自身との戦いだった。自分のことを努力家って言うのはダサいと思うけど、本当に努力してたんだからしょうがない（笑）。

その後の回で印象に残ってるのは、Ｖｏｌ．18。じつはこの撮影の前日に朝方までお酒を飲んでて、当日は二日酔いだったんだよね。なんとかスタジオには着いたものの、しばらくトイレから出られず…。結局メイクする時間がなくなっちゃって（笑）、スッピンで撮った1枚（※Ｐ33左側の写真）。しかも、この日は連載を最初から担当してくれてた編集さんが異動することになって、最後の日だったのに…申し訳なかったなって今でも思ってるんだ。

Ｖｏｌ．101は、連載100回突破を記念して俺が幼少期を過ごした街へ（※Ｐ２３８、２３９の写真）。よく遊んだ公園とか通った小学校、母親と買い物したスーパーにも行ったよ。そのあとしばらくしてスーパーはつぶれちゃったって聞いたから、最後に行っておけてよかった。商店街をブラブラしてたらおいしそうなお店があって、スタッフさんたちとラーメンを食べたんだけど、そこの店員さんから「知り合いが山田くんと昔サッカーをしたことがあるんです」っていう話を聞いたりもして。そんな地元ならではの出会いも楽しかったな。

連載を振り返ってみると、10年以上もしゃべる内容がよくあったなっていうのが素直な気持ち。俺はプライベートは家から出ない人だから、月に1回近況を聞かれても新しいネタがないんだよね。カラカラに乾ききった雑巾から水をしぼり出せって言われても無理なのと同じ（笑）。しかも、映画の撮影期間なんかは仕事して帰ってきてゲームして洗濯して…の繰り返しなのに、映画については解禁までしゃべれないから特に大変だった。読んでくれた方にとっては内容が薄いなって感じる回もあったと思うけど、そういう事情があったっていうことで、ぜひ許してもらえたら(笑)。

MYOJOでグループのページとは別に毎月2ページもとってもらえるなんて、デビューする前の自分には考えられなかったこと。もしかしたら、単行本を出したら『真紅の音』の連載は終わるのかなって思ってる人もいるかもしれない。でも、俺個人としては、この場所をバトンタッチするのは、本気でゆずりたい後輩が現れたタイミングだと思ってる。だから、そのときが来るまでは、まだしばらくつづけさせてもらうつもりだよ。

連載を始めた19才は、アイドルとしてひとつ目の岐路に立たされてたときだった。シングル『ミステリー ヴァージン』でソロデビューをしたものの、まわりの大人たちに振りまわされて、1曲で3パターンの振付を覚えて歌番組や舞台で踊り分けたこともあったからね。ソロデビューの準備期間は、並行してドラマ『金田一少年の事件簿 香港九龍財宝殺人事件』の撮影や帝国劇場での舞台のリハーサルもあって、〝もうこれ以上は無理だ、やめるしかない〟って思うくらい追い詰められた。でも、そこで大きかったのが、Hey! Say! JUMPの存在。〝このメンバーで売れたい〟、〝夢を追いかけたい〟。そんな目標が俺を思いとどまらせてくれたんだ。

ソロデビューから10周年を迎えた今は、機会があってタイミングが合えば、またひとりでも歌ってみたい気持ちはある。ほかのメンバーがソロデビューすることになったら、心から応援する。そう思えるようになったのはきっと、自分もメンバーのみんなも自立して、それぞれがやりたいことをやれてるから。16年もいっしょにいれば、ケンカすることは一度や二度じゃなかった。でも、そういう時期を経た今は、どのメンバーとも腹を割って話し合えるフラットな関係でいられてる自信がある。

20代は、つらいこともたくさんあったけど、それよりも楽しい時間のほうが断然多かったなって思う。前半なんて、特に楽しかったよ。俺が仕事から帰ってくるとだいたい親友のマサが「おかえり〜。じゃあ今日も飲もっか」って二日酔いで迎えてくれて、ふたりでお酒を飲む。21才から23才くらいまでは、毎日がその繰り返しだったから。ただ、そのあとの24才から数年間の記憶は、あんまりないんだよね。なんでだろう? 『DARK SOULS』っていうゲームをやってたことは鮮明に覚えてるから、仕事以外の時間は家でずっとゲームしてただけだったのかもしれない(笑)。

じつは、29才のとき、とてつもない絶望と挫折を味わうできごとがあった。それはもう、今度こそ仕事をやめようと心に誓ったほど。でも、人間って骨と同じで、一度折れて再生すると、めっちゃ強くなるんだよ。それまでの俺は、何かアクシデントが起きたとき、正義感が先走って、すべてに干渉して、〝あしなきゃいけない、こうしたほうがいいんだ〟って自分の中で勝手に正解を作り出すタイプだった。だから、それを不正解にされると、立ち直れなかったんだよね。ただ、29才で直面したできごとを乗り越えてからは、気張ってもなければ抜きすぎてもない、達観した人間になれた気がした。いい感じに無になることを覚えたっていう感じに近いのかな。たぶんここからもう性格が変わることはないし、そういう状態で30才を迎えられたのは、俺の中でとても大きな転機だったんだ。

『真紅の音』は毎回ひと言でテーマを表してるんだけど、もし俺の20代を何か言葉で言い表すとしたら。いちばんしっくりくるのは、〝大変よくがんばりました〟かな。それくらい、俺は目の前のこととひたすら向き合いつづけて、自分で胸を張ってそう言える人生を歩いてきたつもりだから。

30才になった今、大切にしてるのは、1回きりの人生を楽しまなきゃっていうこと。人に幸せを与える前に、俺自身が幸せでいないとダメだと思ってる。この仕事は天職だと信じてるから、自分の好きな人たちと自分の好きな仕事をしてる今が幸せ。その姿をファンの人が見て喜んでくれることも幸せ。そして、プライベートで大好きなゲームに熱中してる時間も幸せ。そう考えるようになってからは、自分のやりたいことについてまわりのスタッフさんたちと話し合う時間も増えたなって思う。あんなにSNSが苦手だって言ってた俺が、気がついたらブログにXにインスタグラムにYouTubeに…って、ものすごい数のSNSをやってる男になってるし(笑)。

今後も、これをやったらファンのみんなが喜んでくれるだろうなって思いついたことに関しては、アグレッシブに動いていくつもり。だって、個人のインスタグラムを開設して1週間経たないうちにフォロワーが100万人を突破して、これだけ見てくれる人がいるなら、もっとがんばっちゃおうかなって思うじゃん(笑)。俺という人間はひとりしかいないから、すべてのSNSを平等に動かすっていうのは難しいんだけど、自分なりにバランスを見ながらつづけていきたいと思ってるよ。

わがままで、常に目の前のことしか考えてなくて、だから突拍子もないことを始めたりもする。こんな俺についてきてくれるファンの人たちがいるのは、本当にありがたいことだなって思うし、いつも振りまわしてごめんねっていう気持ちもある。もちろん、俺のことをよく思わない人がいることもわかってる。それは、表に出る人の宿命だから仕方がない。でも、それ以上に応援してくれる人が多いことを知ってるから。だったら、俺はこれからもついてきてくれる人たちのためにがんばっていきたい。きれいごとに聞こえるかもしれないけど、これが俺の今の正直な気持ち。

30

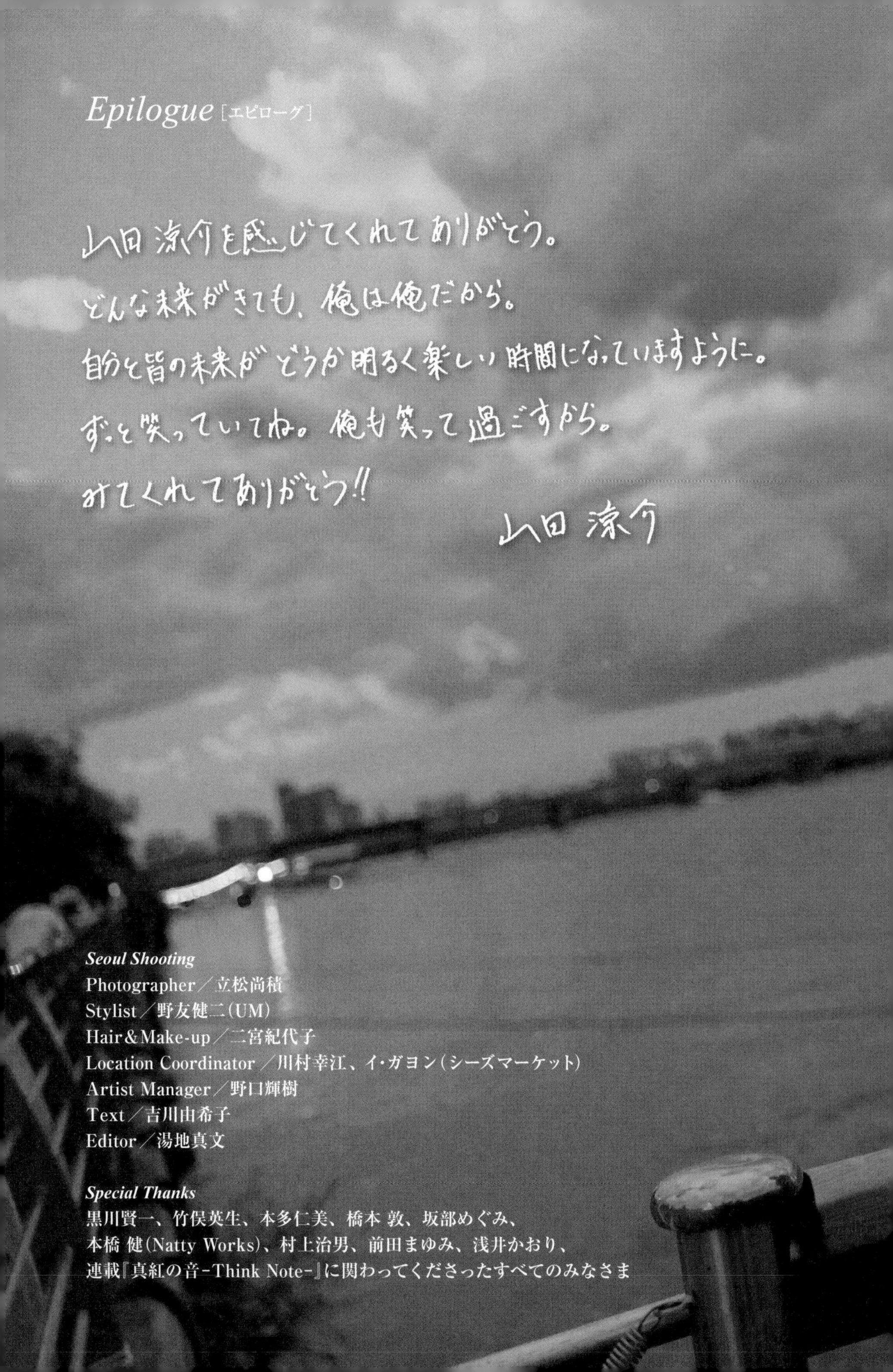

Epilogue ［エピローグ］

山田涼介を感じてくれてありがとう。
どんな未来がきても、俺は俺だから。
自分と皆の未来がどうか明るく楽しい時間になっていますように。
ずっと笑っていてね。俺も笑って過ごすから。
みてくれてありがとう!!

山田涼介

Seoul Shooting
Photographer／立松尚積
Stylist／野友健二(UM)
Hair＆Make-up／二宮紀代子
Location Coordinator／川村幸江、イ・ガヨン(シーズマーケット)
Artist Manager／野口輝樹
Text／吉川由希子
Editor／湯地真文

Special Thanks
黒川賢一、竹俣英生、本多仁美、橋本 敦、坂部めぐみ、
本橋 健(Natty Works)、村上治男、前田まゆみ、浅井かおり、
連載『真紅の音-Think Note-』に関わってくださったすべてのみなさま

◎本書は、雑誌『MYOJO』(集英社刊)2013年4月号〜2023年12月号に掲載された
連載『真紅の音-Think Note-』に、加筆・訂正をしたものです。

写真／井村邦章、立松尚積
ブックデザイン／藤川 覚(Turtle Factory)
編集協力／吉川由希子

Think Note —真紅の音—

発行日 2024年1月31日 第1刷発行

著者 山田涼介(やまだ・りょうすけ)
1993年5月9日生まれ。東京都出身。

発行者 内田秀美
発行所 株式会社 集英社
〒101-8050 東京都千代田区一ツ橋2-5-10
電話 03-3230-6300(編集部)
03-3230-6080(読者係)
03-3230-6393(販売部)書店専用
印刷・製本 TOPPAN株式会社

ISBN 978-4-08-790145-0 C0074
定価はカバーに表示してあります。